中越跨境经济合作区理论与实践

赵龙跃　编著

图书在版编目（CIP）数据

中越跨境经济合作区理论与实践 / 赵龙跃编著 . —
北京 : 中国商务出版社 , 2022.8
ISBN 978-7-5103-4281-3

Ⅰ . ①中… Ⅱ . ①赵… Ⅲ . ①区域经济合作 – 国际合作 – 研究 – 中国、越南 Ⅳ . ① F125.533.3

中国版本图书馆 CIP 数据核字 (2022) 第 115704 号

中越跨境经济合作区理论与实践

ZHONGYUE KUAJING JINGJI HEZUOQU LILUN YU SHIJIAN

赵龙跃　编著

出　　版：中国商务出版社
地　　址：北京市东城区安外东后巷 28 号　　邮　编：100710
责任部门：商务事业部（010–64269744）
责任编辑：张高平
直销客服：010–64269744
总 发 行：中国商务出版社发行部（010–64208388　64515150）
网购零售：中国商务出版社淘宝店（010–64286917）
网　　址：http://www.cctpress.com
网　　店：https://shop595663922.taobao.com
邮　　箱：bjys@cctpress.com
排　　版：廊坊市展博印刷设计有限公司
印　　刷：北京建宏印刷有限公司
开　　本：700 毫米 ×1000 毫米　1/16
印　　张：17.25　　字　数：266 千字
版　　次：2022 年 8 月第 1 版　　印　次：2022 年 8 月第 1 次印刷
书　　号：ISBN 978-7-5103-4281-3
定　　价：68.00 元

前言

习近平总书记在党的十九大报告中指出，中国坚持对外开放的基本国策，推动形成全面开放新格局，推动建设开放型世界经济。中国经济同世界经济高度融合，开放的中国有条件有能力实现经济持续健康发展，为世界各国创造更广阔的市场和发展空间，为世界经济带来更多正面外溢效应。近年来，广西不断扩大对外开放，主动对接粤港澳大湾区建设并取得显著成效。广西高度重视推进落实构建面向东盟的国际大通道、打造西南中南地区开放发展新的战略支点、形成丝绸之路经济带和21世纪海上丝绸之路有机衔接的重要门户三大定位新使命，坚持东西协作、南北互济，向海而兴、向海图强，努力构建高水平对外开放新格局。在国际政治、经济格局发生变化的新情况下，世界各国企业开始在越南寻求新的投资机会，广西也把承接产业转移、融入粤港澳大湾区建设作为其新时代构建发展新格局的突破口，积极抢抓RCEP实施机遇，主动服务推动构建中国－东盟命运共同体。

中越自古以来就是一衣带水的好兄弟、好邻居，在新的时代背景下，加强中越经贸合作有着十分重要的战略意义，加快建设中越跨境经济合作区是中越两国取得的重要共识。2013年10月，中国国务院总理李克强访问越南，双方签署了《关于建设跨境经济合作区的谅解备忘录》。2015年11月，在中共中央总书记习近平和越共中央总书记阮富仲的共同见证下，中国广西和越南广宁两省区在河内签署《中国共产党广西壮族自治区委员会与越南共产党广宁省委员会关于建立友好地方组织的交流协议》，提出要加强和深化两省区合作，加快推进中越跨境经济合作区建设。2017 年 5 月，习近平主席在北京会见越南原国家主席陈大光，发表《中越联合公报》，明确提出双方要加快商签《中越跨境经济合作区建设共同总体方案》。2017 年 11 月，在习近平总书记与越共中央总书记阮富仲的共同见证下，双方在越南河内正式签署《中国商务部与越南工贸部关于加快推进中越跨境经济合作区建设框架协议谈判进程的谅解备忘录》。

作为中国与越南和东盟各国经济贸易合作的重要门户，广西壮族自治区党委和政府领导高度重视这项工作，专门在广西东兴国家重点开发开放试验区（简称广西东兴试验区）建立中越跨境经济合作区建设指挥部，制定相关政策支持广西东兴国家重点开发开放试验区工作，加速推进中越跨境经济合作区的建设。广东外语外贸大学国际治理创新研究院非常荣幸，承担了广西东兴国家重点开发开放试验区管理委员会“关于中国东兴－越南芒街跨境经济合作区战略地位、发展定位与政策体系研究”的调研课题，见证了中越跨境经济合作区从规划起步到初步建成的历史进程。2019 年 3 月 19 日，中国东兴－越南芒街口岸北仑河二桥正式开通启用，设施联通不仅增进了中越两国民众福祉，也为沿线两国应对全球经济挑战、加强合作搭建了新平台、探索了新路径。2020 年 7 月，广西东兴试验区签约 5 大项目，投资总额超过 500 亿元。这些项目的成功落地是广西防城港市加快东兴试验区开发建设，围绕中越跨境经济合作区（中方园区）“一年出形象、两年大变样、三年新跨越”的总体目标，努力打造东兴试验区升级版的重要行动。

为了完成好这项重要任务，国际治理创新研究院精心组织，全力以赴，在广泛查阅有关文献资料的同时，进行了大量的实地调研工作。从 2018 年 5 月到 2020 年 1 月期间，研究院调研组先后十数次到防城港市、东兴市调研。在中越跨境经济合作区建设指挥部有关领导的组织安排下，调研组走访中越边境相关企业，参加有关部门座谈会，获得了大量的第一手材料。2019 年 1 月，研究院与中越跨境经济合作区建设指挥部组成联合调研组，深入越南调研，先后走访了越南的广宁省部分城市、海防市和河内市，越南社会科学院，越中友好协会等研究机构，以及天虹集团、深圳－海防经济贸易合作区、维冠律师事务所等中资企业。通过实地调研和专家座谈会，课题组进一步了解了越南有关方面对待中越跨境经济合作区的疑虑、诉求和政策趋向。总体感觉是，越南经济社会开始进入发展的快车道，中越合作尚有巨大的潜力有待挖掘，所有的一切都为中越跨境经济合作区的建设发展提供了难得的历史机遇和合作前景。

课题组在实地调研、座谈交流和文献资料研究的基础上，形成了《中越跨境经济合作区战略地位研究》和《中越跨境经济合作区政策体系研究》两个报告，并多次征求广东省和广西壮族自治区有关政府部门、高校和企业等方面领导和专家的意见建议，反复修改、字斟句酌、几易其稿，精益求精，最终于 2020 年 3 月圆满地完成课题任务，得到广西东兴国家重点开发开放试验区相关领导和专家的高度评价。现在我们课题组在这两个研究报告的基础上，将有关的文献和研究成果汇编为专著《中越跨境经济合作区理论与实践》，供有关方面研究借鉴。

《中越跨境经济合作区理论与实践》全书共 10 章，分为六个部分：第一部分是跨境经济合作区发展概述，主要介绍了跨境经济合作区的概念与原理、东南亚和欧洲两个跨境经济合作区以及我国国内六个跨（边）境经济合作区的发展情况；第二部分是中国东兴－越南芒街跨境经济合作区基本情况概述，回顾了中越跨境经济合作区的发展历程，分析了中越跨境经济合作区在利用国际规则、对接国内政策和增进中越政策沟通方面所面临的问题；第三部分重点介绍了中国东兴－越南芒街跨境经济合作区的战略地位与发展定位。中越跨境经济合作区不仅是彰显新时代中国外交战略的重大布局、积极探索勇于开拓新一轮对外开放合作的重要载体，而且是内外联动精准对接“一带一路”建设的重要支撑、锐意奋进引领区域经济改革创新的重要示范；第四部分主要探讨中国东兴－越南芒街跨境经济合作区的政策体系问题，包括国际规则的接轨与重构，中国国内政策的对接与创新，以及中国越南两国之间经贸政策和规则的沟通与协调等；第五部分是关于组织参与相关论坛的建议，拓展中越跨境经济合作区的地域和范围；第六部分是附录。

中越跨境经济合作区是中越两党总书记共同推进的重要合作项目，是中国构建对外开放新格局、提升中国东盟全面合作关系新局面的重要平台。随着《区域全面经济伙伴关系协定》的全面生效，中越跨境经济合作区开始承载更重要的使命，将发挥更重要的作用。本书作为一部学术性和政策性密切结合、系统研究跨境经济合作区的著作，虽然可能存在一些问题和不足，诚挚欢迎各位专家学者和同仁给予批评和指正；但是希望本书能够发挥抛砖引玉的作用，引起我国学术界和实务界有关方面的关注，共同思考研究这一伟大时代的重大命题。更期待着本书能够为我国政府有关部门、企事业单位和科研机构的读者朋友以及大专院校的老师和学生们，带来一些有益的启示和帮助。

赵龙跃

2022 年 5 月 6 日

目　录

第二部分 中国东兴－越南芒街跨境经济合作区基本情况概述

第三章
中越跨境经济合作区的发展历程

第四章
中越跨境经济合作区面临的问题

第三部分 中国东兴－越南芒街跨境经济合作区的战略地位与发展定位

第五章
中国东兴－越南芒街跨境经济合作区的战略地位

第九章

中国东兴－越南芒街跨境经济合作区的政策建议

第五部分　国际论坛

第十章

关于组织参与相关论坛的建议

第六部分　附录

第一部分

跨境经济合作区发展概述

第一章 世界跨境经济合作区的发展概况

20世纪70年代以来，随着经济全球化和区域经济一体化的快速发展，跨境经济合作区成为次区域经济合作的一种组织模式开始不断发展。作为国家间经贸合作的重要载体，跨境经济合作区逐渐成为促进跨境经济发展的关键。本章通过对世界两大跨境经济合作区——东南亚"新柔廖成长三角"[①] 经济合作区和欧洲上莱茵河跨境经济合作区进行分析，深入探讨和剖析跨境经济合作区的管理机制、发展困境等，为我国各地对外开放和展开区域与次区域经济合作提供经验借鉴。

一、跨境经济合作区的概念与原理

（一）跨境经济合作区的定义

根据新古典贸易理论（neoclassical trade theory），两国应根据不同程度的要素禀赋选择不同的产品进行生产和出口，这将增加贸易参与国的福利。当边境地区打破双边贸易的边界障碍，国际分工协作将增加国家和国际间的利益，进而向跨境双边福利的帕累托最优（pareto optimality）状态靠近。二十世纪八九十年代以保罗·克鲁格曼（Paul Krugman）和迈克尔·波特（Michael Porter）为代表的学者提出的新经济地理学，为建立跨境经济合作区提供了理论基础。1992年，罗伯特·安东尼·斯卡拉皮诺（Robert A. Scalapino）定义了自然经济领域（natural economic territories，NETs），即政治便利的自然经济互补性。这些都为跨境经济合作这一模式的诞生和发展提供了理论依据。

① "新柔廖成长三角"为"新加坡－柔佛－廖内群岛（印度尼西亚）成长三角"的简称。

在地理上，跨境经济合作区是指两个相邻国家相互交界的区域，一般指内陆，同时包含口岸城市和腹地地区。就合作双方而言，在推进跨境经济合作区建设的过程中，两国政府需要审批各种手续，采取一系列制度措施，来保证跨境经济合作区的顺利运行。在这一过程中，企业和居民是跨境经济合作区的重要参与者。在合作内容方面，跨境经济合作不仅包括贸易与投资，还包括劳动与技术方面的交流与合作。同时，随着跨境经济合作的深入发展，其内容和方法将随着时代的发展而变化。就合作动力而言，两国互为补充的比较优势和区位优势，为开拓国际市场、扩大企业规模效应和实现利益最大化提供了动力支撑。就协调机制而言，各级政府在管理模式、法律法规制定和实施过程中均会采取各种政策措施，这就需要各方的行政交流、协调和支持。

（二）跨境经济合作区的原理

季米特洛夫（Dimitrov，2002）认为，经济理论的基本核心是运输费用在空间配置活动中发挥调节作用，边境地区之所以不受欢迎，是因为其距离主要城市中心太远。因此，物流基础设施和区域运输的发展是提高边境区域效率和影响力的核心。发达的交通基础设施、该地跨境经济合作区与各国的连接性将有效促进商品和要素的跨境流动。边境的开放为企业在跨境地区进行大型市场交易提供了可能，在一定程度上提升了边境地区的吸引力，但是，运输和物流设施的建立并不一定会促使边境地区生产网络自动发展。新地方主义将此归因于非经济障碍，如边境地区的文化、历史或社会差异。换句话说，即使这些障碍完全消失，跨境经济互动水平仍将因为现存的非经济障碍而低于相应国家内部的经济互动水平（Brenton，Vancauteren，2001；Afouxenidisand，Leontidou，2004）。因此，即便运输通道被视为与边境地区发展直接相关，也无法自发地推动边境区域的经济活动。

新区域主义强调在边境区域发展完全集成的生产网络，但这种需求有领土的基础，而不仅仅是增加具有狭隘功能基础的地区间跨境贸易。显然，在国家支持下建立正式边境和跨境经济特区以促进贸易，这种途径超越了发展交通设施，它还要求建设工厂和基础设施，并反过来包含利用互补资源和跨境市场的投资与边境经济活动流程。边境经济特区的发展可能将边境边界转变为经济增长中心，受经济和社会边缘化影响的边境地区人民也将因此受益。边境地区的经济发展有利于东道国，且可能在邻国的发展中也发挥重要作用。

当前的全球化时代，跨境经济和政治发展已被提升到一个新的高度。政治边界和国家实体地界依然分明，一旦边界功能发生变化，边界区域的地位和跨境关系的特点也会发生变化。全球互通性通过多边和区域合作框架得以深化和扩展，跨国合作组织、区域及全球价值链在不断形成，新自由主义私有化趋势已经减少了边缘政治的重要性。

过去几十年出现了各种形式的跨境合作。在北美，跨境合作涉及“自下而上”过程中的地方政府行为和非政府行为，已吸引数国参与合作。欧洲则采取自上而下的模式建立了欧盟——一个超越民族的组织。同样，在亚洲和非洲，各国政府在国际机构的援助下致力于完善基础设施、建立联系城市的经济走廊。跨境经济合作区作为经济走廊的发展点，是促进跨境经济发展的关键。

二、东南亚新柔廖成长三角经济合作区

（一）“新柔廖成长三角”的发展概况

1989年，时任新加坡副总理的吴作栋首先提出“新柔廖成长三角”的构想，指由新加坡、马来西亚的柔佛和印度尼西亚的廖内群岛所组成的“新柔廖成长三角”经济合作区。在新、马、印三国政府的支持和协调下，新加坡利用其资金和技术，马来西亚和印度尼西亚利用其自然资源与劳动力资源对柔佛和廖内群岛进行联合开发，逐步实现三方区域经济一体化。

“新柔廖成长三角”建立后，三国政府迅速出台了相应的政策措施。[①] 比如，在20世纪90年代中前期，三国政府落实和开展了一系

① 徐晓东、杨永平：《“新柔廖成长三角”新思考》，载《东南亚纵横》2017年第5期。

列工程项目，推动了三地资源调配、工业重新布局、资本流动和跨境劳工与旅游的快速发展。“新柔廖成长三角”的建立，首先为新加坡解决了淡水供应的问题，其次是食品与天然气在内的自然资源供应问题，最后是跨境劳工问题。由于新加坡工资待遇优渥，吸引了大批的柔佛和廖内群岛的生产工人，以柔佛为例，仅 2010 年，平均每天有 3 万 ~ 5 万名工人去新加坡工作。作为马来西亚和新加坡的“中转站”，其地位也因此得到进一步提升。同时，新加坡先进的基础设施、金融资源和管理技术等也传入了柔佛和廖内群岛。为此，两地在政策和基础设施等层面进行了改革，以便更好地接纳和利用这些资源。

凭借这些优惠政策，新加坡在柔佛、廖内群岛两地主导并投资建设了一大批工业园和自由贸易区[①]，逐步实现了新加坡工业的转移。另外，部分非生产性企业也在这两地建立分支机构，以协调跨越三地的业务。据统计，1994 年，柔佛境内共有 16 个工业园区处于运营状态，另有 12 个在规划之中。其中，毗邻柔佛港和新加坡的巴西古丹是柔佛最大也是运作最成功的工业园和自由贸易区。[②]

然而，“新柔廖成长三角”经济合作区在早期蓬勃发展之后，也遭遇了多重困境。因此在一定意义上，“新柔廖成长三角”并没有展现出完整的模样，更像是以新加坡为中心结点或走廊的一个沙漏型版图。[③]

（二）“新柔廖成长三角”的发展困境

实际上，“新柔廖成长三角”的发展远没有预想的那么顺利，其建设期间遇到了多重障碍和困境，主要表现在以下几个方面：[④]

首先，在经济方面，三地的经济增长速度逐年下降，特别是柔佛、廖内群岛两地的发展速度落后于新加坡，意味着新加坡并没有很好地拉

---

① P. K.Wong，K. K. Ng，Batam，Bintan and Karimun，Past History and Current Development towards Being A SEZ，Asia Competitiveness Institute，2009.

② D. A.Wadley and H. Parasati，“Inside South East Asia's Growth Triangles”，Geography，Vol. 85，No. 4，2000，pp. 323–334.

③ 徐晓东、杨永平：《“新柔廖成长三角”新思考》，载《东南亚纵横》2017 年第 5 期。

④ 同上。

动周边经济的增长，地区间的差距也在逐步加大；而廖内群岛 GDP 的高增长率主要源自廖内省的贡献，特别是杜迈（Dumai）的石油工业，但产业升级的现象并没出现；大多数外资都选择进入旅游、餐饮等服务行业，对生产的拉动作用较小，并且新加坡工业转移没能有效解决地区就业问题。因此，廖内省和廖内群岛省[①] 的失业率长期处于印度尼西亚全国平均水平以上，即使新成立的“新柔廖成长三角”有一定的刺激作用，但失业率却不降反增（见图 1–1），因此廖内群岛仍属于印度尼西亚较为穷困的地区之一。另外，“新柔廖成长三角”经济合作区目前只有双边合作的形式，三地间的经济联系强度也处于一个不平衡的状态。无论是历史还是现状，新柔之间的经贸联系都远强于新廖之间的联系，而柔廖两地间的经贸联系少之又少，因此有评论家认为这是一条缺边的“三角”。

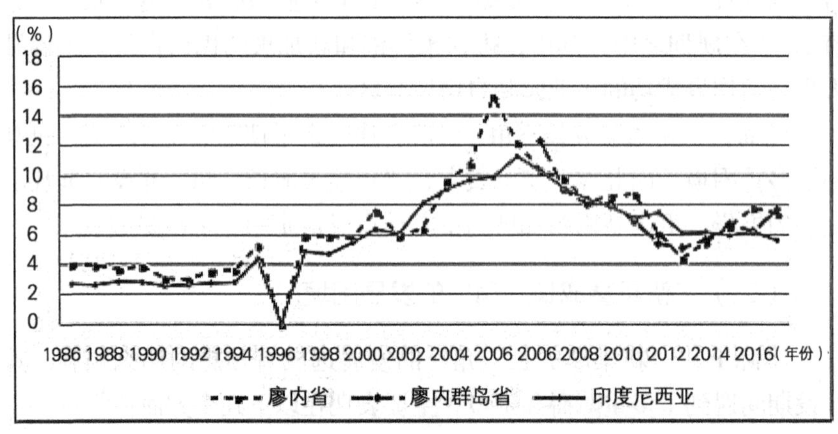

图 1–1　1986—2016 年廖内省、廖内群岛省以及印度尼西亚全国的失业率

资料来源：Unemployment Rate（UR）by Province，1986—2016，印度尼西亚统计局，https://www.bps.go.id/indicator/6/543/1/unemployment-rate-by-province.html.

其次，在政治层面，由于各国和各地区政府利益不同，地区经济规模偏小的劣势也因为利益分歧被无限放大，而无法实现利益汇聚，从

① 廖内群岛省是印度尼西亚的一个省，原属廖内省，2004 年 7 月从廖内省分离出来。

而对地区合作和融合造成负面影响。[①] 就“新柔廖成长三角”而言，三国政府间的政治承诺是其建立的重要条件，然而在现实中，新加坡的政治家们希望创造一个宽松的政策环境，使新加坡充分利用柔、廖两地的资源融入国际市场并增强三地的合作与联系。而马来西亚和印度尼西亚政府对这两地的规划目标却非如此，这两国认为，区域合作只是一种手段，其制定政策的出发点在于增强国家竞争力，保障和促进国家利益。只有以此为基础建立的正式的合作组织或者非正式合作协议，他们才愿加入其中。因此，马来西亚和印度尼西亚政府并不认同，也不接受宽泛或者完全的地区主义和地区融合。

最后，法律、宗教与文化上的差异也阻碍了“新柔廖成长三角”的建立。例如，印度尼西亚法律要求外国人在获得土地时必须与当地人合作，但是投资者并不清楚具体的负责部门，再加上印度尼西亚政府运作方式又官僚且低效，给投资者带来诸多不便。此外，东南亚一些国家的劳动力主要依靠外来输入，这些新移民在带来不同的民族文化、宗教及习俗的同时，也可能造成新的社会问题。对此，印度尼西亚和马来西亚就有人提出要对劳动力、游客和外资涌入造成的文化和价值观的破坏保持警惕。[②]

（三）“新柔廖成长三角”的经验借鉴

徐晓东、杨永平（2017）研究了“新柔廖成长三角”的建立背景和发展历程，并对其面临的发展困境进行分析，最后总结归纳出能够指导跨境经济合作的如下经验。[③]

首先，制度是政策保障。在“新柔廖成长三角”建立之初，由于区域政治地位不同造成了许多问题，包括利益冲突和行政效率低下等，

① Pushapa Thambipillai，“The ASEAN Growth Triangle：The Convergence of National and Sub-National Interests”，Contemporary Southeast Asia，1999，pp. 299-314.

② 马志刚：《论“成长三角”区在东南亚经济发展中的作用》，载《世界经济与政治》1994 年第 4 期。

③ 徐晓东、杨永平：《“新柔廖成长三角”新思考》，载《东南亚纵横》2017 年第 5 期。

因此，在管理区域合作问题上给予参与地区绝对优先权是实施合作框架的前提条件。关于涉及不同层次政治主体的合作框架设计，中央政府应承认地方在制定政策时有权确定自己的优先事项，国家政策不应损害地方政策的有效权威，以此来看，在合作区设置特殊政策区也是一个不错的选择。

其次，部门协调合作是关键因素。以政府为代表的公共部门最重要的职员是促进区域间的联系与合作，否则，跨境经济合作区只是一个空想，无法付诸实现。因此，中央和地区政府应当制定行之有效的政策，确保商品和服务能够顺利流通，增进贸易和投资便利化；简政放权，充分发挥市场的作用，形成以市场为导向的区域一体化模式。

再次，加大对知识和社会因素的重视。区域合作的成功首先取决于参与地区的自我竞争力，以及区域内相对平衡稳定的程度。如果经济发展水平与潜在的经济增长之间差距过大，经济落后地区往往会处于劣势，合作框架的稳定性就会被破坏。因此，只有尊重并吸收知识要素，如高效的管理、先进的技术和创新的理念，参与地区才能在合作框架内提高竞争力，改善自身地位。同时，在区域合作的背景下，各国或地区必须关注区域间社会结构的差异和潜在的社会问题。

最后，关注历史并从中总结经验。新柔廖三地之间的联系可以追溯到殖民时期。从历史来看，由于马来西亚半岛在英国殖民统治时期，一直与新加坡保持着相对密切的经济、政治和社会往来，新柔之间的区域合作一直强于其他各方。然而，廖内群岛则需接受来自 1000 千米以外的雅加达的政策指导，在这种情况下，地区政府有可能被排除在中央政府的整体规划和发展之外。因此，改善区域治理对廖内群岛极为重要。

三、欧洲上莱茵河跨境经济合作区

跨境合作是欧盟区域一体化发展的创新模式，对加快欧盟各国边境地区社会经济发展、促进欧盟内部平衡发展和经济社会聚合、推进欧盟一体化起到了积极作用。欧盟跨境合作有助于增强彼此间的经济联系与交流，确立和扩大共同的政治和经济利益，进而有助于为欧盟创造良好的外部环境。[①]

“二战”之后，为了配合区域发展政策，发展欧洲相对落后的边缘地区，减少“边境效应”，欧盟采取了一系列措施来促进欧盟国家与非欧盟国家的区域合作。欧盟跨境合作涉及制度、经济、法律、文化和教育等多个方面，通过建立 INTERREG（欧盟区域间跨界合作或欧盟跨区域合作）项目、发挥政府主动性、正式与非正式机构积极参与等方式，克服了跨境合作的诸多不利因素，有效推动了跨境合作的顺利开展。截至 2012 年底，欧盟跨境经济合作区已发展至 70 多个，其中，毗邻德国、法国和瑞士的上莱茵河跨境经济合作区被认为是欧洲最成功的案例。

（一）上莱茵河跨境经济合作区的发展优势

上莱茵河地区的跨境合作最初是由民间发起的非官方合作，其主要内容是对上莱茵河地区进行摸底调查和分析研究，随着各方机构的建立和制度化发展，上莱茵河地区逐渐成为官方层面的合作。后来，在欧盟区域基金项目的资助下，上莱茵河地区的合作领域又进一步扩大，从单一的经济合作扩大到覆盖文化、教育、科研、规划以及社会生活的方方面面，逐渐形成了既有层次又有深度的全方位合作态势。[②]

一方面，上莱茵河地区具有稳定的政治关系。1963 年，上莱茵河地区企业发起了跨境非官方合作。1975 年，德国、法国和瑞士三国政府签署《波恩协议》并成立三国政府委员会，跨境合作上升为官方层面合作。[③] 上莱茵河跨境经济合作区在地理位置上与瑞士、德国、法国三个发达国家接壤，“二战”后欧盟的建立及西欧国家之间关系的改善，为上莱茵河跨境经济合作提供了成熟的政治基础。

另一方面，上莱茵河地区具有良好的经济基础。在 18—19 世纪，这里就曾建立区域性的经济同盟。从区域经济实力来看，上莱茵河地区

① 王雅梅：《欧盟跨境合作政策述评》，载《德国研究》2006 年第 3 期。

② 罗圣荣：《云南省跨境经济合作区建设研究》，载《国际经济合作》2012 年第 6 期。

③ 杨荣海：《欧洲跨境经济合作区的实践分析及启示》，载《对外经贸实务》2013 年第 8 期。

经济发达，且合作方德国、法国和瑞士三国均属于欧盟经济发达区，并地处欧洲南北经济重心。在这个地区里，发达的交通网络将 20 多个大中小城市（人口 >10 万人）连接成为一个发达的区域系统。[①]

此外，上莱茵河地区是一个相对完整的地理单元，具有一定的区位优势。另外，该地区较为明确的组织机构和相对完善的法律体系也为跨境经济合作奠定了良好的基础。

（二）上莱茵河跨境经济合作区的管理机制

1. 以合作性机构建设为中心，共商共建跨境合作发展战略

上莱茵河跨境经济合作区具有科学的、严密的结构系统。为保证边境区合作顺利开展，上莱茵河地区建立了从欧盟到地方、从正式到非正式以及不同合作领域的各种机构和组织。[②] 其一，欧盟采取跨境合作"两步走"：一方面针对合作中出现的问题协商讨论，提出对策来解决；另一方面制定共同发展战略，发挥各自优势，促进区域合作。其二，欧盟跨境合作组织结构"多层级"。上莱茵河跨境经济合作区具有较高的科技水平与管理水平，其主要功能是减少关税壁垒，提供跨境自由贸易场所，促进跨国产品的加工与销售、商品的运输等，它旨在通过实行"深层次、全方位、多方面"的运营模式和"国家、地区、地方多管制"的管理模式，推动上莱茵河地区更深层次的跨境合作。

上莱茵河地区自 1989 年德国、法国、瑞士三国首脑共同发表《合作宣言》之后就加入了欧盟区域基金。在其推动下，该地区的合作组织不断完善，边境区域合作不断深化。如今，围绕该基金开展的项目已成为上莱茵河地区最主要的合作内容。[③]

① 冯革群：《欧洲边境区合作模式探析——以上莱茵边境区为例》，载《世界地理研究》2001 年第 4 期。

② 同上。

③ 冯革群、刘奇洪：《上莱茵河边境合作及对我国的启示》，载《外交学院学报》2001 年第 1 期。

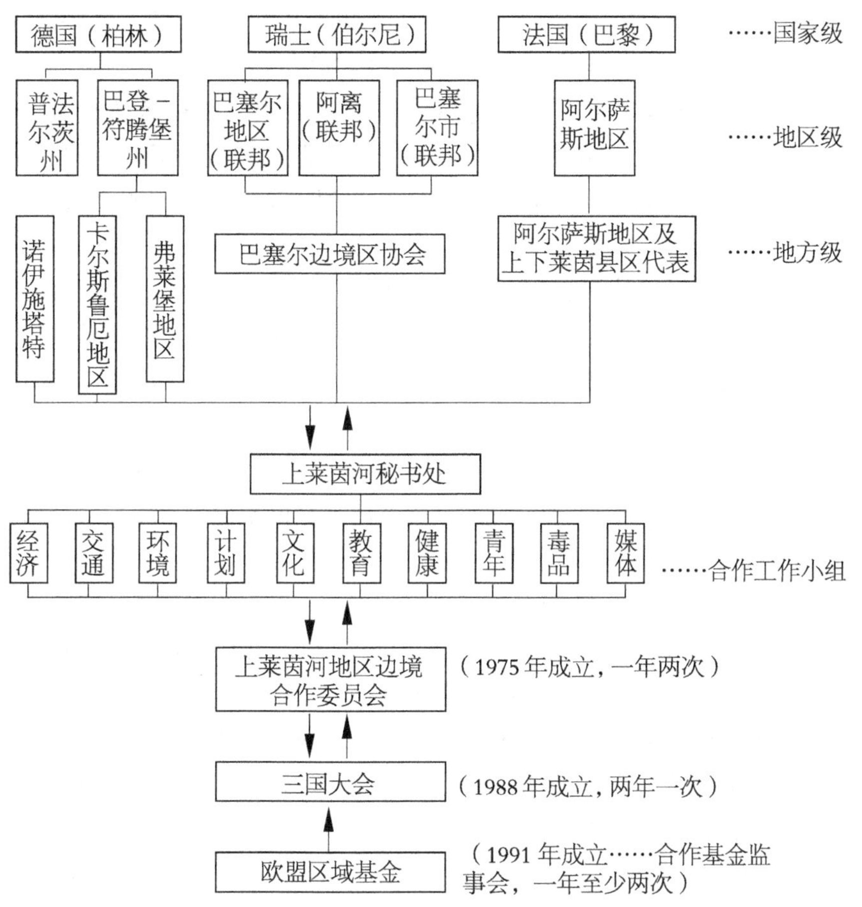

图 1–2　上莱茵河地区组织结构图

资料来源：Jah resbericht der Regio Basiliensis von 1965 bis 2000.

三国议会是上莱茵河地区最大的非政府组织，在德国、法国、瑞士三国轮流举行，每次主要针对一个议题进行讨论。[①]

上莱茵河地区边境合作区委员会是目前上莱茵河地区最大的正式组织，下设 10 个工作小组，包括经济、环境、交通规划、健康卫生等，

① 宋扬：《区域一体化趋势下的战略选择——对建设图们江区域跨境经济合作区的思考》，载《延边党校学报》2010 年第 1 期。

这些工作小组由对应领域的专家组成（见图 1-2）。1996 年，在欧盟区域基金的资助下，该委员会建立了秘书处常设办事处。[①]

2. 以“欧洲区域车票”为纽带，联通边境地区的运输网络

交通运输对经济和贸易至关重要，解决制约跨境联通“瓶颈”是跨境合作的关键之一。1995 年，奥地利的萨尔茨堡和德国的贝希特斯加登、特劳恩施泰因建立了 European Region（欧洲区域）；1997 年，又建立了跨境运输协会。如今，只要拥有该协会签发的“欧洲区域车票”，就可以在该区域自由旅行，这一举措使得公共运输使用量大幅增加，旅游业迅猛发展，土地资源开发利用加大，与此同时，边境地区合作不断深化。[②]

3. 以 INTERREG 为平台，提供区域合作的资金支持

从 20 世纪 70 年代开始，欧盟就通过财政援助来促进边境地区合作，最早涉及的区域有莱茵河沿岸，荷、比、卢三国交界和法、德边界。后来，为了减少“边境效应”，欧盟采取了一系列措施来增强边境地区的竞争力，并确保它们从跨境合作中受益。比如，欧盟规定，结构基金的财政援助必须要考虑到边境地区特殊的地理环境，提出了包括 INTERREG 在内的共同体倡议（community initiatives）。这些倡议是欧盟制定的特别方案，用以探索解决整个欧盟问题的方案，进而促进欧盟内部的合作与凝聚力，最终实现整个欧盟的和谐发展。[③]

INTERREG 项目主要从欧盟共同体、成员国之间的跨国合作、跨境和区域间合作及成员国内部四个层面入手，其发展宗旨是为区域合作提供一个良好的融资平台，为服务业（跨境旅游、运输和金融等）提供资金支持，制定区域间合作方案，以及引导欧盟各成员国的空间政策制定。[④]

---

① 冯革群、刘奇洪：《上莱茵河边境合作及对我国的启示》，载《外交学院学报》2001 年第 1 期。

② 王雅梅：《欧盟跨境合作政策述评》，载《德国研究》2006 年第 3 期。

③ 同上。

④ 杨荣海：《欧洲跨境经济合作区的实践分析及启示》，载《对外经贸实务》2013 年第 8 期。

表 1-1　欧盟区域间跨界合作[①]

基本原则	（1）规划：参与方必须向委员会提交一份共同体倡议规划，确定联合发展战略，并证明其实施产生的跨境价值，同时必须考虑到结构基金和共同体总体政策方针。 （2）伙伴关系：在国家、区域和地方当局以及经济和社会伙伴之间采取"自下而上"的发展方式，允许公众和私人股东尽可能广泛地参与。 （3）协调：INTERREG 的实施必须与欧盟其他有关的财政工具协调一致，这是实现有效跨境合作的一个重要条件。
主要特征	（1）明确的职能权限划分：INTERREG 共同体负责每个 INTERREG 的整体发展和监测，但不能干预或控制具体事务；跨境共同体负责 INTERREG 的运作、管理及监督；项目参与方只负责跨境项目运作有关的问题。 （2）良好的相互协调能力：联合秘书处应协调各方在项目申请和审批、资金流运作等方面的关系，记录并纠正违规行为。 （3）完善的监督控制机制：每个机构都享有充分的自主权，但其工作要接受其他机构的监督和控制。例如，当项目参与方申请资金时，其付款请求需经控制机构、主要参与方、联合秘书处和认证机构审核。
发展阶段	（1）第一阶段，INTERREG Ⅰ（1990—1993 年）：用于跨境合作，即后来 INTERREG Ⅱ和 INTERREG Ⅲ中的 A 计划。 （2）第二阶段，INTERREG Ⅱ（1994—1999 年）：INTERREG A，INTERREG B 和 INTERREG C 三部分，分别用于跨境合作、改善能源网络和跨国合作。 （3）第三阶段，INTERREG Ⅲ（2000—2006 年）：INTERREG A、INTERREG B 和 INTERREG C，分别用于跨境合作、跨国合作和区域内合作（东欧、南欧、西欧、北欧）。

（三）上莱茵河跨境经济合作区的发展困境

首先，经济布局雷同影响了各方共同发展。区域经济发展的战略目标和战略重点对于跨境经济合作区长期发展而言尤为重要，如果经济布局、产业划分雷同，各地区缺乏特色，就会阻碍跨境经济合作的可持续发展。

其次，各方之间的利益冲突阻碍了基础设施建设。由于欧盟政治体制的特殊性，各层级之间的利益冲突经常发生，比如，发生在超国家

① 程遥：《欧盟跨境协作政策述要——以 Interreg Ⅲ计划和 Centrope 项目为例》，载《国际城市规划》2009 年第 5 期。

级与国家级之间、国家级与次国家级之间的矛盾。这些国家治理目标相似，都是确保国内制度的稳定，维护各层级主体的利益，但利益冲突会不可避免地造成强者忽视甚至侵犯弱者利益的情况。因此，在实践中，问题的特殊性会逐渐增强“自下而上”的分权趋势，导致政治和社会动荡，还会增加成本、减弱绩效。①

最后，组织机构的复杂性降低了部门合作的效率。尽管上莱茵河地区的多层级治理模式取得了一定成效，但其组织机构的复杂性在一定程度上也降低了部门合作的效率。在政策、制度的上传下达中，由于组织机构的层级过多，涉及较多利益方，在协调各方利益上难度较大，在高效执行任务上也存在一定困难，任何环节出现偏差都会影响政策的最终效果。

（四）上莱茵河跨境经济合作区的经验借鉴

第一，设立明确的发展目标。上莱茵河跨境经济合作区建立的目的是营造一个良好的区域创新环境，增强地区竞争优势。② 在上莱茵河地区，各区域根据各自优势制定共同的发展目标，促进经济、文化等方面合作，重视可持续发展，确保所有合作都是朝着促进创新、提高竞争力、解决自身问题的方向开展。

第二，提供有力的资金支撑。欧盟对基础设施建设等合作项目提供资金支持和技术援助有效推动经济合作区的快速发展，例如INTERREG是促进欧盟各国边缘区和边界区发展的一个项目，目的是缩小区域差异，增强区域凝聚力，在其推动下，上莱茵河地区的边境合作不断加强，合作领域不断深化，并且还引进了“自下到上”原则、辅助性与补充原则、配套基金机制等一系列新的组织管理原则和机制。仅在2014—2020年，上莱茵河地区就有121个项目受到了INTERREG的资助。③

① 甄颖：《探析欧盟跨境合作中的治理机制》，河北师范大学，2008年。
② Ratti，R.and Reichman，S.（Eds.）Theory and Practice of Transborder Cooperation，Basel：Verlag Helbing & Lichtenhahn，1993.
③ “Accueil – Interreg”，Interreg Oberrhein Rhin Sup é rieur website，访问时间2022年5月4日．https://www.interreg-rhin-sup.eu.

第三，建设健全的管理网络。上莱茵河地区具有较为健全的组织管理网络，能够加强各层级之间的合作协调。边境区合作成功的一个关键要素是建立一个协调联络各方利益的中介机构，而组织机构设置则是这种中介的主体。上莱茵河地区通信网络发达，科研机构聚集，高科技公司林立，形成相对健全的管理网络，有效加强了经济发展的内生力量。此外，政策体制统一后发挥协调效应，达到了最好的产业效果和经济效果。①

第四，维护良好的法律环境。上莱茵河地区制定的法律条文和合作协定，为跨境合作提供了法律依据。不同地区之间，政治、经济、法律、教育等方面千差万别，要顺利实现合作，必须扫除这些障碍并建立协调一致的法律条文和合作协约。比如，欧盟的《马斯特里赫特条约》（又称《欧洲联盟条约》）和《卡尔斯鲁厄协定》都为边境区合作提供了有利的法律依据。②

第五，强化地方政府的自主权。上莱茵河地区的多层级治理模式赋予了地方政府一定程度的自主权，各边境地区不仅可以提高警觉性和反应速度，更好利用发展机遇，还可以根据自身的地理、经济和文化特点调整发展道路，确保跨境经济合作顺利进行。当然，在加强地方政府自主权的同时，中央政府发挥宏观调控作用也是必不可少的。

① 冯革群：《欧洲边境区合作模式探析——以上莱茵边境区为例》，载《世界地理研究》2001 年第 4 期。

② 冯革群、刘奇洪：《上莱茵河边境合作及对我国的启示》，载《外交学院学报》2001 年第 1 期。

第二章 中国跨（边）境经济合作区的发展概况

随着国际产业梯度的转移和新型城镇化的推进，与毗邻国家共同建立的跨（边）境经济合作区［简称“跨（边）合区”］成为我国与邻国开展跨境经济合作的重要平台。跨合区的快速发展使我国原本处于对外开放边缘的内陆边疆地区成为对外开放的前沿地带，为沿边地区开辟了对外开放的新道路。本章旨在介绍中国跨（边）境经济合作区发展概况，重点对霍尔果斯、凭祥－同登、瑞丽－木姐、中国河口－越南老街、二连浩特－扎门乌德以及满洲里六个主要的跨（边）境经济合作区的建设背景、主要内容、面临的挑战等方面进行介绍。

一、霍尔果斯跨境经济合作区

随着“一带一路”倡议的深入推进和发展，原本处于边陲之地的新疆维吾尔自治区现已成为连接我国和中亚、欧洲大陆的重要通道。而霍尔果斯作为我国新疆维吾尔自治区重要的口岸之一，与邻国进行的跨境经济合作对于“一带一路”建设有着举足轻重的影响，对其进行深入的分析和研究也具有很强的理论与现实意义。霍尔果斯跨境经济合作区的建成和发展对我国向西开放、加强同中亚各国的合作交流、促进中亚区域经济发展都具有重大的战略意义和深远的历史意义。

（一）霍尔果斯跨境经济合作区的建设背景

新疆维吾尔自治区地处亚欧大陆腹地，是我国陆地面积最大、陆地边境线最长、毗邻国家最多的省级行政区，历史上是古丝绸之路的重要通道，也是“亚欧大陆桥”的必经之地，战略位置十分重要，发展边境贸易条件得天独厚。哈萨克斯坦是中亚地区经济发展最快的国家，在我国的进出口贸易中占据重要位置。作为新疆第一大边贸伙伴，哈萨克斯坦与新疆之间的进出口贸易额占中哈贸易的 50.83% 以上。[①] 霍尔果斯作为新疆与哈萨克斯坦的接壤城市之一，基础设施完善、中亚市场辐射辽阔、客货综合运量庞大，具有发展中哈边境贸易的地理区位优势，因此霍尔果斯跨境经济合作区是发展中哈边境贸易的重要平台。

早在 2003 年，中哈两国领导人就提出在新疆霍尔果斯建立边境自由贸易区的重要构想，2004 年，中哈两国政进一步签订了《中华人民共和国政府和哈萨克斯坦共和国关于建立中哈霍尔果斯国际边境合作中心的框架协议》；2005 年，中哈两国政府又正式签署了《中华人民共和国政府和哈萨克斯坦共和国关于中哈霍尔果斯国际边境合作中心活动管理的协定》；2006 年，国务院下发《国务院关于中国－哈萨克斯坦霍尔果斯国际边境合作中心有关问题的批复》（国函〔2006〕15 号文），对合作中心及配套区的功能定位、优惠政策等方面作出明确批复。[②] 至此，合作中心正式成立，成为我国与邻国建立的首个跨境经济合作区，也成为我国首个“边境之内、海关之外”的特殊区域。

随着“一带一路”倡议的推进和西部经济的开发，霍尔果斯跨境经济合作区享有多重国家战略和政策优势，在承担重要发展使命的同时，也迎来了全新的发展机遇。建设霍尔果斯跨境经济合作区，不仅是贯彻落实《国务院关于支持沿边重点地区开发开放若干政策措施的意见》、务实推进《推动共建丝绸之路经济带和 21 世纪海上丝绸之路的愿景与行动》的具体体现与紧迫需求，更是应对哈萨克斯坦“光明大道”经济政策在东哈萨克斯坦州建设经济开发区的国际合作需要，还是打造新疆建设丝绸之路经济带核心区优先抓手和重要引擎的现实需要，[③] 也是在

① 贸易额根据新疆维吾尔自治区统计局以及国家统计局的数据计算得出，2017 年进出口总额比例约为 43%，2018 年约为 53%。

② 中国贸易报社：《中哈霍尔果斯国际边境合作中心成长记录》，中国贸易新闻网，2017-06-08，https://www.chinatradenews.com.cn/content/201706/08/c2584.html.

③ 方创琳、伦志、王岩：《丝绸之路经济带中国－哈萨克斯坦国际合作示范区建设的战略思路与重点》，载《干旱区地理》2016 年第 5 期。

新常态下助推国家边境经济合作区重新发力的有效途径。

（二）霍尔果斯跨境经济合作区的主要内容

霍尔果斯跨境经济合作区主要包括两个部分，一是核心区——霍尔果斯国际边境合作中心，二是中方配套区——霍尔果斯工业园区。霍尔果斯国际边境合作中心总面积 5.6 平方千米，其中中方区域 3.43 平方千米、哈方区域 2.17 平方千米。霍尔果斯工业园区总面积 9.73 平方千米。中方区于 2006 年 6 月开工建设，2012 年 4 月正式封关运营，实行“一线放开、二线管住”的“境内关外”管理模式。[①]

1. **战略定位和主要功能**

霍尔果斯国际边境合作中心的战略定位是中亚贸易城和欧亚国际采购中心，以贸易洽谈、商品展示和销售、仓储运输、宾馆饭店、商业服务设施、金融服务、举办各类区域性国际经贸洽谈会等功能为主。该合作中心一直秉持经济和文化交往的合作发展理念，是中亚地区商品货物交易的场所，是中亚地区购物消费的场所，是中亚地区资金流、信息流、人流和物流集聚的场所。[②]

中心配套区——霍尔果斯工业园区——是中哈霍尔果斯国际边境合作中心发展的产业基地，2006 年经国务院批准成为国家级园区，批复面积 9.73 平方千米。园区主要功能为：发展面向中亚五国、俄罗斯以及东欧地区的出口加工、保税物流、仓储运输等产业。2020 年 9 月，国务院批复将合作中心中方配套区整合优化，设立霍尔果斯综合保税区，规划面积 3.61 平方千米，享受“配套区＋综保区”双重政策，主要功能为保税加工、保税物流、保税服务等业务，与合作中心中方区形成“前店后厂”“前店后仓”的联动发展格局。[③] 这不仅在空间意义上拓宽了合作中心的面积，而且进一步提升了合作中心和园区的发展效率。

① 资料来源：新疆霍尔果斯市人民政府门户网站。

② 吴庆东、张秋凡：《中哈霍尔果斯国际边境合作中心规划探讨》，载《规划师》2008 年第 B09 期。

③ 资料来源：新疆霍尔果斯市人民政府门户网站。

2. 政策优惠

如同其它自贸区，国务院亦赋予中哈霍尔果斯国际边境合作中心一系列特殊的政策，主要有以下三方面：

一是中方、哈方及第三国人员、货物、车辆在区域内可以自由流动，入区免签证合法停留 30 天，30 天内出区查验后再次进入，即一年出入 12 次，可实现合作中心内长年居住。

二是从中方入区建设物资和自用设备实行退税，从哈方入区的建设物资和自用设备实行免税，实行"一退一免"，将会对投资实业的企业家产生很大的吸引力。

三是从中方入区游客每人每天可购买 8000 元人民币合法免税商品（现正向国家申请将免税额提升到 3 万元），从哈方入区的游客，每人每天可以购买 1500 欧元的免税商品（现正研究提升到 1 万欧元）。[①]

2020 年，国务院批复了关于中哈霍尔果斯国际边境合作中心的有关问题，在原有优惠政策的前提下，对合作中心新政策予以大力支持，主要包括以下方面：一是将中方配套区管理模式及政策与珠澳跨境工业区珠海园区的税收、外汇等相关政策、功能定位和管理模式进行比照；二是在中方配套区实行特殊政策，如保税加工政策、保税物流仓储及进出口贸易政策等。[②]

3. 项目运行

中方项目运行情况：霍尔果斯国际边境合作中心中方区自封关运营以来，招商引资总投资超过 300 亿元的重大项目有 35 个，苏新中心、中国文化馆等 15 个商业综合体建成运营，入驻商户 3500 余家，从业人员达到 5000 余人。工、农、中、建、交、兵团农行、兴业银行等 7 家银行获批入驻，建行、交行、兴业银行创新离岸业务系统搭建完成，并始开展业务。目前，已初步形成了以跨境金融、跨境旅游、跨境电商、

---

① 邹秀婷：《黑龙江省对俄跨境经济合作区建设探析》，载《西伯利亚研究》2019 年第 3 期。

② 新疆霍尔果斯市人民政府：《国务院关于中国—哈萨克斯坦霍尔果斯国际边境合作中心有关问题的批复》，新疆霍尔果斯市人民政府门户网站，2020-03-30，http://www.xjhegs.gov.cn/info/2440/28454.htm.

国际贸易、免税购物为主的外向型产业体系。[①] 除此之外，为贯彻落实新疆维吾尔自治区人民政府《关于进一步推进霍尔果斯高质量发展的指导意见》，推进合作中心提档升级，加快跨境电商公共服务平台建设，2021 年 5 月 15 日，中哈霍尔果斯国际边境合作中心跨境电商——“空中陆桥”正式启动运行。[②]

哈方项目运行情况：哈方区域拟实施 107 个投资项目，其中 52 个项目已经找到投资者，主要来自哈国，哈方计划与 10 家外国公司洽商投资事宜。目前已完成启动工程的第一阶段工作，竣工项目为 23 个，其中包括道路、桥梁、天桥、高压电线、通信、供水、供暖、排水设施、防泥石流工事等，能够保证来访者顺利进入中心；正在进行启动工程的第二阶段工作，保证货物顺利进入中心；同时进行启动工程的第三阶段工作，建成主要的基础设施项目。[③]

（三）霍尔果斯跨境经济合作区面临的挑战

霍尔果斯跨境经济合作区自设立以来，在各方的大力支持下各项工作得到整体推进，取得了较大的成效，但也面临着一系列问题和挑战，主要有跨合区现有制度不健全、跨合区产业基础薄弱、“空壳”企业避税行为扰乱市场秩序以及新冠肺炎疫情的影响。

1. 跨合区现有制度不健全

《中华人民共和国政府和哈萨克斯坦共和国政府关于建立霍尔果斯国际边境合作中心的框架协议》和《中华人民共和国政府和哈萨克斯坦共和国政府关于霍尔果斯国际边境合作中心活动管理的协定》（以下简称《管理协定》）是合作中心的设立依据，但文件仅对双方授权管理机构予以明确（中方为新疆维吾尔自治区人民政府，哈方为工业和贸易

① 资料来源：霍尔果斯市纪委门户网站。

② 新华社：《中哈霍尔果斯国际边境合作中心跨境电商“空中陆桥”落成并投入使用》，新华网，2021-05-16，http://www.xj.xinhuanet.com/zt/2021-05/16/c_1127452296.htm.

③ 张丽君、王飞、田东霞、周英等：《中国跨境经济合作区进展报告 2018》，中国经济出版社 2019 年版。

部），并未以文件形式规定外部执行机制、第三方管理组织和运营管理期，造成合作中心内中哈区域建设缺少统一的组织协调机构和确切的推进时间表，同时《管理协定》尚未全部落地，双方的贸易政策不对等，进度难以同步，发展不平衡。现在合作中心逐渐由建设期向运营期转变，建设运营管理涉及较多系统和部门，目前合作中心遵循的国内政策文件只有国发〔2006〕15号，与中国（上海）自由贸易试验区（简称上海自贸区）配套的执行政策相比有所欠缺，合作中心国际化、法制化、规范化建设，将会受到影响。

2. 跨合区产业基础薄弱

霍尔果斯市产业发展基础薄弱，对跨合区的支撑作用较弱，口岸进出口贸易结构较为单一，辐射带动作用有限，经济总量不高，使跨合区招商引资速度低于预期。横向对比来看，霍尔果斯并不具备经济总量方面的优势。受口岸自身条件的制约，出口加工和贸易物流这两个主导产业的产品结构较为落后，发展方式相对粗放，口岸只起了通道和中转的作用，“通道经济”比重高。同时，对外贸易规模不大，以初级产品和初级工业品为主；加工业处于起步阶段，规模小且附加值低；现代服务业发展最慢，远不及其他产业，金融服务相对滞后，物流业发展粗放，旅游业多为传统观光型，其他服务业仍处于起步阶段。[①]

3. “空壳”企业避税行为扰乱了市场秩序

霍尔果斯推出“五减五免”的税收政策、宽松便利的融资环境、丰厚的财政补贴、大力度的收费减免、上市的绿色通道等各种利好因素，使其成为众多企业争相投资的“税收洼地”，由于注册成本低、税率低，大量内地企业到霍尔果斯注册公司。截至2017年12月31日，霍尔果斯市各类市场主体（企业、个体户）总量22615户，注册资本3021亿元，分别同比增长177.7%、202.5%。[②] 尤其需要注意的是影视文化类企业增长迅速，这类企业的一个主要特征是不需要大规模雇用劳动力，同时，政府迫切希望吸引外来资本，由此出现了注册审查不严、监管不够规范

① 张义：《新疆霍尔果斯口岸经济研究》，中央民族大学，2013年。

② 张剑：《霍尔果斯企业扎堆儿注销潮背后：‘注册经济’要脱‘虚’向‘实’》，第一财经，2018-10-17，https://www.yicai.com/news/100041156.html.

等问题。大量公司在霍尔果斯注册仅为了谋求税收利益，在霍尔果斯并无实际经营，出于避税目的而注册的企业，若并未在霍尔果斯开展实际经营业务的属于典型的“空壳”企业。这类企业如雨后春笋般大量出现，一址多照，逃税漏税现象严重，不仅违背了税收政策的实质精神，扰乱了市场秩序，而且从长期来看也不利于霍尔果斯经济的健康发展。

4. 新冠肺炎疫情的影响

自2020年新冠肺炎疫情爆发以来，霍尔果斯国际边境合作中心通道长期处于关闭状态，人员流动也相对停止。2020年初，中哈海关多次商定但均未敲定结果，通关时间被推迟三次，霍尔果斯国际边境合作中心也被迫停止运营。由于通道关闭，人员来往减少，霍尔果斯国际边境合作中心的发展严重受阻，主要体现在三个方面：一是经贸活动长期处于低迷状态，哈方先前在区内大量批发商品的活动也无法实现，为解决这种情况，当地购物中心曾开展各项活动促进居民消费，但商家客户稀少，未能重新带动当地经济发展。二是货物长期处于积压状态，先前进入霍尔果斯国际边境合作中心的货物被迫又转回境内，商家成本上升。三是游客量大幅减少，无法带动霍尔果斯国际边境合作中心免税商品的消费。

二、凭祥－同登跨境经济合作区

近年来，随着国家“一带一路”倡议和中国－东盟自由贸易区建设的持续推进，作为祖国南大门和广西口岸数量最多的边境城市，凭祥市对接双边市场的跨境经济合作的重要性越发凸显。中国凭祥－越南同登跨境经济合作区（简称凭祥－同登跨境经济合作区）是以中国－东盟自由贸易区为合作框架的重要试点，位于中国广西凭祥的浦寨边贸区与越南谅山同登的新清口岸区交界处，总体规划面积为17平方千米。

自2005年首次提出建设构想以来，国家和地方政府就高度重视。2018年1月10日，李克强总理出席了澜沧江－湄公河合作第二次领导人会议，提出面向东南亚、面向东盟，双方要“共同建设好现有经贸合作区、跨境经济合作区，开辟一些新的特色园区”，凭祥边境经济合作区迎来了新的发展机遇。

（一）凭祥－同登跨境经济合作区的建设背景

凭祥市地处中国南部，是中国最靠近东盟国家的国际化城市，素有“中国南大门”之称；其区位优势明显，距广西首府南宁市和越南首都河内市均为170千米左右，西南两面与越南凉山省交界，边境线长97千米；境区内有国家一类口岸2个，为友谊关公路口岸和凭祥铁路口岸；二类口岸1个，为平而关水路口岸；边民互市点4个，为弄尧（浦寨）、叫隘、平而、油隘；因此，凭祥市是广西口岸数量最多、种类最全、规模最大的县域口岸城市，[①] 是中国通往越南及东南亚最便捷的陆路通道。随着中国－东盟自由贸易区建设的深入推进、中越经贸关系的纵深发展，凭祥市在加强中越边境往来合作方面的重要性日益凸显。

2005年，凭祥市率先提出了建设凭祥－同登跨境经济合作区的构想。同年4月，崇左市与越南谅山省商贸旅游厅签订了《构建中越凭祥－同登跨境经济合作区的合作意向》。

2007年1月，广西与越南谅山省签署了《建立中越边境经济合作区备忘录》，提出在双方接壤地区各划出8.5平方千米共同建设中越跨境经济合作区的设想。一年后，作为中越跨境经济合作区中方先行区的凭祥综合保税区获国务院批准设立，并于2011年9月正式封关运营，同时成立了凭祥－同登跨境经济合作区管理委员会，在凭祥综合保税区管理委员会机构内增挂凭祥－同登跨境经济合作区管理委员会牌子，实行“两块牌子一套人马”。

2013年10月，国务院总理李克强在访问越南期间，中华人民共和国商务部和越南工贸部共同签署了《关于建设跨境经济合作区的谅解备忘录》后，商务部、广西、云南联合组成《中越跨境经济合作区建设共同总体方案》起草小组，形成了《共同总体方案》初稿。2015—2017年，越南党和国家领导人多次应邀访华，期间在多个《中越联合公报》中提及协商、磋商、签署《共同总体方案》，推进跨合区建设。2017年，

① 资料来源：凭祥市人民政府门户网站。

凭祥市人民政府采取更加主动的开放战略，积极将政策优势、区位优势转化为开放优势、发展优势，努力构建全方位开放新格局。按照《广西凭祥重点开发开放试验区建设总体规划（2016—2025）》、自治区赋予凭祥试验区的若干政策，重视发挥中国－东盟边境贸易凭祥国检试验区先行先试作用，推动扩大水果进口准入种类、越南乳制品准入和进口水产品、农产品采信第三方认证等建设；加大沿边金融改革力度，深化跨境人民币结算制度改革，规范边境民众互市结算服务；加快水果等大宗商品交易市场建设，巩固凭祥口岸外贸优势。2018 年，凭祥市人民政府着重加快推进中越"两国一检"试点，加强与越南规划对接，推动"两国一检"中方区域建设。深入推进跨境劳务合作，创新跨境劳务管理模式，推动凭祥－同登跨境经济合作区建设，"以建促批"，加快跨合区批复设立。2019 年，中国（浦寨）—越南（新清）货运专用通道开通事宜于 11 月 26 日获国家口岸办批复，明确同意"浦寨—新清通道"临时对外开放，并完成了绿色通道专用车道的设立；加快推进中越"两地双园"、凭祥（铁路）口岸进境水果指定监管场地项目建设；推进"大口岸""大通关"建设，促进口岸经济转型发展，打造成为中越边境示范口岸。① 2020 年，友谊关口岸进一步改革创新、深化开放，实行出口提前审结模式，并加大力度优化国际贸易"单一窗口"系统建设，加强通关信息共享和数据交换，提升铁路口岸通关电子化、自动化管理水平。② 2021 年 4 月 3 日，首趟湖南直达东盟国家的长沙－河内东盟国际货运班列从凭祥铁路口岸出境。疫情期间，此条线路的开通不仅大大降低了货物的运输成本，也满足了海外企业的迫切需求，为中部地区货物出口东南亚提供了新的通道。同年 5 月 29 日，首列粤港澳大湾区（广州增城—越南河内）国际班列从凭祥口岸物流中心驶出。此外，凭祥口岸还实施互市商品落地加工、越南车辆直通厂区政策，不断降低双方企

---

① 广西崇左凭祥人民市政府：《凭祥市人民政府关于凭祥市 2019 年国民经济和社会发展计划执行情况的报告》，广西崇左凭祥人民市政府门户网站，2019-12-30，http://www.pxszf.gov.cn/zwgk_1568/xxgkml/jcxxgk/ghjh/ssjz/t5007700.shtml.

② 康安：《西部陆海新通道进出口货值货运量逆势增长》，载《广西日报》，2020 年 8 月 8 日。

业成本。与此同时，凭祥市也在不断加快中越“两国双园”的项目进度，加强双方在数字信息方面的合作。2022 年，凭祥市人民政府与越南谅山省同登 – 谅山口岸经济区管委会多次进行视频会晤，就进一步推进疫情防控工作和口岸通关、滞留越方春疆货场农产品问题、浦寨 – 新清口岸试行甩挂方式交接货物等重点工作事项进行深入交流。

（二）凭祥 – 同登跨境经济合作区建立的主要内容

作为凭祥国家重点开发开放试验区的先行先试核心区域，凭祥 – 同登跨境经济合作区实行“一线放开、二线管住、境内关外、分线管理”的监管模式，“两国一区、一区两园”的合作格局，自创立以来稳步发展，对推进中越合作发展有着重要的意义。

1. 基本定位与主要功能

第一，凭祥市依托地理和政策的优势重点打造边贸加工产业。凭祥综合保税区分为三个功能区：友谊关口岸作业区、卡凤保税物流区和配套服务区。凭祥市充分利用边民每人每天 8000 元进口货物免税的政策，进行多种形式的组织创新，大力发展边境贸易，带动当地加工业发展，并取得了不错的效益。例如，以边民互助组的形式把越南的水果原材料运进国内，再对其进行加工，从而增加附加值、延长产业链，推动经济的进一步发展。为了更好兼顾国内国外两个市场、两种资源，凭祥 – 同登跨境经济合作区未来将大力发展国际贸易、物流配送、展示展销、检测维修、国际租赁、特色加工产业，重点发展保税物流、仓储、国际中转、国际采购、配送、进出口贸易、转口贸易、报关报修、跨境电商、展示直销、维修检测、金融保险等。

第二，重点发展跨境金融与国际结算。凭祥市结合沿边、贴边的区位优势和对外开放优势，积极探索开展沿边金融体制机制改革，大力开展个人跨境贸易人民币结算业务，推动电子商务发展，并积极探索规范地摊银行市场的方法，创新开发红木融资产品，大力发展政策性农业保险。凭祥市适时制定《凭祥市建设沿边金融综合改革试验区实施方案》，并成立了建设沿边金融综合改革试验区工作领导小组，使得沿边金融综合改革工作取得了显著成果。首先，进一步简化跨境人民币结算业务流程，大力推进个人跨境贸易人民币结算试点工作，开拓越南盾现钞兑换和跨境调运业务。其次，推进边民互市跨境结算和信用卡业务，方便边民互市贸易结算与融资。凭祥市于2014年开通首个互市贸易结算中心试点，与中国银行、中国农业银行合作发放边民互市信用卡，实现了个人跨境贸易人民币结算业务合规化。最后，凭祥市还设立了很多与跨境金融、国际结算相关的机构、公司等。例如，成功设立中国首个沿边开发产业发展基金，成功设立崇左市首家本外币兑换特许机构广西银融汇通投资有限公司，推动北部湾银行凭祥支行成功开办越南盾现钞兑换业务，创新开展红木"转贷通"业务并为企业解决亿元续贷问题等。除此之外，2020年7月，崇左市财政局发布了《崇左市跨境金融创新试点（凭祥市）方案》，明确了五大主要任务：一是打造面向东盟的双边本币结算先行试验区；二是推动开展合规、高效、便捷的跨境结算创新；三是推进与跨境产业发展匹配的多元化融资创新；四是全力推动跨境保险服务体系创新；五是构建跨境金融创新风险防控体系。同时，围绕上述任务，则双向提出了六条保障措施：一是搭建与越南毗邻省份金融合作交流机制；二是加强跨部门数据整合及共享，完善信息发布；三是培育新业态加快边境贸易转型升级；四是积极引导边境贸易通过银行结算；五是共同加强边境地下钱庄综合治理力度；六是开展对跨境金融创新的财政扶持。[①] 这些举措将加快凭祥市贸易投资便利化和自由化的金融服务体系，进一步深化凭祥市跨境金融业务和经贸活动的发展。

第三，大力推进跨境劳务发展。凭祥市凭借与越南谅山省高禄、文朗、长定三个沿边县接壤的先天优势，主动和越方协商，通过缔结中越边境友好村屯的形式，加强中越跨境劳务合作。目前，凭祥市友谊镇卡凤村浦寨屯与越南谅山省文朗县新清乡那楼村、友谊镇平而村与越南长定县桃园乡北览村已分别缔结为友好村屯，为凭祥市发展跨境劳务合作打下了良好的基础。凭祥市的跨境劳务以越南劳工在凭祥国家重点开

① 广西凭祥综合保税区管理委员会：《崇左市跨境金融创新试点（凭祥市）方案政策解读》，广西凭祥综合保税区管理委员会门户网站，2020-09-01，http://pxzhbsq.gxzf.gov.cn/bszn/zcjd/t7793998.shtml.

发开放试验区的内务工为主：首先，建立跨境劳务合作机制，建设“两个中心、一个平台”，即凭祥境外边民务工管理服务中心、凭祥跨境劳务人员传染病监测和体检中心、边民入境务工管理系统平台；其次，规范跨境劳务市场，保障跨境劳务人员的合法权益，加强工作监督、材料审查以及强制购买商业保险等。

2. 政策优惠

凭祥市拥有重点开发开放试验区、凭祥－同登跨境经济合作区、边境经济合作区、综合保税区等多个国家级开放平台，享有多重优惠政策。凭祥综合保税区除享有综合保税区应有的优惠政策外，还享有西部大开发、大湄公河次区域合作以及广西崇左市、凭祥市的优惠政策。

《广西北部湾经济区发展规划》确定南宁、北海、钦州和防城港四市及其功能团组可以享受广西北部湾经济区优惠政策，凭祥综合保税区属于该发展规划认定的范围，因此可以享受政策优惠。例如，在运输费用方面，运输国际标准集装箱（20 尺箱、40 尺箱）的车辆在进出友谊关口岸时，享受通行费减半收取的优惠；在检验检疫方面，对以上的诚信管理 A 类企业和分类管理一类企业（年进口总额须达到 150 万美元）实施直通放行通关措施，简化检验检疫程序。[①] 崇左市《关于加快推进市本级工业产业发展的若干意见（试行）的通知》适用于广西中国－东盟青年产业园、凭祥边境经济合作区，部分条例也适用于凭祥综合保税区。凭祥市于 2019 年印发的《中国（广西）自由贸易试验区崇左片区发展支持政策》提出了多项优惠政策，旨在重点支持重大工业、产能合作、园区开发、贸易发展等方面；2021 年印发的《中国（广西）自由贸易试验区崇左片区建设扶持政策》更是围绕园区发展建设需要，囊括 21 条包括跨境电商、工业项目、旅游产业、跨境金融、中越跨境劳务等方面在内的政策，以促进区域内经济高质量发展。

此外，凭祥综合保税区管委会还制定了入区产业差别化的鼓励政策。例如，凭祥综合保税区根据《凭祥市招商引资激励暂行办法（试行）》

① 钦州市人民政府：《广西北部湾经济区发展规划》，钦州市人民政府门户网站，2012-10-17，http://zwgk.qinzhou.gov.cn/auto2521/gzdt_2874/201210/t20121017_164924.html.

《关于进一步扶持坚果加工业发展优惠政策》《凭祥市关于进一步做大做强边境贸易加工业的若干政策》等优惠政策，成功推动多个边贸加工项目落地友谊关工业园。这些加工项目的引进使凭祥综合保税区的边贸加工业初现雏形。

（三）凭祥－同登跨境经济合作区面临的挑战

凭祥－同登跨境经济合作区经过多年的探索和建设已经取得了阶段性成效，但在产业合作、管理机制、基础设施等方面仍存在诸多问题。

1. 产业合作基础薄弱

尽管凭祥市在产业结构方面已形成一定规模，但内容尚不丰富，特别是制造业基础薄弱，产业配套能力较弱，很多制造业配套产品还需要去广西南宁甚至广东采购，大大增加了企业的成本，制造业基础薄弱也限制了凭祥从“通道经济”向“口岸经济”转型的步伐。凭祥市边境贸易的商品多是农副产品、纺织品和机电产品，缺少高附加值的工业制成品，同时，出口商品的价值普遍不高，高科技商品极少。

随着国内经济增速放缓，凭祥市的内外需不足，容易导致进出口减少，凭祥市以往拥有的资源优势和劳动力优势也开始减弱。此外，中越边境地区的经济发展水平不高，先进技术与发展资金不足，产业结构不完善。因此，尽管凭祥与同登在产业层次上有一定的互补性，但并不能很好地发挥双方优势，无法达到中越双边产业合作的目标。

2. 管理机制有待完善

跨境经济合作区的设立和建设牵涉两国主权管理的问题，需要以双方友好政治关系和高度互信为基石，即在互利共赢的前提下建立一种“先政治后经济”的紧密合作机制。[①] 受制于中越地方政府财力、物力的不平衡，中越双方在体制与行政效率上存在一定的差异，这使得沟通和工作的推进难以同步，实际合作中则表现为“中方热，越方冷”，跨境经济合作区建设推进缓慢。具体而言，不同于一国之内的经济区域合

① 杨建基：《中国凭祥－越南同登跨境经济合作区的发展现况、问题和对策》，载《时代金融》2017年第35期。

作，跨境经济合作往往会涉及多方面的问题，且很多方面都没有先例可循，包括商务谈判、海关监管、产业谋划、金融监理、投融资政策指引、行政司法管理等方面。过于复杂的程序增加了行政和交易成本，降低了工作效率，减少了合作产生的效益，使得跨境经济合作的主要目标难以实现。

3. *基础设施建设滞后*

建设跨境经济合作区需要大量的建设用地，但以喀斯特地貌为主的凭祥市用地指标有限，远远无法满足建设用地的需求。此外，虽然凭祥市人民政府加大了基础设施建设的力度，但随着通行量需求的日益增加，目前港口的通关效率和装载能力仍不能满足需求，与成为现代港口的目标还有一定差距。例如，凭祥市拥有友谊关公路口岸和火车南站口岸两个一级口岸，由于布局不合理、中越双方的设施对接效率较低等问题，虽然已经实现了电子化通关，但其通关效率并没有得到有效提高。[①] 以友谊关公路口岸为例，设计货车通行能力是每日 300 辆，但实际上每天的进出货车量基本维持在 500~1000 辆。[②] 同时，中越双方贸易往来的效率也受到边民互市点的影响，部分边民互市点的发展条件较为落后，基础设施不够完善，通关的承载能力也有限。

三、瑞丽－木姐跨境经济合作区

中国云南地处中缅边界，经济发展较缓，口岸经济正面临着严峻的挑战，为了振兴沿边地区经济发展，促进区域经济一体化不断向纵深领域蓬勃发展，国家亟需找列新的经济开放模式。中国瑞丽－缅甸木姐跨境经济合作区（简称瑞丽－木姐跨境经济合作区）的建立立足于党中央提出的科学和谐发展的背景，是为进一步推进中缅合作，提升两国经贸、文化、旅游等国际合作而提出的设想。无论是从政治、经济、社会角度，还是从国家安全的角度，都具有十分重要的现实意义。

① 赵林婧：《新常态下凭祥市边境贸易的转型升级研究》，广西大学，2017 年。
② 中国新闻网：《中越友谊关－友谊口岸国际货物运输专用通道试运行》。

（一）瑞丽－木姐跨境经济合作区建立的背景

随着区域经济一体化的发展和“一带一路”建设的推进，瑞丽－木姐跨境经济合作区的建设得到了双方政府的高度关注，切实推进瑞丽－木姐跨境经济合作区建设，能够为中缅双边经贸往来和经济建设带来更多发展良机。

1. 中缅边境城市对比

中国与缅甸边境线长达2000千米，其中云南省与缅甸的陆地边境线长达1997千米，两侧分布着两国十几个大小城市（镇）。在这些城市中，瑞丽市是位于云南西部的边境口岸城市，其西北、西南、东南三面均与缅甸接壤，与缅甸木姐、南坎和棒赛三个城市相毗邻；陇川县与缅甸雷基市接壤，其章凤口岸与雷基口岸对应开放；腾冲市的猴桥口岸与缅甸甘拜地口岸相对接，出境121千米便可进入缅北重镇密支那。

2. 瑞丽－木姐跨境经济合作区建设的历史沿革

随着中国对外贸易的发展和中缅经济交流合作的进一步加深，瑞丽口岸不仅成为云南省第一个开放的内陆边境口岸，也是与缅甸贸易额最大、管理出入境人员和车辆最多、货物吞吐量最大的边境内陆港口。瑞丽逐渐成为中国西南地区重要的人流、物流、信息流的集散地之一。

1990年7月9日，国务院批准瑞丽口岸对第三国开放，1991年，云南省人民政府批准成立了瑞丽姐告边境贸易经济区；1992年，中国开始实施沿边开放战略，14个城市陆续被国务院批准为沿边开放城市。云南省最早提出了“跨境经济合作区”这一概念，2007年开始针对瑞丽－木姐跨境经济合作区进行论证。但由于种种原因，在随后的几年当中，中缅跨境经济合作区项目并没有取得实质性进展。2013年6月，在“第五届GMS经济走廊活动周·中缅跨境经济合作区建设协商会”上，缅方初步同意双方共同建设跨境经济合作区的构想。2015年12月，瑞丽召开第一次中缅瑞丽－木姐跨境经济合作区前期推进工作联合工作组会议，会议达成多项共识。经过多方的不懈努力，2017年5月16日，在中国总理李克强和缅甸国务资政昂山素季的见证下，中国和缅甸正式签署了《中国商务部与缅甸商务部关于建设中缅边境经济合作区的谅解备忘录》。2019 年 12 月，云南省人民政府向商务部上报了《中缅瑞丽－木姐边境经济合作区建设总体方案》《中缅瑞丽－木姐边境经济合作区建设总体方案（中方区域）可行性研究报告》以及《中缅瑞丽－木姐边境经济合作区有关材料》。此外，两国中央和地方也做了大量的工作。缅方提出拟在瑞丽－木姐、孟定－清水河、猴桥－甘拜地等地建设边境经济合作区。经中央有关部门研究并同缅方协商，缅方已明确表态在瑞丽－木姐区域优先启动中缅跨境经济合作区建设，待中缅瑞丽－木姐跨境经济合作区取得可复制、可推广经验和中缅孟定－清水河、猴桥－甘拜地区域条件成熟时，再启动中缅孟定－清水河、猴桥－甘拜地跨境经济合作区建设。①

（二）瑞丽－木姐跨境经济合作区建立的主要内容

1. 发展路径

基于昆明－仰光经济走廊、昆明－南亚经济走廊建设需要、中缅边境地区经济贸易现状，以及瑞丽－木姐的经济社会发展水平，中缅瑞丽－木姐跨境经济合作区将国际经贸服务业和进出口加工业作为产业发展的重点，旨在进一步加快人流、物流、资金流和技术流的集聚。同时，该跨境经济合作区通过充分利用双边在资源和产业上的互补优势，促进优势产业发展以进一步推动边境地区繁荣。在功能分区设置上，可先行建设跨境经济合作区的核心区，形成“双核”发展极，待聚集了一定的生产要素后，再建设拓展区，形成“双辅多通道支撑”的功能结构优化，为核心区提供产业与环境支撑，并以“点—线—带”的形式，不断扩大合作的地域范围，实现更广领域和更深层次的合作。

2. 空间布局

瑞丽－木姐跨境经济合作区把昆明－南亚经济走廊、昆明－仰光经济走廊、传统边境贸易供应地和目标市场作为辐射核心，在瑞丽江两侧河谷地带的 600 平方千米（双方各约 300 平方千米）的范围内，瑞丽－

① 云南省商务厅：《云南省商务厅对云南省政协十二届三次会议第 047 号提案的答复》，云南省商务厅门户网站，2020-10-21，https://swt.yn.gov.cn/articles/762.

木姐跨境经济合作区中方区域由“1 个核心区 +1 个配套区”组成，面积共 8.45 平方千米，核心区为姐告国际商务核心区，规划面积 5.63 平方千米，配套区为畹町国际产能合作区，规划面积 2.82 平方千米，[①]并对其进行跨境围网封闭管理，其余区域作为核心区域的延伸。等条件成熟时，拓展区将扩大到瑞丽国家重点开发开放试验区和缅甸木姐地区。

根据瑞丽 – 木姐的地理、交通特点，按照区域空间优化、多口岸经济节点有序分工的要求，提供尽可能多的“最优区位空间”，转变单一的“畹町 – 九谷”“瑞丽 – 木姐”“弄岛 – 南坎”口岸经济空间模式，围绕界河瑞丽江两岸的河谷地带，形成由“一轴一带一环、双核双辅双廊”共同支撑的跨境区域性发展模式，大幅提升区域整体竞争力。

3. 中缅跨境合作中心

中缅跨境合作中心建设总面积约为 8.45 平方千米，由姐告国际商务核心区和畹町国际产能合作区构成。在功能布局上，双方以进出口贸易、跨境物流、保税仓储、跨境金融服务和科教文卫交流等功能为重点进行布局。[②] 中缅跨境经济合作中心大力发展货物贸易和服务贸易，加大双方投资，积极推进跨境活动，提升出入中心便利化水平，进一步将中缅跨境经济合作中心打造成为一个投资自由、贸易自由、人员出入自由、高度综合与开放的综合性跨境合作中心。

4. 中缅跨境工业园

中缅跨境工业园位于畹町边境经济合作区芒满通道和缅方木姐地区九谷市峦应村片区之间，中缅各安排 1.5 平方千米的区域，总面积 3 平方千米的跨境工业园。其功能布局是重点发展加工贸易、进口资源型产品深加工、出口加工装配，充分利用好两个市场、两种资源，发展目标是吸引境内外投资，大力发展面向两个市场及南亚毗邻地区的进出口加工业，适度发展与之相配套的国际贸易业、保税仓储业，建成一个投资自由、产业开放、配套良好的跨境工业园。

① 云南省商务厅:《云南省商务厅对省政协十二届四次会议第 0351 号提案的答复》云南省商务厅门户网站，2021-11-26，https://swt.yn.gov.cn/articles/32755.

② 冯伟拉：《老中磨丁 – 磨憨跨境经济合作区建设研究》，云南大学，2019 年。

5. 瑞丽－木姐跨境经济合作区拓展区

瑞丽－木姐跨境经济合作区拓展区域位于瑞丽江两岸的河谷区，规划面积为600平方千米（两边各约300平方千米），在跨境经济合作区核心区的外围，在条件成熟时，拓展区将扩大到瑞丽国家重点开发开放试验区和木姐特殊经济贸易区。在功能布局上，拓展区主要是为跨境经济合作区核心区的发展提供支持，着重于农业、能源、矿产、旅游及文化资源的开发，资源性产品的加工制造，工业品的加工装配，瑞丽江流域开发性的保护，跨境禁毒，疾病防控等方面的合作。

（三）瑞丽－木姐跨境经济合作区面临的挑战

1. 完善和提升发展定位

定位决定出路。区域发展定位是人们在一定时期内对区域发展本质的科学认识，它是区域发展目标的导向。从长期来看，区域发展定位是与时俱进的，但在短期内定位又是稳定的，不可朝令夕改，一经确定，必然一贯到底。因此，在新时期，我们一定要从国家战略安全、南下印度洋走向世界、兴边富民等层面来重新审视瑞丽，完善和提升瑞丽区域的发展定位。区域发展定位科学了，发展的路子厘清了，才能将实现区域经济又好又快的发展目标落到实处。

2. 优化和升级产业结构

瑞丽产业结构优化升级迫在眉睫，势在必行。当前一定要采取切实措施，即要用高新技术改造传统产业，致力于提高自主创新能力，促进特色优势产业发展。做优第一产业，做强第二产业，做大第三产业。努力打造商贸物流、新兴工业、珠宝旅游、生物创新四大主导产业。其可通过发展高新技术产业，促进经济发展方式转变，逐步使产业结构朝着高度化、特色化、集群化、绿色化、国际化等方向演进，提高产业发展的国际竞争力。

3. 提高对外开放水平

开放度即一国经济的对外开放程度，它有名义开放度与实际开放度之分，是衡量一国经济对外开放规模和水平的主要指标。瑞丽对外开放起步较早，但发展缓慢。作为国家重点开发开放试验区要充分发挥“一江两国、一坝两国、一城两国”的地缘优势，进一步扩大对外开放水平，把“引进来”和“走出去”更好地结合起来，扩大开放领域，优化开放结构，提高开放质量。

“引进来”和“走出去”包括国内和国外两个方面。国内方面是广泛与省内外进行经济技术合作。国外方面是在中国-东盟自由贸易区的框架下，进一步完善和发挥中缅经济联委会的作用，广泛与周边国家和地区进行经济技术合作，全方位、深层次、多领域拓展区域合作空间，提高对外开放的质量。

四、河口-老街跨境经济合作区

目前，中越双方合作建立了东兴-芒街、中国河口-越南老街、凭祥-同登、龙邦-茶岭四个跨境经济合作区。其中，中国河口-越南老街跨境经济合作区中方跨合区位于云南省红河州河口县内，是云南省面向东南亚、南亚市场的重要通道节点。中国河口-越南老街跨境经济合作区的成立，旨在推动中越两国双边贸易平衡、稳定、可持续发展，促进中越边境省区合作，带动两国边境地区发展。中国河口-越南老街跨境经济合作区是中越双方合作的重点区域之一，对其进行深入分析和研究具有重要的理论和现实意义。

（一）河口-老街跨境经济合作区的建设背景

西南地区连接着印中孟缅和中国-中南半岛两大经济走廊，占据着中国陆路对外开放的重要地理位置。跨境经济合作区作为我国西南沿边开放的一种模式，对拉动沿边地区的经济发展具有十分重要的作用。越南和中国的广西、云南两省是中国与东盟国家开展双边交流的重要渠道，在中国-东盟自由贸易区建设中有着重要的地位和作用。因此，中国河口-越南老街跨境经济合作区的建设，不仅深化了中越两国的经贸合作，惠及两国人民，还促进了中国－东盟自由贸易区的建设。[①]

中越跨境经济合作区的设想在2005年提出，同年9月红河州人民政府与越南老街省人民委员会签署《中国红河－越南老街经济合作区方案》。2007年，云南提出规划建设中国河口－越南老街跨境经济合作区。2009年起，国家和云南省级财政每年拨出2000万元资金，将其用于建造河口口岸基础设施。2010年6月，云南省与越南老街省正式签署《关于加快推进中国河口－越南老街跨境经济合作区研究和建设合作的框架协议》。2012年10月，受云南省委托，中国国际工程咨询公司为中越跨境经济合作区制定了发展规划。[②]

2013年5月，云南省人民政府召开支持河口跨合区建设工作启动会，会议指出：河口等三个边境口岸的优惠政策将参考目前全国各省给予边境口岸的最优惠政策，支持河口跨境经济合作区的建设。2013年4月，商务部高虎城部长与越南工贸部部长武辉煌就中越经贸关系和共同关注的经贸合作问题交换了意见。[③] 同年10月，中越两国总理在李克强总理访越期间，就深入发展中越全面战略合作伙伴关系达成重要共识。两国将通过海、陆、金融三条路径深化合作，促进两国经贸发展，实现互利共赢。2017年11月12日，中国商务部部长钟山与越南工贸部部长陈俊英在越南河内正式签署《中国商务部与越南工贸部关于加快推进中越跨境经济合作区建设框架协议谈判进程的谅解备忘录》。[④] 中国河口－越南老街越跨境经济合作区的建设在中越双方有关部门和地方政府的共

① 云南省科学技术协会、红河州人民政府、中国通信学会等著：《第六届云南省科协学术年会暨红河流域发展论坛论文集——专题一：红河流域特色产业转型升级》，云南省机械工程学会，2016年8月。

② 同上。

③ 中华人民共和国中央人民政府：《中国商务部长高虎城会见越南工贸部长武辉煌》，中华人民共和国人民政府官方门户网站，2013-04-22，http://www.gov.cn/gzdt/2013-04/22/content_2385373.htm.

④ 中华人民共和国商务部：《中国商务部与越南工贸部签署关于加快推进中越跨境经济合作区建设框架协议谈判进程的谅解备忘录》，中华人民共和国商务部门户网站，2017-11-13，http://www.mofcom.gov.cn/article/ae/ai/201711/20171102669748.shtml.

同努力下不断推进，合作机制不断完善。

随着“一带一路”倡议的推进以及西部地区的开发开放，河口－老街跨合区享有多重国家战略和政策的叠加优势，在承担重要发展使命的同时，也迎来了全新的发展机遇。跨合区从全球战略角度出发，借鉴国际跨合区的发展经验，使中国河口－越南老街跨境经济合作区在全球经济，特别是东盟经济区中发挥重要的作用。跨合区规划建设高度重视中方跨合区的功能合理布局和产业链的科学衔接，充分发挥管理机构产业政策的导向作用，避免各分区之间的功能重复和产业趋同，并建立完整的海关特殊监管体系，形成分工合理、具有特色的跨境合作区。

（二）河口－老街跨境经济合作区的主要内容

中国河口－越南老街跨境经济合作区毗邻中国河口县和越南老街市、巴刹县三地。2010 年 6 月，中国河口－越南老街跨境经济合作区框架协议正式签署。根据协议，跨境经济合作区划分为核心区和扩展区。其中 5.35 平方千米的核心区域为中国河口县北山片区和越南老街市场的金城商贸区。核心片区将重点发展现代物流、国际展览、保税报关、金融和保险服务、住宿餐饮等多个产业。[①]

跨合区规划设立围网区和配套区，总面积共 115.2 平方千米；围网区的中方区域大约为 11 平方千米，越方区域为 10 平方千米，沿中越界河（红河）布局，其实施范围根据发展需要有序推进、逐步拓展，以坝洒—巴刹跨境公路大桥作为连接通道，实行封闭式管理。

跨合区与周边区域联动发展，形成“两国一区、一区多园、一口岸多通道”的总体空间布局。中方的老县城、山腰、北山、坝洒等片区以及越方的老街国际口岸、新坡、腾龙、北沿海、金城等片区均作为配套支撑园区。其中，中方在外向型加工、机械及装配制造、商贸物流、

---

① 云南信息报：《河口－越南老街跨境经济合作区建设框架协议签订》，网易新闻，2010-06-8，https://www.163.com/news/article/68L9EB73000146BC.html.

金融服务、跨境旅游、国际会展等产业上推进重点产业布局。[①] 跨合区的管理遵循“一线放开、二线管住、区内自由、封闭运行”的模式，根据两国认可的有效证件或其他相关协定管理出入境人员，同时，跨合区内的货物可以自由流动。[②]

中国河口–越南老街跨境经济合作区的主要发展方向为国际贸易、货物中转、跨境物流与采购、旅游和保税加工贸易等，跨合区成为中国与越南经贸合作的加速器。同时，云南和越南旅游资源十分丰富，是国际旅游的热点地区。旅游业在云南和越南的经济发展中十分重要，是两地经济的新增长点。

红河和云南两座城市是中国与东盟国家的国际门户，越南是东盟国家对接中国的重要桥梁。随着中国–东盟自由贸易区的建成，越南在国际贸易和中转方面占据着越来越重要的地位，宽松的贸易环境使河口–老街跨境经济合作区成为国际物流的对接点。越南是21世纪海上丝绸之路的重要枢纽，在港口运输、提供农产品和原材料以及承接中国产业转移方面发挥自己独特的作用，并以此为契机积极参与“一带一路”建设。[③]

（三）河口–老街跨境经济合作区面临的挑战

跨境经济合作区自设立以来，在各方的大力支持下，各项工作得到整体推进，取得了较大的成效，但也面临着一系列问题和挑战，包括国家层面上存在的共性问题以及地方实践中遇到的具体困难。

---

① 云南省科学技术协会、红河州人民政府、中国通信学会等著：《第六届云南省科协学术年会暨红河流域发展论坛论文集——专题一：红河流域特色产业转型升级》，云南省机械工程学会，2016年8月。

② 红河州人民政府办公室：《红河州人民政府办公室关于印发深入推进国家新型城镇化综合试点工作实施方案的通知》，红河哈尼族彝族自治州人民政府门户网站，2018-01-31，http://www.hh.gov.cn/zfxxgk/fdzdgknr/zfwj/zfwj/hzbf/201907/t20190709_352985.html.

③ 云南省科学技术协会、红河州人民政府、中国通信学会等著：《第六届云南省科协学术年会暨红河流域发展论坛论文集——专题一：红河流域特色产业转型升级》，云南省机械工程学会，2016年8月。

根据红河州委财经委员会办公室陈里忠《中国河口－越南老街跨境经济合作区发展战略研究》的报告，[①] 制约中国河口－越南老街跨境经济合作区建设的主要因素有以下几个方面：一是跨合区协调机制不健全。与特殊经济区域和次区域合作相比，跨境经济合作区的建设和运作在多个方面更加复杂。一方面，跨境经济合作区所涉及的规范和框架多于一般的经济合作区，需要形成两国都认同的标准，从而降低行政成本和交易成本；另一方面，建立跨境经济合作区同属于中越两国的国家战略，国家是决策主体，地方政府缺少参与决策的权限从而增加了沟通成本。二是建设推进难度较大。目前，中方已批准设立红河综合保税区，并将其作为先行试验区，但由于中方与越南老街省缺乏沟通交流，推动越方参与工作的成效不明显，选址规划和政策研究的效率都低于其他两个跨境经济合作区，最终影响中国河口－越南老街跨合区向两国政府的报批进度。三是跨境经济合作区资金需求量大。目前，河口县人民政府虽已投入了大量资金，但其作为红河州的一个边境县，经济规模小，财政收入不高，很难为城市基础设施及口岸建设投入财力，形成较大的资金缺口。

五、二连浩特－扎门乌德跨境经济合作区

二连浩特口岸是一个拥有悠久边境贸易历史和传统的贸易口岸。依托其优越的区位优势和独特的文化相通的优势，二连浩特－扎门乌德跨境经济合作区将成为高质量落实“一带一路”倡议的核心区之一。中国积极建设二连浩特－扎门乌德跨境经济合作区，不断整合经济社会资源，扩大跨合区的辐射范围，以点带线，连线成面，发展沿线城市，以二连浩特口岸为中心，形成开放型经济带，形成向北开发开放的新格局。

① 陈里忠：《中国河口－越南老街跨境经济合作区发展战略研究》，《第六届云南省科协学术年会暨红河流域发展论坛论文集——专题一：红河流域特色产业转型升级》，2016 年。

（一）二连浩特－扎门乌德跨境经济合作区概况

如果说内蒙古自治区是中国向北开放的“桥头堡”，二连浩特市则是中国向北开放的“排头兵”。二连浩特是中蒙跨境经济合作的最大陆路口岸。与二连浩特隔界相望的城市扎门乌德则是蒙古国对中国开放的最大、最成熟的口岸。

1. **二连浩特－扎门乌德跨境经济合作区基础设施建设进展情况**

为完善与蒙方合作机制，整合双方各类资源，增强双方力量，2015 年 1 月 7 日，中蒙双方签署了《关于推进二连浩特－扎门乌德中蒙跨境经济合作区建设工作协议》，建立了定期会晤等工作协调机制。2015 年 6 月，二连浩特市与蒙古国工业部共同考察了中哈霍尔果斯国际边境合作中心、苏州工业园区，就跨境经济合作区规划、建设和运营方面的具体事宜进行商讨。由于扎门乌德自由经济区基础设施建设已经具备招商引资项目落地的条件，因而二连浩特市将肉制品、服装、玉石等加工项目作为前期的招商项目，以协助蒙方吸引投资，助力项目落地。

2014 年 10 月，蒙方扎门乌德自由贸易区水电暖供应、道路交通等基础设施建设项目完工。2016 年 5 月 5 日，中华人民共和国商务部与蒙古国外交部在蒙古国首都乌兰巴托正式签署《中蒙二连浩特－扎门乌德跨境经济合作区共同总体方案》。其中，二连浩特已完成跨合区中方一侧总体规划、产业规划和核心区控制性详细规划编制工作。同时，包括外围道路、给排水及围栏工程等在内的部分工程也已经完成。2017 年，二连浩特完成跨合区中方一侧外围排水系统工程，加快核心区道路、给排水、能源供应等基础设施建设，启动综合管廊、标准厂房等项目建设，吸引资金投资和企业入驻。①

2019 年 6 月，中华人民共和国商务部部长与蒙古国政府授权代表蒙古国食品农牧业与轻工业部长乌兰在京正式签署了《中华人民共和国政府和蒙古国政府关于建设中国蒙古二连浩特－扎门乌德经济合作

① 二连浩特市人民政府：《2017 年政府工作报告》，二连浩特市人民政府门户网站，2018-01-26，http://www.elht.gov.cn/elht_info_2018/bmgk/zfbm/szf/xxgkml/201804/t20180428_165043.html.

区的协议》，该协议的签署是中蒙二连浩特－扎门乌德经济合作区建设的重要里程碑。[①]

2. 招商引资及入驻园区企业情况

跨合区蒙方一侧3平方千米区域基础设施已完成，同时，3次项目招商工作也已推进，截至2016年11月，已有13家企业入驻或已完成“土地证”手续，1家建筑构件制造企业开始运营，1家中资全资公司于2016年10月完成“土地证”手续办理。跨合区中方一侧外围工程已完成，超过20家企业有意入驻跨合区，超过10亿元的资金将被引进，跨合区涉及的产业包括但不限于矿产品、畜产品加工、服装加工、蒙药加工、餐饮酒店等。[②]

（二）二连浩特－扎门乌德跨境经济合作区定位

二连浩特市不仅是我国对蒙古国开放的重要门户，也是对外经济发展的重要桥梁。开放建设二连浩特－扎门乌德跨境经济合作区，对我国与蒙古国全面战略伙伴关系的发展、推进“一带一路”倡议和蒙古国“草原之路”规划的有效结合具有十分重要的意义。

二连浩特与扎门乌德的跨境经贸发展具有较强的地方特点。两地交易的商品范围不断扩大，贸易量也呈现明显的扩大趋势，对两地经济、社会发展都起到了巨大的推动作用。但是，两地在发展过程中也不可避免地存在一些制约因素，如不稳定的政策环境、相对薄弱的经济基础、落后的基础设施以及脆弱的自然条件等，在一定程度上限制了二连浩特－扎门乌德跨境经济合作区的进一步发展。因此，为了有效抗衡这些制约因素，跨合区应当遵循以下5个方面的发展定位：

第一，充当“跨亚欧大陆桥”“草原之路”与“丝绸之路经济带”的关键枢纽。跨合区的发展一方面要密切结合自身的地理位置优势，另

① 商务部新闻办公室：《中蒙签署建设中蒙二连浩特－扎门乌德经济合作区的协议》，中国一带一路网，2019-06-05，https://www.yidaiyilu.gov.cn/xwzx/gnxw/92906.htm.

② 宝泉：《中蒙二连浩特－扎门乌德跨境经济合作区招商引资SWOT分析》，内蒙古师范大学，2017年。

一方面也要借助历史机遇，加强中蒙两国在贸易、金融、文化领域全方位合作，在中方倡导的“丝绸之路经济带”、蒙方的“草原之路”和俄方的“跨亚欧大陆桥”中寻找并建立关键对接点，使“三路”相互补充，协同发展。

第二，发展为中蒙经贸合作的引领区。跨合区要充分发挥其目前在中蒙双方交流合作中的龙头带动作用，推动双方在产业、技术等领域的合作，加快实现经济的转型升级，提高现代化水平，建立高水平、高质量的边境产业群，努力成为中蒙经贸合作的引领者。

第三，争取成为中蒙跨境合作的体制机制创新试验区。为此，需要持续深化行政体制和管理机制改革，提升服务水平和工作效率，为中蒙跨境合作发展提供试点经验。进一步推进中蒙贸易自由化政策，形成双方开放合作的经济管理机制，打造跨境合作的体制机制创新试验区。

第四，争当中国东部沿海发达地区产业转移的承接区。当前，全国各地都面临着产业结构转型升级，跨合区可以有选择性地承接适合当地发展的产业，优化产业结构，提高跨合区产业创新能力和产品附加值，同时带动蒙古国科技发展水平提高，做到双方相互促进、协调发展，实现高效益的发展绩效。

第五，成为睦邻、安邻、富邻的示范区。秉承我国“睦邻友好”的和平外交政策，贯彻落实“与邻为善”的方针，以跨合区为平台，加强中蒙双方在经济发展、社会管理、文化交流方面的沟通和合作，推动实现边境居民的共同富裕，力争成为中蒙全面战略伙伴关系的示范区，早日实现中蒙边境地区的繁荣发展。

（三）二连浩特－扎门乌德跨境经济合作区发展面临的问题

二连浩特－扎门乌德跨境经济合作区虽然具有很大的发展潜力，但目前还面临政治环境不稳定、基础设施建设进度较慢、产业发展不平衡等问题，在继续推进跨合区建设时应予以重点关注。

1. 政治环境需要进一步稳固

一是蒙古国国内政治环境的稳定性。尽管目前中蒙双方经贸关系稳定且不断深入，但在开展跨境合作方面，蒙古国国内还存在一些反对声音，导致双方经贸合作推进较慢。二是地缘政治的影响。蒙古国因其特殊地理位置，成为“一带一路”倡议的必经之路和对接俄罗斯“欧亚经济联盟”的重要节点。随着中蒙经济贸易合作的不断加深，其他国家必将进一步加强对蒙古国的政治经济影响。如何避免或减少其他国家对跨境经济合作的不利影响，是推进跨合区建设面临的巨大挑战。

2. 中蒙双方有效的协调合作机制尚待建立

不论是中国，还是蒙古国，任何一方的司法机构均无权对整个跨境经济合作区行使管辖权。然而，随着该区域的运营和发展，各类法律纠纷和刑事案件难以避免，其建设需要克服生产要素流动的边境障碍。这就要求在可控前提下实现两地人员、货物和资金的高效流动，牵涉中蒙两国包括外交、海关、边防在内多个部门与机构。因此，在二连浩特－扎门乌德跨境经济合作区建立常态化的有效协调与合作机制是一个复杂的问题，主要涉及中蒙两国部分事权让渡、跨境经济合作区管理机制建立以及国家战略与地方利益的有效衔接。

3. 基础设施建设进展缓慢

基础设施建设滞后是目前阻碍二连浩特－扎门乌德跨境经济合作区进一步发展的主要制约因素之一。铁路、公路、通信、油气管道等基础设施建设是跨境经济合作区迫切需要优先发展的项目。但大型基建项目的特点是建设周期长、初期投入大、投资回报期长。一方面，该通道建设进度显著慢于贸易增长速度；另一方面，未来如何保障跨境经济合作区建设和运营的用水需求，也是跨境经济合作区发展面临的重要问题。

4. 产业发展不平衡，贸易结构单一

中国与蒙古国之间的贸易结构简单，商品贸易较为单一，贸易合作形式和模式也相对简单。首先，尽管中国长期以来一直是蒙古国最大的贸易伙伴和投资资金来源国，但中蒙投资和贸易仍主要集中在能源和矿产资源领域。随着中国近年来经济增长的放缓，初级产品市场需求降低，加上蒙古国经济低迷，其进口需求也随之减弱，中蒙双方进出口贸易增长乏力。其次，二连浩特和扎门乌德两地经济均不发达，产业结构单一，制造业和服务业发展速度较慢。两地经济增长主要依赖资源型产业，经济增长仍以粗放型为主，创新力不强，产业集群效应弱，经济辐射能力不强。而蒙古国人口较少，市场规模不大，二连浩特发展外向型出口加工业受到制约。再次，二连浩特制造业缺乏龙头企业，产业规模也较小。最后，国内旅游业市场竞争激烈，二连浩特旅游业开发投入不足，旅游线路有限，旅游配套功能不完善，旅游业竞争力不强。

5. 缺乏高质量管理人才队伍

对中蒙而言，二连浩特－扎门乌德跨境经济合作区建设立足于一个全新的发展模式。该经合区的概念、管理模式、推进流程、合作方式、政策体系等均处于探索之中，涉及两国政治、经济、安全、法律、人力资源、国际贸易等多方面问题，因此跨境经济合作区建设需要为其初期发展和后续管理培养、储备专业化的人才队伍，提供高质量管理人员。[①] 目前，二连浩特和扎门乌德的经济发展水平均不高，难以吸引高素质和专业化的人才。而二连浩特－扎门乌德跨境经济合作区在前期调研、中期建设、后期运营以及发展规划等多个方面都需要大量的专业技术和管理人才。如何培养当地人才、引进高素质人才，是跨境经济合作区建设者必须思考的一个重大议题。

鉴于二连浩特－扎门乌德跨境经济合作区建设发展中存在的制约因素，建议加快跨合区基础设施建设，建立高效的管理机制，打造特色产业基地，加快人才队伍建设，进一步推动两地深度合作，最终实现边境地区的繁荣。

六、满洲里边境经济合作区

满洲里位于欧亚第一大陆桥的交通要塞，是全国最大的陆路口岸，也是中国环渤海地区与俄罗斯、蒙古国等国之间极为重要、便捷的陆海运输通道。为响应中央关于深化对外开放的有关要求，满洲里凭借边境口岸优势和毗邻俄蒙的区位优势，逐步深化沿边开放，促进对外贸易稳定发展。这不仅是我国边疆地区广泛参与区域经济、发展外向型经济的

① 宝泉：《中蒙二连浩特－扎门乌德跨境经济合作区招商引资 SWOT 分析》，内蒙古师范大学，2017 年。

客观需要，还是“一带一路”倡议背景下建设边境经济合作区战略布局中进一步拓展国际大市场的必然选择。

（一）满洲里边境经济合作区的建设背景和总体概况

1. 满洲里边境经济合作区的建设背景

长期以来，满洲里市一直是一座对外贸易活跃的城市。自中俄两国政府划定边界开始，持有两国护照者就可以通过满洲里进行边境贸易。2016年9月13日，国家发展和改革委员会公布《建设中蒙俄经济走廊规划纲要》（以下简称《纲要》），[①] 这是首个正式实施的“一带一路”框架下的多边合作规划纲要。《纲要》提出，发展边境贸易，优化商品贸易结构，扩大服务贸易量；拓展经贸合作领域，提升经贸合作水平。其中，建立边境经济合作区，成为引导边境贸易向加工、投资、贸易一体化发展的一项重要举措。

2. 国家和地方相关扶持政策

满洲里是我国向北开放的先锋城市。“一带一路”的建设，进一步提升了内蒙古对外开放水平，同时为与蒙古国、俄罗斯之间的合作提供了重要机遇。1992年，国务院确认满洲里为首批沿边开放城市之一。2012年7月，国务院批复满洲里为首批国家重点开发开放试验区之一。

2013年1月，内蒙古自治区人民政府出台《关于加快推进满洲里国家重点开发开放试验区建设的若干意见》（内政发〔2012〕124号），[②] 在口岸和通道建设、财税、投融资、产业、工商、土地、公共服务、人才等方面，提出了38条具体支持政策，为满洲里重点开发开放试验区提供了政策红利和发展契机。

2016年1月7日，国务院发布了《关于支持沿边重点地区开发开

① 国务院新闻办公室：《建设中蒙俄经济走廊规划纲要》（全文），国务院新闻办公室网站，2016-09-14，http://www.scio.gov.cn/ztk/wh/slxy/htws/Document/1491208/1491208.htm.

② 内蒙古自治区人民政府：《内蒙古自治区人民政府关于加快推进满洲里国家重点开发开放试验区建设的若干意见》，内蒙古自治区人民政府门户网站，2013-01-09，https://www.nmg.gov.cn/zwgk/zfgb/2013n_4872/201303/201301/t20130109_301154.html.

放若干政策措施的意见》（以下简称《意见》），[①] 在附加的《沿边重点地区名录》中，明确首要实施的范围是5个重点开发开放试验区，满洲里重点开发开放试验区位列其中。同时，满洲里铁路口岸、公路口岸被列入72个国家级口岸之中，满洲里市被列入28个边境城市之中，满洲里边境经济合作区被列入17个边境经济合作区之中。《意见》包括8方面31条，分别从兴边富民、产业发展、基础设施建设和财税支持等方面提出了支持沿边重点地区发展的具体政策举措，这些政策举措将大大助推满洲里重点开发开放试验区的未来发展。

2017年5月，内蒙古自治区出台新一轮33条支持政策，即内蒙古自治区党委办公厅和人民政府办公厅联合下发的《关于加快满洲里、二连浩特国家重点开发开放试验区建设的若干意见》（内党办发〔2017〕18号）。与2012年给予满洲里重点开发开放试验区的38条政策相比，在保持政策连续性的基础上，新的33条政策更加注重沿边地区和满洲里、二连浩特两地开发开放的实际需求，并深入对接了《建设中蒙俄经济走廊规划纲要》《西部大开发“十三五”规划》《东北振兴“十三五”规划》等政策文件，提出了很多新的扶持政策和措施，主要体现在行政体制改革、通关便利化、通道和基础设施建设、平台和载体建设、金融领域开放创新和配套措施等方面。

3. 满洲里边境经济合作区发展规划

《2018年满洲里市人民政府工作报告》中提到，着力提高对外开放水平，需要从多方面入手。完成综合保税区的基础设施建设收尾工程，力争打造以国际物流、海关仓储、展览交易、高新科技、跨境电商等为核心的产业集群。深度开发中俄互市贸易区的开放功能，不断优化管理模式，推动免税商品“负面清单”管理，继续丰富进口商品种类，不断扩大出口规模，建立规范的二级贸易市场，发展互市贸易产业链。

① 中华人民共和国中央人民政府：《国务院关于支持沿边重点地区开发开放若干政策措施的意见》，中华人民共和国中央人民政府门户网站，2016-01-07，http://www.gov.cn/zhengce/content/2016-01/07/content_10561.htm.

促进综合保税区、互市贸易区以及国际物流产业园之间的联系与发展。继续推进中俄跨境经济合作区、边境自由贸易区申建工作。积极开展“中俄地方合作交流年”系列活动，积极组织中国满洲里“蒙古国额尔登特经贸文化日”、中国满洲里“蒙古国乔巴山日”等活动，在克拉斯诺亚尔斯克市等地举办贸易和商业发展会，力争与伊尔库茨克市建立友好城市关系，与叶卡捷琳堡市签订全面合作协议。加强与周边旗市在园区规划、通道建设、旅游开发等方面的务实合作，提升试验区政策外延效应，扩大外溢效应，促进区域经济一体化。继续办好北方国际科技博览会、中俄蒙国际旅游节和满洲里（国际）论坛等品牌活动，不断提高对外开放程度和中俄之间的经贸合作水平。

（二）满洲里边境经济合作区的运行情况

第一，口岸建设情况。满洲里口岸包括公路、铁路、航空口岸，是中国沿边口岸中唯一同时拥有公路、铁路、航空的国际口岸。

满洲里铁路口岸的主要进口货物品类包括木材、原油、化肥、铁矿砂、合成橡胶等。出口货物主要为轻工产品、机电产品、矿产品、石油焦、食品、建材等为主。

满洲里海关发布的信息显示，2019 年，满洲里铁路口岸进出境中欧班列 2167 列，同比增长 20.3%，成为全国开行中欧班列线路最多、发运班列数量最多的口岸。集装箱 18.47 万标箱，同比增长 25%；货值 260.93 亿元，同比增长 3.7%。[①]

满洲里公路口岸于 1998 年投入使用，是中国较大规模的边境公路口岸，封闭区面积达到 117 万平方米，其中 64 万平方米已建成使用，分为货检区和旅检区。货检区约为 34 万平方米，年通过量为 200 万吨；旅检区约为 30 万平方米，年通过 200 万人次。2006 年 1 月 1 日，满洲

① 商务部：《2019 年经内蒙古出入境中欧班列超过 3660 列》，中国服务贸易指南网，2020-02-21，http://tradeinservices.mofcom.gov.cn/article/lingyu/gjhdai/202002/98939.html.

里公路口岸正式实行 24 小时通关制度。[①] 经由该公路口岸的进口货物主要为废钢和木材，占进口总量的 90% 以上；出口货物主要是蔬菜、水果，占出口总量的 85% 以上，其次为机电产品。[②]

2005 年 2 月，满洲里西郊机场正式通航运营。2009 年 2 月，国务院正式批准满洲里航空口岸实行对外开放，西郊机场正式成为国际机场。2017 年 12 月，西郊机场旅客吞吐量突破 50 万人次，标志着满洲里社会经济发展程度、开放程度和区域影响力日益强大。2018 年 10 月 11 日，满洲里西郊机场首条第五航权乌兰巴托—乌兰乌德—满洲里航线正式开通，满洲里成为继鄂尔多斯后第二个开通第五航权的区内城市。这进一步推动了中蒙俄三国城市之间的经济、文化的交流与合作，加快了中蒙俄经济走廊建设。

第二，边境贸易发展情况。《2020 年满洲里市人民政府工作报告》显示，满洲里 2019 年口岸进出口货运量 3259 万吨，同比增长 2.1%。中俄互市贸易区进出口交易额 5.24 亿元，增长 52.3%。2018 年，满洲里口岸进出口总值 333.4 亿元，增长 23.2%，其中进口总值约 340 亿元，增长 5%；出口总值 110.5 亿元，增长 22.6%。满洲里口岸进出境人员 191.8 万人次，同比增加 3.2%。[③]

从贸易方式来看，2019 年，满洲里进口以一般贸易和边境小额贸易方式为主，出口以一般贸易方式为主。一般贸易方式进口金额为 126.6 亿元，同比增长 26.6%；边境小额贸易方式进口金额 101.3 亿元，同比下降 25.2%；以一般贸易方式出口金额为 125.3 亿元，同比增长 6.1%（见表 2.1）。仅观测产终国的数据，可以得出俄罗斯为最主要贸易国，对俄进出口总值达到 356.4 亿元，同比增长 1.1%。自蒙

① 中华人民共和国中央人民政府：《满洲里口岸元旦起正式实施 24 小时通关》，中华人民共和国中央人民政府门户网站，2006-01-01，http://www.gov.cn/govweb/fwxx/ly/2006-01/01/content_144728.htm.

② 交通运输部：《满洲里公路口岸加强联防联控》，中国公路网，2020-04-10，https://www.chinahighway.com/article/65382639.html.

③ 满洲里市人民政府办公室：《2020 年满洲里市人民政府工作报告》，内蒙古自治区人民政府门户网站，2020-06-03，https://www.nmg.gov.cn/zwgk/zfggbg/ms/Manzhouli/202006/t20200603_231391.html?slb=true.

古国和德国的出口激增，分别为 3.3 亿元和 1.1 亿元，同比增长 35.6% 和 127.3%；自日本和比利时的进口激增，分别同比增长 3 倍和 9 倍。从企业性质来看，民营企业主导进出口，进出口总值达到 260.4 亿元，同比下降 4.0%，占进出口贸易额的 70% 以上。①

表 2-1　2019 年 1—12 月满洲里关区进出口贸易方式②

贸易方式	进出口合计		出口		进口	
	人民币（万元）	同比（%）	人民币（万元）	同比（%）	人民币（万元）	同比（%）
合计	3 985 932.8	1.0	1 600 793.5	5.4	2 385 139.3	−1.8
一般贸易	2 519 251.5	15.5	1 253 734.3	6.1	1 265 517.3	26.6
边境小额	1 196 860.3	−22.8	184 345.5	−6.2	1 012 514.8	−25.2
进料对口	116 977.8	−1.9	82 170.2	−18.8	34 807.6	92.1
对外承包出口	65 965.2	82.9	65 965.2	82.9	0.0	—
区内物流货物	50 850.2	1 092.1	12 276.3	10 255.4	38 573.9	830.2
边民互市贸易	15 080.3	5.1	0.0	—	15 080.3	5.1
来料加工	12 698.9	−35.1	333.0	—	12 365.9	−36.8
保税仓库货物	4 620.9	−75.5	48.1	—	4,572.8	−75.8
进料非对口	1 198.8	−60.5	1 108.9	−63.5	89.9	—
其他进出口免费	500.5	105.3	482.3	566.8	18.2	−89.4
租赁贸易	339.3	—	0.0	—	339.3	—
区内来料加工	327.8	—	0.0	—	327.8	—
境外设备进区	291.1	—	0.0	—	291.1	—

① 张丽君、王飞、田东霞、周英等：《中国跨境经济合作区进展报告 2018》，中国经济出版社 2019 年版。

② 满洲里海关统计局：《2019 年 1—12 月满洲里关区主要进出口数据》，满洲里海关网站，http://manzhouli.customs.gov.cn/manzhouli_customs/566020/566022/566023/index.html.

续表

贸易方式	进出口合计		出口		进口	
	人民币（万元）	同比（%）	人民币（万元）	同比（%）	人民币（万元）	同比（%）
常驻机构公用	288.0	—	0.0	—	288.0	—
物流中心进出境货物	175.7	268.5	0.0	−100.0	175.7	1 128.5
易货贸易	150.4	—	150.4	—	0.0	—
保税电商 A	141.3	2 546.5	0.0	—	141.3	2 546.5
货样广告品	76.0	−15.1	74.0	−17.3	2.0	26 482.7
补偿贸易	59.7	—	59.7	—	0.0	—
对外投资	45.4	−78.5	45.4	−78.5	0.0	—
区内进料加工	33.6	−61.9	0.0	—	33.6	−61.9
陈列样品	0.1	—	0.1	—	0.0	—

第三，跨境产业园区的情况。满洲里市主要有满洲里市辖满洲里边境经济合作区、中俄互市贸易区、满洲里综合保税区、满洲里国际物流产业园区、扎赉诺尔工业园区五大园区。[①]

满洲里边境经济合作区（以下简称“边合区”）是1992年由国务院批准设立的边境经济合作区，[②] 是全国17个边境经济合作区之一。经过20年（1992—2012年）的发展，边合区现已成为满洲里市主要的工业区、商业区、居住区。截至2012年12月，边合区现辖区面积70.1平方千米，人口10万人。[③] 边合区立足口岸区位优势和境外毗邻地区的资源优势，坚持打造一流的投资和发展环境，发展了以木材加工为主的进口资源加工业、以菜果出口为主的仓储物流业和商贸旅游新兴服务

① 张丽君、王飞、田东霞、周英等：《中国跨境经济合作区进展报告2018》，中国经济出版社2019年版。

② 资料来源：中华人民共和国商务部。

③ 资料来源：中华人民共和国商务部。

业特色业集群。边合区全力打造我国北方最大的松木家具生产和研究开发基地、全国最大的木结构房屋生产加工基地与电子交易平台、最先进的综合型物流平台、最具特色的综合性现代物流平台和跨境电子商务采购分拨中心。2014 年，边合区被中国木材与木制品流通协会评为“中国十强木材与木制品市场集群”。

位于满洲里市西部的中俄互市贸易区是国务院 1992 年批准设立的国家级跨境开发区。它与中俄边境线接壤，距俄罗斯外贝加尔边地区 427 千米，距后贝加尔斯克口岸仅 2.36 千米，距蒙古国阿日哈沙特口岸 182 千米，辖区总面积 138 平方千米，初步形成了国际铁路口岸、国际公路口岸和国际航空口岸三位一体的空间立体布局，两国公民可享受凭两国政府承认的证件出入，在各自海关规定的数额内免征携带商品关税等特殊政策。[①]

满洲里综合保税区是内蒙古自治区的第一个综合保税区，规划核准面积为 1.44 平方千米。满洲里综合保税区位于满洲里市公路、铁路、航空三大口岸的中心交汇处，东西连通 301 国道和对俄口岸，南北连通滨洲铁路和西伯利亚铁路，形成了覆盖东北、辐射俄蒙的现代物流体系枢纽，[②] 构筑了满洲里市公路、铁路、航空三大口岸及中俄互市贸易区、满洲里边境经济合作区、满洲里国际物流产业园区、扎赉诺尔工业园区等功能区载体互联、政策互享、功能叠加、融合发展的新模式。[③]

满洲里综合保税区立足于“服务全国、面向俄蒙、辐射欧亚”，充分利用口岸、边贸和区位优势，积极发展保税服务业、国际贸易、高

① 张丽君、王飞、田东霞、周英等：《中国跨境经济合作区进展报告 2018》，中国经济出版社 2019 年版。

② 国际商报：《内蒙古首家综保区 9 月封关运营》，环球网，2016-08-16，https://finance.huanqiu.com/article/9CaKrnJX4u5.

③ 满洲里市人民政府：《满洲里综合保税区顺利通过国家验收》，中国产业经济信息网，2016-09-19，http://www.cinic.org.cn/site951/difang/nmg/2016-09-19/834843.shtml.

端制造业以及特色金融服务业。[①] 满洲里综合保税区着力将自己打造成为一个商品展示交易中心，集公路、铁路和航空口岸优势的国际分拨配送中心、特色冷链物流的现代物流中心、特色金融的国际贸易结算中心、以保税功能为基础的高端产业发展中心。2017 年 12 月，满洲里海关统计显示，保税区的监管货运量为 1317.04 吨，贸易值达到 9.33 亿元。[②]

满洲里国际物流产业园区是一个新兴口岸经济功能区，由内蒙古自治区人民政府批准设立。园区位于满洲里市西端中俄边境的中方一侧，规划面积为 34.33 平方千米，主要由 3 个部分组成：一是新国际货场（分为东、西两区），东区以国际物流产业为重点发展方向，致力于打造国内最大的俄罗斯资源进口储运基地，西区为建设新国际货场的预留地；二是流通加工区，重点发展流通加工和国际贸易产业；三是重点发展文化旅游业的综合配套服务区，其依托于查干湖的自然风光，打造欧式文化旅游休闲度假基地。

满洲里国际物流产业园区的建设重点突出。该产业园区的商品以农产品、化工品、汽车等大宗货物为主，致力于建立一个以中蒙俄为中心、辐射东北亚的国际物流中心，推进园区功能多样化，成为集铁路运输、仓储、加工贸易、跨境电商等多功能于一体的国际物流园区。2017 年，园区固定资产投资额为 9.3 亿元，进出口贸易额达到 13 亿元，一般性财政收入 4831 万元。截至 2018 年 5 月，园区已引进企业 30 余家，建设项目 20 多项，累计完成投资 40 余亿元。[③]

扎赉诺尔区位于呼伦贝尔大草原的西部，濒临我国北方第一大湖——呼伦湖，2013 年 3 月，经国务院批准县级行政建制备案，它成为自治区第 102 个旗县市区，由满洲里市代管。其辖区总面积 312 平方千米，建成区面积 35 平方千米，下辖 1 个镇、5 个街道办事处、21 个社区。扎赉诺尔区地处东北亚核心地域，中蒙俄经济走廊黄金地带，“三

① 国际商报：《内蒙古首家综保区 9 月封关运营》，环球网，2016-08-16，https://finance.huanqiu.com/article/9CaKrnJX4u5.

② 张丽君、王飞、田东霞、周英等：《中国跨境经济合作区进展报告 2018》，中国经济出版社 2019 年版。

③ 同上。

大口岸”“两大机场”滨洲铁路、301国道沿线大通道辐射中心区域，是国家“一带一路”建设的重要枢纽和节点，既可承接东北三省、俄蒙的双向交流，又能吸纳沿海、沿边的双重辐射，拥有吸引周边资源和辐射周边区域的市场优势。其凭借国内外的资源优势，与“一带一路”沿线、东北经济区、蒙东地区及自治区产业分工充分对接，以“创业、创新”为指导原则，侧重于资源贸易、精深开发和综合利用。[①]

（三）满洲里边境经济合作区建设存在的问题和建议

经国家相关政府机构和专家学者进行广泛调研和论证，满洲里边境经济合作的发展目标定位和重点任务得以确立。但从具体实施的情况看，其主要在基础设施建设、旅游合作方面取得了一些实质性的进展，区域合作的领域有待进一步拓展，区域合作的积极性有待进一步提升与激励。

1. 实质性合作协议进展缓慢，政府对接工作效率仍需提高

中蒙俄跨境经济合作与三国相对复杂的国家环境和经济发展不平衡有关，在基础设施建设、贸易发展结构、思想文化等多方面存在发展障碍，需要从国家层面进行对接谈判。从目前跨境经济合作区签订的协议来看，框架性协议居多。区域规划批复后缺乏相应的跟踪监督、实效评估和改进完善，因此满洲里边境经济合作区需要抓紧设立有权威的协调组织机构，提升区域治理的意识，创新区域治理的方法。

建议加速中蒙俄三方政府间的对接工作，加强中蒙俄跨境全方位合作。一是设立跨境经济合作区的专项研究机构，加强三国智库间的合作与交流，重点对三国感兴趣的领域和内容开展共同研究，做好政策和项目对接。二是加快建设中蒙俄自贸区和“俄蒙通”跨境电商物流综合服务平台，优化区域合作格局。以航空陆路口岸、中欧货运班列以及内蒙古电子口岸公共服务平台为基础和依托，建设中蒙俄自贸区和经济合作示范区；积极开通国际快件出口通道，促进跨境电子商务和市场经济

① 张丽君、王飞、田东霞、周英等：《中国跨境经济合作区进展报告2018》，中国经济出版社2019年版。

健康发展，探索发展共赢新模式。[①]

2. 试验区、园区多且分散，建议联动发展

基于中俄蒙三国的发展现状和国内外的建设经验，满洲里边境经济合作区以提升区域经济整体实力为目标，以带动产业发展、提高中蒙俄贸易和投资自由度为重点进行商谈，实现“一区多园”综合发展。满洲里边境经济合作区建设可以依托蒙古国与俄罗斯的丰富资源，将自身定位为国际贸易物流园区、综合配套商业区、大型装备制造区以及综合性服务功能区。[②]

满洲里的国家级经济区包括边境经济合作区、互市贸易区、综合保税区、国际物流产业园区、扎赉诺尔工业园区、进出口资源加工园区，以及申建的跨境经济合作区、跨境旅游区等。尽管满洲里的试验区和园区很多，但集聚效应并不明显，开放平台和园区间的联动发展、产业合作仍需进一步探索。

建议参照云南瑞丽、勐腊（磨憨）、广西东兴等地的试验区管委会设置，设立满洲里重点开发开放试验区管委会，吸引试验区开发开放的专项人才，逐步完善试验区的人才引入机制，并逐步推动试验区面积调整，协调区域内各类园区进一步优化升级，从而促进各园区的整合、联动发展。

3. 贸易结构不合理，建议鼓励大型企业参与跨境贸易

满洲里的进口商品以木材、化工原料为主，出口商品主要是轻纺织品、农产品、机电产品和日用品等。虽然机电产品在进出口贸易中的比重有所上升，但仍以资源密集型和劳务密集型商品为主，科技含量不高，附加值低。不合理的贸易结构对满洲里及周边地区产业升级贡献有限，产业发展后劲不足。满洲里的产业结构以初级加工产品为主，缺少技术密集型产业和服务贸易，缺少行业龙头企业，现有企业的规模和层次较低。

① 张璞、梁义光：《融入“一带一路”：内蒙古跨区域合作与中蒙俄经济走廊建设》，载《大陆桥视野》2018 年第 6 期。

② 马境羚：《中国满洲里跨境经济合作研究》，内蒙古财经大学，2018 年。

建议深入挖掘俄蒙市场潜力，发挥自身贸易产业优势，开拓俄罗斯、蒙古国的机电产品、电子通信产品等市场。开展面向俄蒙市场需求的加工制造业，逐渐形成产业集群优势。引导和支持有条件、有实力、有信誉的大型企业，特别是加工制造型企业，参与双边贸易，合作开发俄罗斯、蒙古国资源。大量开展对外工程承包，扩大劳务合作。

4. 跨境旅游产业结构单一，建议注重“旅游品牌”培育

满洲里市作为边境旅游城市，旅游产业结构单一，缺乏特色产品。例如，餐饮行业质量参差不齐，缺乏规模适度、特色鲜明的餐饮服务，这严重限制了满洲里市的旅游业发展。满洲里的旅游市场多为短距离旅游。满洲里市独特的中俄蒙三国风情，如草原风光、红色遗迹等，都是外地游客热衷于体验的内容；本地和周边游客则对新开发的生态旅游景区和人文景区更感兴趣。①

作为“一带一路”沿线边境城市，满洲里市拥有极具开发潜力的旅游业。应进一步完善中俄蒙三国合作机制，充分利用中俄蒙三国旅游部长会议机制，研究提出促进中俄蒙旅游合作发展的政策与措施，发挥中俄蒙三国五地联席会议制度优势，推动中俄蒙地区间旅游的交流合作。进一步完善“万里茶道”旅游联盟工作机制，开展系列活动，推进中俄蒙跨境旅游目的地建设。满洲里拥有丰富的红色旅游资源，应注重挖掘开发此类资源，有机结合自然景观价值与人文历史价值，传承革命历史，打造教育基地；深度挖掘蒙元文化旅游资源，推出草原民俗游、访古文化游、冬季冰雪游等特色旅游项目，打造蒙元文化旅游新区。满洲里应充分发挥“鸡鸣闻三国”的独特优势，创新双多边旅游合作机制，全力推进全域旅游示范区、跨境旅游合作区、边境旅游试验区建设，打造满洲里特色旅游品牌。②

① 潘梦婷：《满洲里边境旅游发展研究调查》，载《农村经济与科技》2017 年第 16 期。

② 同上。

第二部分

中国东兴－越南芒街跨境经济合作区基本情况概述

第三章　中越跨境经济合作区的发展历程

中国东兴－越南芒街跨境经济合作区（简称东兴－芒街跨境经济合作区），是中越两国共同推进的重大跨境合作项目。跨合区是新时期中央促进中越两国深化合作的战略举措，建设跨合区是务实推进"一带一路"倡议的具体要求和体现，是贯彻落实西部大开发国家战略的有效途径。作为越南乃至东盟与中国经济贸易合作的重要门户，广西壮族自治区积极落实中央部署，出台系列政策支持跨境经济合作区建设。东兴试验区管委会全力推进各项政策的落实以及各方面工作的开展，跨合区现已取得显著成效。

一、中越跨境经济合作区促进中越两国深化合作战略

中越两国自 1950 年 1 月 18 日建交以来，一直在各个层次保持友好交往与合作。长期以来，两国秉持"长期稳定、面向未来、睦邻友好、全面合作"的方针和"好邻居、好朋友、好同志、好伙伴"的精神，[①] 在政治、军事、经济等领域进行了广泛的合作。

2019 年 7 月，在越南国会主席阮氏金银访问中国期间，习近平主席在会见时指出，中越是"同志加兄弟"，是具有战略意义的命运共同体。

2020 年 1 月，习近平总书记同越共中央总书记、国家主席阮富仲就中越建交 70 周年互致贺电，再次强调了中越两国极具战略意义的命运共同体关系。习近平总书记表示，愿同阮富仲同志一道，牢牢把握中越关系前进的正确方向，弘扬两国传统友谊的初心，牢记共同的理想信

① 人民日报：《习近平同越共中央总书记、国家主席阮富仲互致贺电》，中国共产党新闻网，2020-01-19，http://cpc.people.com.cn/n1/2020/0119/c64094-31554635.html.

念和历史使命。[①] 2020 年 9 月，习近平总书记再次同越共中央总书记、国家主席阮富仲通话，通话不仅肯定了疫情之下中越双边关系的韧性和潜力，还就后疫情时代双边务实合作达成共识。[②] 2021 年 2 月，习近平总书记同越南共产党中央总书记、国家主席阮富仲通电话互致新春问候。习近平总书记指出，中方愿同越方加快“一带一路”倡议和“两廊一圈”战略对接，推动两国跨境经济合作区建设，探索在医疗卫生、数字经济、人文等领域的交流合作。[③] 2021 年 9 月，习近平总书记再次同越共中央总书记、国家主席阮富仲通话，强调双方要加强国际和地区事务协调和配合，维护南海和平稳定，反对新冠病毒溯源政治化，践行真正的多边主义，推动构建人类命运共同体。[④] 2022 年 1 月 25 日，习近平总书记与越共中央总书记阮富仲互致新春贺信。习近平在贺信中指出，希望双方秉持好邻居、好朋友、好同志、好伙伴“四好”精神，巩固传统友谊，增进政治互信，深化务实合作，妥善管控分歧，携手应对挑战，推动中越关系取得新成果，推动区域合作迈上新高度，推动构建人类命运共同体。[⑤]

在中越关系良好发展势头的引领下，中共广西壮族自治区党委与越南广宁省委建立了友好地方组织交流机制，各领域合作交流开启了新

① 人民日报：《习近平同越共中央总书记、国家主席阮富仲互致贺电》，中国共产党新闻网，2020-01-19，http://cpc.people.com.cn/n1/2020/0119/c64094-31554635.html.

② 新华社：《习近平同越共中央总书记、国家主席阮富仲通电话》，新华网，2020-09-29，http://www.xinhuanet.com/politics/leaders/2020-09/29/c_1126560079.htm.

③ 中央广播电视总台央视新闻：《习近平同越共中央总书记、国家主席阮富仲通电话》，央广网，2021-02-09，http://news.cnr.cn/native/gd/20210209/t20210209_525410766.shtml.

④ 中央广播电视总台央视新闻：《习近平同越共中央总书记、国家主席阮富仲通电话》，央广网，2021-09-25，http://china.cnr.cn/news/20210925/t20210925_525614462.shtml.

⑤ 中央广播电视总台央视新闻：《习近平与越共中央总书记阮富仲互致新春贺信》，央广网，2022-01-25，http://news.cnr.cn/native/gd/20220125/t20220125_525725357.shtml.

篇章，在党际交流、跨境合作、产业发展、边境管控、医疗救助、文旅交流等领域取得了许多新成绩。在此背景下，中国东兴－越南芒街跨境经济合作区的建设，无疑是时势所趋，将有利于拓展中越全面合作的深度和广度，促成两国在经贸往来、文化交流等方面关系的深入发展。作为国家级双边合作的重要载体，跨境经济合作区为中越经济建设和产业合作问题提供了新的解决路径，为新形势下进一步深化中越全面战略合作伙伴关系奠定了良好的基础。

2013 年 10 月，国务院总理李克强访越，双方签署了《关于建设跨境经济合作区的谅解备忘录》，跨境合作上升为两国共识。[①] 两国决定在北仑河的两岸各规划 10 平方千米左右的特殊监管区，用以建设跨境经济合作区。2015 年 11 月，在中共中央总书记习近平和越共中央总书记阮富仲的共同见证下，中国广西和越南广宁两省区在河内签署《中国共产党广西壮族自治区委员会与越南共产党广宁省委员会关于建立友好地方组织的交流协议》，愿共同推进两省区合作，加快建设中越跨境经济合作区。[②] 2017 年 5 月，习近平主席在北京会见越南原国家主席陈大光，《中越联合公报》指出，双方要加快推进《中越跨境经济合作区建设共同总体方案》的签署（以下简称《共同总体方案》）。2017 年 11 月，习近平主席对越南进行国事访问，与越共中央总书记阮富仲共同见证了《中国商务部与越南工贸部关于加快推进中越跨境经济合作区建设框架协议谈判进程的谅解备忘录》的正式签署，加快了磋商进程，推动相关跨境经贸合作取得了实质性进展，并提出将积极商谈跨境经济合作区建设框架协议，带动两国边境地区发展，提升双方互联互通水平。[③]

2018 年 11 月 18 日，中共中央、国务院印发《关于建立更加有效

① 新华社：《新时期深化中越全面战略合作的联合声明》（全文），中央政府门户网站，2013-10-15，http://www.gov.cn/jrzg/2013-10/15/content_2507303.htm.

② 广西日报：《习近平和阮富仲见证广西与越南广宁签署交流协议》，2015-11-07，https://v.gxnews.com.cn/a/13877950.

③ 中华人民共和国商务部：《中国商务部与越南工贸部签署关于加快推进中越跨境经济合作区建设框架协议谈判进程的谅解备忘录》，中华人民共和国商务部官方网站，2017-11-13，http://www.mofcom.gov.cn/article/ae/ai/201711/20171102669748.shtml.

的区域协调发展新机制的意见》，强调稳步建设跨境经济合作区。

2019 年 3 月 19 日，中国东兴 – 越南芒街口岸北仑河二桥正式开通启用，设施联通不仅增进了中越两国民众福祉，也为沿线两国应对全球经济挑战、加强合作搭建了新平台、探索了新路径。[①] 2019 年，中国东兴 – 越南芒街跨境经济合作区（中方园区）成效显现，园区规划逐步推进，口岸服务区规划不断完善，重点项目加快实施，奠定了“两国一区，境内关外，自由贸易，封关运作”特别管理模式的基础。[②]

2020 年 7 月，广西东兴试验区签约 5 大项目，投资总额超 500 亿元。广西防城港市加快东兴试验区开发，推进中国东兴 – 越南芒街跨境经济合作区（中方园区）尽快实现其总体目标，努力打造升级版东兴试验区。

2021 年 3 月 16 日，越政府总理批准《至 2040 年广宁省芒街口岸建设总体规划调整方案》。该规划提出将芒街口岸经济区建设成为广宁省和北部重点经济区的口岸经贸、工业、海港、物流和综合服务中心，口岸贸易和国家海洋岛屿旅游景区、现代化和可持续发展的滨海城市，在国防安全方面具有十分重要和特殊的地位。[③] 2021 年 4 月 30 日，中华人民共和国商务部办公厅印发《关于围绕构建新发展格局做好边境经济合作区、跨境经济合作区工作的通知》，强调建设边境经济合作区、跨境经济合作区是党中央、国务院就沿边开放作出的重要决策。

跨境经济合作区具有复合战略优势，利用好其地理位置、交通运输、发展政策等，将为地区带来新的经济增长点。推进中国东兴 – 越南芒街跨境经济合作区建设，有利于拓展两国经贸合作渠道，调整优化中

---

① 中华人民共和国商务部：《中国与沿线国家互联互通网络初具规模》，中华人民共和国商务部官方网站，2019–04–21，http://kz.mofcom.gov.cn/article/jmxw/201904/20190402855025.shtml.

② 中华人民共和国商务部：《中国商务部与越南工贸部签署关于加快推进中越跨境经济合作区建设框架协议谈判进程的谅解备忘录》，中华人民共和国商务部官方网站，2017–11–13，http://www.mofcom.gov.cn/artic/e/ae/ai/201711/20171102669748.html.

③ 中华人民共和国商务部：《越南广宁省芒街口岸经济区建设规划获批》，中华人民共和国商务部官方网站，2021–03–18，http://hochiminh.mofcom.gov.cn/article/jmxw/202103/20210303045336.shtml.

越双方边境地区经济结构，进一步夯实中越经贸合作基础，为两国边境地区经济发展提供强劲的动力和更广阔的空间，助力中越双边关系再上新台阶。

二、广西积极落实中央部署支持跨境经济合作区建设

作为越南与中国乃至东盟各国与中国经济贸易合作的重要门户，广西壮族自治区坚持“引进来”和“走出去”相结合，利用国际国内“两种资源”“两个市场”，积极推进与越南的全方位合作。

为深度融入“一带一路”建设、构建广西壮族自治区全面开放新格局、实现“三大定位”和实施”双核驱动”，广西壮族自治区积极开展“大通道、大资源、大市场、大贸易、大加工”建设，打造有机衔接“一带一路”的重要门户，大力推进中国－东盟南向大通道建设，努力建成在国际、国内具有示范效应的中国东兴－越南芒街跨境经济合作区。广西壮族自治区强调要把握“一带一路”倡议带来的历史机遇，要着力推进经济合作区的开发开放，不断强化基础设施建设对跨合区的支撑作用，并优化营商环境，加速产业集聚，凸显产业优势，显现出跨境经济合作区对双边甚至多边合作的引领作用。

广西壮族自治区党委、人民政府将跨境经济合作区规划建设列为重点项目。2017 年 2 月 9 日，广西壮族自治区原党委书记彭清华在跨境经济合作区考察时，重点指出要进一步完善相关机制，稳步推进跨境经济合作区发展。广西壮族自治区原主席陈武强调，要尽快树立跨境经济合作区的形象，作出成果来。为适应新的开发建设形势，2018 年起，广西壮族自治区组织开展深入研究，广泛征求广西壮族自治区各职能部门和防城港市的意见，经广西壮族自治区党委和广西壮族自治区人民政府审议后，于 2019 年出台了《深化东兴重点开发开放试验区和跨境经济合作区管理体制机制改革方案》，全面贯彻《国务院关于支持沿边重点地区开发开放若干政策措施的意见》（国发〔2015〕72 号）精神，提出了重点任务和具体措施，强化了东兴试验区和跨境经济合作区属地化管理，促进了东兴试验区和跨境经济合作区的高质量发展。为完成中

央赋予广西壮族自治区的“三大定位”新使命，并推进广西北部湾城市群发展，广西壮族自治区人民政府在 2018 年 1 月发布的《关于印发北部湾城市群发展规划广西实施方案的通知》（桂政发〔2018〕2 号）中明确提出要加快推进中国东兴 – 越南芒街跨境经济合作区建设，发展边境贸易，打造中越开放合作的边境口岸城镇。[①] 2018 年 4 月 8 日，广西壮族自治区原党委书记鹿心社在中国东兴 – 越南芒街跨境经济合作区调研时指出，要做好互联互通、开放经济、改革创新、统筹发展“四篇文章”，构建全面开放新格局。

2019 年 11 月，广西壮族自治区人民政府以习近平总书记对广西壮族自治区工作的重要指示精神为指导，颁布了《广西北部湾经济区北钦防一体化发展规划（2019—2025 年）》（以下简称《规划》），其中明确指出跨境经济合作区建设作为推进区域协调发展的重大举措之一，有利于广西北部湾经济区开放开发，为北钦防一体化发展奠定了良好的基础。跨境经济合作区不仅能够推动“一带一路”沿线国家与中国的科技资源整合，还能够深化与东盟国家在知识产权等方面的交流与合作，为增添创新创业活力作出贡献。《规划》还强调要加快开发开放合作平台，推进东兴试验区和中国东兴 – 越南芒街跨境经济合作区共同发展。以跨境经济合作区为载体，探索推动中国 – 东盟协作机制便利化、快捷化路径，将金融、电商、教育 、信息领域作为推进跨合区合作的先行领域，发挥各国产业优势。[②]

2019 年 12 月，基于《广西壮族自治区人民政府办公厅关于印发深化东兴重点开发开放试验区和跨境经济合作区管理体制机制改革方案的通知》（桂政办发〔2019〕63 号）精神，防城港市人民政府审议通过并于次年 2 月正式印发《关于建立推进中国东兴 – 越南芒街跨境经济

① 广西壮族自治区人民政府：《广西壮族自治区人民政府关于印发北部湾城市群发展规划广西实施方案的通知》，广西壮族自治区人民政府官方网站，2018-01-05，http://www.gxzf.gov.cn/zwgk/zfwj/zzqrmzfwj/20180115-676353.shtml.

② 广西壮族自治区人民政府：《广西北部湾经济区北钦防一体化发展规划》，广西壮族自治区人民政府官方网站，2019-11-07，http://bbwb.gxzf.gov.cn/zwgk/ghjh/t826184.shtml.

合作区东兴园区与东兴市政区协同发展联动工作机制的实施意见》[①]和《中国东兴－越南芒街跨境经济合作区东兴园区创新行政审批工作方案》，进一步推动跨境经济合作区高质量发展，并全面提升跨境经济合作区与东兴市发展联动制度化、规范化、科学化水平。

2021年8月4日，广西壮族自治区防城港市人民政府制定《中国东兴－越南芒街跨境经济合作区东兴园区创新行政审批工作方案》，打造前置事项最少、办理时限最短、审批流程最优的行政审批制度改革先行区，保障中国东兴－越南芒街跨境经济合作区东兴园区加快形成最有吸引力的国际化、法治化、便利化营商环境。[②]

2022年1月14日，广西壮族自治区人民政府印发《广西北部湾经济区高质量发展"十四五"规划》，提出要加快中国东兴－越南芒街跨境经济合作区、凭祥边境经济合作区的建设及创新性发展，推进中越跨境电子信息产业园、华立东兴边境深加工产业园区项目建设，构建北部湾制造－东盟组装出口产业链。[③] 同年2月25日，中国广西与越南高平、广宁、谅山、河江边境四省党委书记新春会晤暨联工委第十三次会晤举行，各方共同签署了《中国共产党广西壮族自治区委员会与越南共产党高平、广宁、谅山、河江省委员会友好合作备忘录（2022—2026年）》系列合作文件。此次会晤就加快推进中越跨境经济合作区建设、推动两国早日签署跨境经济合作区建设框架合作协议以及合作探索发展模式和

① 广西防城港市人民政府：《防城港市人民政府办公室关于印发建立推进中国东兴－越南芒街跨境经济合作区东兴园区与东兴市政区协同发展联动工作机制的实施意见及东兴园区创新行政审批工作方案的通知》，广西防城港市人民政府门户网站，2020-02-11，http://www.fcgs.gov.cn/xxgk/jcxxgk/gzdt/gclsygqk/202002/t20200211_94609.html.

② 广西防城港市人民政府：《中国东兴－越南芒街跨境经济合作区东兴园区创新行政审批工作方案》，广西东兴国家重点开发开放试验区管理委员会官方网站，2020-08-04，http://dxsyq.gxzf.gov.cn/zwgk/zcwj_52799/bwzcwj/t5143103.shtml.

③ 广西壮族自治区人民政府：《广西壮族自治区人民政府办公厅关于印发广西北部湾经济区高质量发展"十四五"规划的通知》（桂政办发〔2021〕143号），广西防城港市人民政府官方网站，2022-01-14，http://www.gxzf.gov.cn/zfwj/zxwj/t11144852.shtml.

跨境产业合作的机制等方面达成共识。①

三、东兴试验区管委会全力推进跨境经济合作区建设

近年来，东兴试验区管委会致力于将园区打造成为国际国内一流园区，根据跨境经济合作区自身优势，结合一系列发展机遇，推进跨境合作区开发。

在发展规划上，东兴试验区管委会创新式推出“前店后厂”的产业开发模式，要求园区按照“1+7”模式进行开发，也就是说，1 个核心区即围网区 10 平方千米和 7 个配套区 74 平方千米进行规划建设。其中，围网区为“店”，围绕金融、机械、纺织、新能源、现代物流、农副产品加工等产业，重点建设“一区三园”（金融商贸区、深圳电子科技产业园、香港纺织服装产业园、台湾加工贸易与物流综合产业园）；7 个配套园区为“厂”，主要提供进出口加工、仓储、物流等产业。

为了加速落实发展规划和产业布局，东兴试验区管委会有条不紊地推进各项工作，在征地搬迁、基础设施建设、公共配套项目建设和招商引资等方面取得卓越成就。

在征地搬迁方面，跨境经济合作区计划征收土地面积 3900 亩，截至 2019 年 10 月 15 日，已征 3396.125 亩，完成率为 87%，为东兴口岸北仑河二桥正式开通和通关基础设施建设项目顺利开展奠定良好的基础。②

在基础设施方面，“两纵一横一环”路网雏形建设基本完成，新国门大楼选址中越北仑河二桥北侧，已完工，东兴口岸中越北仑河二桥已正式开放，验货场、标准厂房及友好大道、楠木山大道、罗浮西路几大项目陆续完成，基础设施建设有助于推动中越边境贸易流动、提升边

---

① 广西壮族人民自治区政府：《2022 年中国广西与越南高平、广宁、谅山、河江四省党委书记新春会晤暨联工委第十三次会晤联合新闻公报》，广西壮族人民自治区政府官方网站，2022-02-26，http://www.gxzf.gov.cn/gxyw/t11331689.shtml.

② 广西日报：《强化“硬支撑”，规划建设取得突破性进展》，2019-10-24，https://baijiahao.baidu.com/s?id=1648243542761357457&wfr=spider&for=pc.

境通关效率、进一步完善中国－东盟自贸区建设。

在公共配套项目建设方面，口岸信息化工程稳步推进，已完成了部分设备的采购安装工作，累计投资约1.2亿元；视频监控录像24小时不间断上传至国家海关总署，口岸管理系统和计量系统也已接入口岸联检部门；国门楼绿化、亮化工程已完成约75%，累计投资超1亿元；海关查扣仓库等工程也已顺利结项，道路等基础设施建设基本完成，累计投资约1.2亿元；[①] 截至2021年1月10日，国门楼区域、验货场区域、楠木山大道（友好大道至罗浮西路段）区域施工等跨境合作区信息化工程项目已全部完成；除验货场检验检疫处理区热处理库、焚烧室等需进一步调试之外，设施设备硬件部分的调试都已全部完成。[②]

在招商引资方面，东兴试验区管委会实施了形式多样的招商引资工作，获得了一定的成效：一是在多地召开推荐会，增进企业对园区的了解；二是利用中国－东盟博览会平台举办跨境经济合作区推介会暨中越跨境经济合作论坛，截至2020年6月28日，集中签约5个招商引资项目，投资总额超500亿元[③]；三是开展与龙头企业的合作，先后与天虹纺织集团、中煤建工集团、广西黄金集团、北部湾投资集团、国培生物科技（广东）有限公司签订了战略或投资合作协议。[④] 此外，中国东兴－越南芒街跨境经济合作区投资发展政策制度也不断得到健全和完善。

---

① 广西东兴国家重点开发开放试验区管委会：《中国东兴－越南芒街跨境经济合作区（中方园区）成效显现》，广西东兴国家重点开发开放试验区管委会网站，2019-10-25，http://www.fcgs.gov.cn/ztbd/jxkpzl/jxzs/201910/t20191025_88391.html.

② 广西东兴国家重点开发开放试验区管委会：《跨境合作区信息化工程项目》，广西东兴国家重点开发开放试验区管委会网站，2021-08-20，http://dxsyq.gxzf.gov.cn/kjhzq/zdxm/t3978778.shtml.

③ 广西壮族自治区政府：《东兴试验区集中签约5个招商引资项目 总投资超500亿元》，广西壮族自治区政府官方网站，2020-06-29，http://www.gxzf.gov.cn/mlgxi/gxjj/bbwjjq/t5656667.shtml.

④ 广西防城港市人民政府：《中国东兴－越南芒街跨境经济合作区（中方园区）成效显现》，广西防城港市人民政府门户网站，2019-10-25，http://www.fcgs.gov.cn/ztbd/jxkpzl/jxzs/201910/t20191025_88391.html.

同时，东兴试验区管委会采用“点面结合”的战略方法，大力推动跨境经济合作区开发建设进程，经济发展和改革创新并行，取得了显著的成效。

聚焦于“点”，东兴试验区管委会致力于中国东兴－越南芒街跨境经济合作区中方园区开发建设（见表3–1）。2017年，东兴试验区管委会审议通过了《中国东兴－越南芒街跨境经济合作区（中方园区）鼓励建设和使用标准厂房的暂行办法》和《中国东兴－越南芒街跨境经济合作区委托招商暂行实施办法》，并按照《中国东兴－越南芒街跨境经济合作区东兴园区项目入园预审工作暂行规则》，规范项目入园管理，提高入园项目的经济效益，进一步优化了跨境经济合作区的营商环境。

表3–1 截至2020年底，跨境经济合作区（拟/已）入驻企业[①]

（拟）入驻企业	注册资本/投资总额
上海冠龙阀门机械有限公司	0.5亿元
广西黄金投资有限责任公司	25亿元
利嘉实业（香港）控股有限公司	35亿元
闽商资产管理有限公司	
河南鲜易控股有限公司	2亿元
中煤建工集团有限公司	10亿元
广东江门市宝发纺织服饰制造有限公司	1.15亿元
美华通航（北京）航空投资有限公司	10亿元
广西防城港市海云生物技术有限公司	6.38亿元
广西安良科技有限公司	1.13亿元
深圳市沃特玛电池有限公司	50亿元

① 根据广西东兴国家重点开发开放试验区管委会网站提供的数据整理。

聚焦于“面”，东兴试验区管委会大力推动试验区改革创新，探索出一批可推广、可复制的经验和模式。东兴试验区管委会支持跨境经济合作区合法合规使用越南劳工，每名越南劳工年工资成本比国内低1.3 ~ 1.5万元，雇用越南劳工不仅改善了越南的就业前景，大幅降低了入驻企业的劳动力成本，还进一步加强中越两国的友好交往。此外，东兴试验区管委会支持在跨合区实施优惠政策，吸引企业入驻。比如标准厂房按10元/平方米/月的标准补贴，新办的部分企业免征属于地方分享部分的企业所得税等。[①]

① 广西东兴国家重点开发开放试验区管委会：《中国东兴－越南芒街跨境经济合作区（中方园区）主要投资政策》，广西东兴国家重点开发开放试验区管委会官方网站，2021-08-17，http://dxsyq.gxzf.gov.cn/bsfw/zsyz_52860/tzhj/t3978949.shtml.

第四章 中越跨境经济合作区面临的问题

跨境经济合作区是内陆沿边开放的重要窗口，是实施“一带一路”倡议的重要载体，对促进中国与周边国家经济一体化、推动边境地区发展具有非常重要的现实意义。跨境经济合作区的建设，需要相邻两国在高度互信的基础上对其功能定位和建设规划取得高度共识，实现共同发展。中国东兴－越南芒街跨境经济合作区位于中国－东盟自由贸易区和中越“两廊一圈”海陆交汇点，是中国与东盟“一轴两翼”区域合作的核心地带，[①] 是广西扩大与东盟的开放合作、促进区域经济一体化的重要载体，为推动沿边地区经济发展搭建了良好的平台，具有非常关键的战略地位。中国东兴－越南芒街跨境经济合作区虽具备坚实的发展基础，但仍存在一些问题，如缺乏国际成功经验的借鉴、法律规则衔接不畅等。此外，中越双方对话机制尚待改进，政策倾斜程度不一，再加上中越两国目前尚未正式签署共同总体方案，营商环境和人才引进等机制尚未完善，合作区开发建设体制机制仍需优化。

一、国际规则尚未形成

（一）跨境经济合作区建设缺乏国际成功经验的借鉴

跨境区域合作的目的主要在于发挥地区比较优势，以促进当地经济社会发展。达成协议的双方甚至多方，多为经济体边界毗邻的部分关税领土，如欧洲上莱茵河跨境经济合作区、二连浩特－扎门乌德跨境经济合作区等。也有经济体全部关税领土与另一方部分关税领土进行跨境

① 刘全跃：《加快推进中国东兴－越南芒街跨境经济合作区建设的思考》，载《学术论坛》2011 年第 7 期。

合作的情况，如新加坡、马来西亚和印度尼西亚的“新柔廖成长三角”经济合作区。虽然大多数情况下合作各方都会制定合作机制，但往往没有达成具有约束力的正式合作协议，而是需要参与方自行实施各自的政策以促成合作。[①] 除此以外，这些国际跨境经济合作区与中国东兴–越南芒街跨境经济合作区相比，发展模式有很大差异，我国与周边国家建立的跨境经济合作区大多处于起步阶段，在产业布局、海关、检验检疫、卫生以及边境外汇等方面如何管理还需进一步研究。虽然中越跨境经济合作区建设是根据两国最高领导人的重大指示，双方也曾就此问题多次研讨并交换立场，但由于缺乏跨合区示例，东兴–芒街跨境经济合作区在落实园区通行的国际规则方面，可以借鉴的国际经验相对不足。

（二）跨境经济合作区对接国际规则的思路有待创新

尽管中国东兴–越南芒街跨境经济合作区硬件建设进展有效推进，但有关配套政策等制度建设相对滞后。一方面，中国东兴–越南芒街跨境经济合作区的制度创新思路有待拓宽。中国东兴–越南芒街跨境经济合作区现行的优惠政策不具有特别明显的竞争优势，政策吸引力不强。如税收优惠方面，按园区规定，新注册成立或从广西区外迁入的企业总部或地区总部，自取得第一笔生产经营收入所属纳税年度起，第 1 年至第 2 年免征属于地方分享部分的企业所得税，第 3 年至第 5 年减半征收；新办的符合国家西部大开发鼓励类产业目录的产业，截至 2020 年 12 月 31 日前，按 15% 税率征收企业所得税的企业，免征属于地方分享部分的企业所得税，实际按 9% 征收。另一方面，中国东兴–越南芒街跨境经济合作区的部分新举措与国际高标准经贸规则相比还存在较大差距。在引进外资方面，外商投资负面清单开放度和透明度还不够，贸易通关便利化改革还存在一定的提升空间，在金融开放、环境保护、劳工标准等领域的改革也有待破题。

① 马博：《中国跨境经济合作区发展研究》，载《云南民族大学学报（哲学社会科学版）》2010 年第 4 期。

（三）跨境经济合作区国际规则制定受到一定制约

跨境经济合作区在制定规则的过程中主要受到了两方面制约：第一，主权让渡。边境对生产要素流动的限制阻碍了跨合区规则的制定，在此基础上国家在人流、物流管理领域进行合作，涉及海关监管和检验检疫管理，因此合作必然需要国家间主权的相互让渡。而这是一个敏感的问题，对国家间政治关系要求程度较高，需要高度的相互信任作为保障，意味着跨合区建设的难度较大。以原产地规则为例，根据原产地规则商品不能以通过物流途经某个成员国为由来获取税率或其他政策上的优惠，而是必须达到“实质性改变”或者“税则改变”等标准，才能够利用贸易协定的优惠政策优先进入市场。如果没有原产地规则，则任何非成员国的产品均可以随意进入市场，区域贸易协定带来的贸易促进作用将会大大降低。但是，目前国际上关于跨合区产品交换的相关规则还尚不明晰，厂商在中越跨境经济合作区贴牌生产，这其中会涉及复杂的主权问题和原材料比例问题，因此，以原产地规则为首的相关生产和贸易规则的设计对消除跨境经济合作区生产要素流动性限制具有关键作用。第二，跨合区具体运作的复杂性。跨合区建设及运作关系到多方面的问题，在海关监管、产业规划、行政司法、交通管理等方面都没有可以参考的范例，特别是跨合区在运作过程中遇到的问题都需要两国间达成一致，这就导致合作愈加困难。如果协调程序过于复杂，就会增加成本，这意味着合作的效益降低，进一步会限制生产要素的自由流动，以至于跨合区的优越性无法显现。

（四）跨境经济合作区现行经济法律规则衔接不顺畅

第一，目前在国际上还没有较为权威的协议或法律规定跨境经济合作区及其管理机构的法律地位。相关部门在跨合区构想提出之初，就意识到跨合区在运行过程中需要统一的领导机构，而不是由两国分别管理。这就需要构建“两国一区”制度，即一个园区内只有一个管理委员会，从运营体系到规章制度都只有一个标准。[①] 然而，跨合区建设目前仍处于“一区两国”状态，合作双方的管理机构分别以各自的制度进行管理、规划与建设。

第二，两国关于跨合区具体运行中会遇到的问题，如人员流动、海关监管、税收征管、土地使用、基础设施建设和运营主体及权利等，都没有形成体系规范，仅仅依靠政策协议（谅解备忘录）协调，执行力较弱。目前，两国直接服务于跨合区运营的协议只在人员、车辆、货物流动几个领域，且存在诸多限制。除此以外，跨合区协议在招商引资政策、金融服务、货币使用、电子政务与电子商务对接等领域，都还未形成较详细的协议。

二、政策与营商环境等有待创新优化

（一）跨境经济合作区仍需创新政策支持

随着“一带一路”倡议的发展，跨境经济合作的重要性也愈发突显，我国跨合区建设计划稳步推进。2015 年 3 月 28 日，经国务院授权，国家发改委、外交部、商务部联合发布了《推动共建丝绸之路经济带和 21 世纪海上丝绸之路的愿景与行动》，该文件明确指出，中国要探索投资合作新模式，积极推动与其他国家共同建设经贸合作区、跨境经济合作区等各类产业园区[②]。2015 年 12 月 24 日，国务院印发《关于支持沿边重点地区开发开放若干政策措施的意见》，开篇提到中国要将开放试验区作为开发重点，将沿边国家级口岸、边境城市、边境经济合作区和跨境经济合作区等沿边重点地区作为我国推进与周边国家和地区合作的重要平台。这些重点地区不仅是沿边地区经济社会发展的重要支撑，还是确保边境和国土安全的重要屏障，“一带一路”倡议的实施也将这

① 卢小平：《跨境经济合作区建设的国际协同——以中国与东盟三国为例》，载《中国特色社会主义研究》2016 年第 4 期。

② 中华人民共和国商务部：《推动共建丝绸之路经济带和 21 世纪海上丝绸之路的愿景与行动》，国务院新闻办公室网站，2015-03-28，http://www.scio.gov.cn/31773/35507/35519/Document/1535279/1535279.htm.

些地区作为排头兵，在全国改革发展大局中这些地区具有越来越重要的地位。[①] 由此可见，跨合区建设已经成为“一带一路”倡议的重要抓手，是我国推动边境地区发展的重要方式。跨合区自建设以来，得到了多项国家重要政策支持，然而目前跨合区在管理体制、配套设施和通关设计等方面仍存在不足，阻碍了中越两国资源的自由便利流通。

（二）跨境经济合作区营商环境有待优化

营商环境是企业发展的重要影响因素，与国家或地区经济发展的质量和速度息息相关。中国东兴－越南芒街跨境经济合作区不仅是国家战略，同时也是地方政府支持的重点。一方面，从 2012 年 7 月国务院批准《广西东兴重点开发开放试验区[②] 建设实施方案》起，国家和地方相继出台各项政策。例如，2012 年，广西壮族自治区人民政府出台《加快推进东兴重点开发开放试验区建设的若干政策》；2019 年 6 月 17 日，广西壮族自治区人民政府办公厅发布《关于印发深化东兴重点开发开放试验区和跨境经济合作区管理体制机制改革方案》。另一方面，跨境经济合作区的发展可发挥防城港市众多国家级开放平台优势。防城港市拥有东兴国家重点开放开发试验区、中国东兴－越南芒街跨境经济合作区、边境旅游试验区、边民互市贸易区、防城港保税物流中心等国家级开放平台，以及正在筹建的国际医学开放试验区，这为跨合区的发展提供了多重政策优势。现阶段，防城港市政府应继续提升投资便利化水平，持续优化当地营商环境，以更优惠的政策做好招商引资工作。

（三）跨境经济合作区面临其他试验区的竞争

2013 年 9 月至 2020 年 12 月，我国共批准设立了 21 个自由贸易试验区，形成了东西南北中协调、陆海统筹，沿海省份全为自贸区的开放态势，推动了我国对外开放新格局。7 年来，我国自由贸易试验区各项

① 新华社：《国务院印发〈关于支持沿边重点地区开发开放若干政策措施的意见〉》，中央政府门户网站，2016-01-07，http://www.gov.cn/xinwen/2016-01/07/content_5031212.htm.

② 现一般称为广西东兴国家重点开发开放试验区。

试验任务落实良好。在制度创新探索方面，目前，我国各自由贸易试验区已经形成了一定的制度创新成果，这些经验可以推广至全国，进一步推进全面深化改革。2019 年，商务部发布的数据显示，近 6 年，我国前 3 批共有 11 个自贸区，形成了包括外商投资准入负面清单、国际贸易“单一窗口”等 202 项制度创新成果，现已得到了复制推广，实现以局部突破带动全局发展。这些成果的推广使全国贸易、投资、金融等领域管理制度进一步优化，不断提高开放水平，带动营商环境市场化、国际化、法治化水平持续提升。[①] 在服务经济增长方面，我国自贸试验区持续高速增长。数据显示，2020 年前 10 个月我国前 18 家自贸试验区进出口总额为 3.8 万亿元人民币，占全国的 14.8%；浙江、河南、四川自贸试验区增速表现亮眼。前 18 家自贸试验区实际利用外资 1310.1 亿元人民币，占全国的 16.4%，海南、福建、上海自贸区增速显著。[②] 在经济全球化日益加深的背景下，区域经济一体化进程快速推进，国内越来越多的自由贸易区、保税港区、综合试验区正逐渐形成，若缺少相关国家优惠政策，边境贸易作为边境地区经济的支撑将受到愈加严峻的挑战。此外，随着科学技术的进步和数字化经济的发展，边境地区传统意义上的区位及资源优势将不复存在，政策优势的失利将使边境贸易雪上加霜。

三、中国越南政策沟通机制有待改进

中越两国在推进跨境经济合作区建设的过程中需克服一些困难，如中越两国园区建设进度不匹配、整体产业基础薄弱等。此外，中越双方对话机制尚待改进，政策倾斜程度不一，中越双方目前尚未签署正式的《共同总体方案》，合作区开发建设体制机制尚未完善，这些问题阻碍了跨境经济合作区的深入发展。目前，中越双方合作建立了东兴－芒

① 中华人民共和国商务部：《稳外贸、稳外资、促消费新闻发布会》，中华人民共和国商务部官网，2019-07-02，http://www.mofcom.gov.cn/xwfbh//20190701.shtml.

② 央广网：“《中国自由贸易试验区发展报告（2020）》发布”，央广网，2020-12-15，http://china.cnr.cn/news/20201215/t20201215_525362824.shtml.

街、中国河口－越南老街、凭祥－同登、龙邦－茶岭四个跨境经济合作区，但中越双方在推进跨境经济合作区建设方面态度不同，越方迫切希望与中方尽快签署《中越跨境经济合作区建设共同总体方案》，优先推进东兴－芒街跨境经济合作区建设。而东兴－芒街跨境经济合作区面临多个跨境经济合作区建设同时推进的竞争压力，而且缺乏有力的中央政策支撑，影响了越方的建设进展。

本书正是基于此背景和“新时代大国外交战略”的重大布局、“新一轮对外开放合作”的重要载体、“对接‘一带一路’建设重要支撑”和“引领区域经济改革创新的示范区”的战略地位，以及成为边海产业经济的重要增长极、沿边地区跨境金融交易中心、双边跨境合作共赢的示范区和国际经贸规则探索的排头兵的发展定位，紧盯全球、国内和广西形势的重大变化，对接东盟等国际合作新规则、新趋势，在借鉴国内外自贸区建设的先进经验基础上，对接越方诉求和国家最新政策动态，完善创新跨境经济合作区政策体系，科学谋划既符合中越两国国情，又能发挥跨境经济合作区战略、区位和发展基础优势，并能切实促进跨境经济合作区整体建设的政策布局，助力建设新时代全面开放新格局，谱写中越合作共赢新篇章。

（一）尊重越方投资诉求并改进跨合区产业布局

越南希望引进中国的投资，欢迎附加值高的高新技术产业投资。近年来，越南大力扶持高科技产业、资本密集型项目的发展，以优惠政策吸引高科技企业入驻。越南于2014年出台的新《投资法》规定，对入驻越南经济园区的高科技企业适用从创收起4年内免征或9年内应缴税额少征的优惠政策。与此对应，越南对于进入跨境经济合作区的企业，要采取严格的审查和界定，希望能够更多地吸引高新技术企业入驻跨境经济合作区。

越南高度重视产业环境保护。根据越南国会常务委员会决议，越南自2019年1月1日起上调石油产品的环境保护税；根据《到2025年固体废弃物综合管理战略，远景展望到2050年》的规定，固体废物的收集、运输和最终处理等环节都将得到严格管理并将采用先进的处理技术。因此，跨境经济合作区的政策体系需要对接越方的环保标准，对入驻企业加强企业责任教育，对环境保护问题采取高标准、严要求。

综上所述，越方在园区产业方面的考虑，既重视吸引高新技术投资，又重视环境保护，希望引进附加值高的高新技术投资以及环境友好型企业入驻。越南鼓励服务于农林渔业的机械设备生产、科学和技术发展研究、高新技术应用、再生能源、清洁能源、废料发电等行业的外商投资。越方认为，中国在越南边境地区的投资，尤其是农产品加工业（如茶叶、茴香）的投资相对不足。越南十分注重农产品加工业的发展，希望能吸引更多企业投资农产品加工业。

考虑到越方的诉求，中国在跨境经济合作区产业规划方面可以考虑鼓励农产品加工领域的投资，增加高新技术、环保、可持续发展领域的投资项目，减少劳动密集型和高能耗、污染型项目，确保园区高速、可持续发展。

（二）加快建立并理顺双方合作对话机制

在加速推进跨境经济合作区建设方面，中越双方的态度基本是一致的，但是也存在各自利益的考量。越方希望集中精力优先建成中国东兴 - 越南芒街跨境经济合作区，待建设成功后再作为范例推广到两国合作的其他跨境经济合作区内。而我国希望同时推进在广西、云南边境设立的四个跨境经济合作区。由于越方难以同时推进多个跨境经济合作区建设，加之越方内部边境各地方政府要求加大扶持力度以加快建设各自跨境经济合作区，越方政府希望优先启动跨境经济合作区以平衡内部压力。因此，跨境经济合作区需要中央给予更多政策倾斜，支持跨境经济合作区优先发展，以兼顾越方诉求，加速推进跨境经济合作区建设。

中越双方各层级需加强沟通对接。跨境经济合作区建设还只是停留在地方层面，而不是从国家层面推进，显然这样的力度是不够的。中越两国尚未建立相关的运行机制推动跨合区建设，国家、省（区）和市级三个层面的对接机制也不完善，因此中国东兴 - 越南芒街跨合区建设项目难以高效推进。建立专家组等机构研究、指导跨合区发展是十分必要的，然而目前这些规划也只停留在各自的书面文件中，还未进入沟通对接落实规划的阶段。

顶层设计缺失问题亟须解决。《共同总体方案》是中越两国共同推进跨合区建设的顶层设计，也是构建并完善跨境经济合作区政策体系的重要基础。[①] 由于中越两国尚未形成统一的规则，在产业布局、检验检疫、边境外汇等方面如何管理需要进一步研究，因而越方迫切希望与中方尽快签署《共同总体方案》，共同制定完备、科学的跨境经济合作区运行管理体制。由于《共同总体方案》尚未批复，园区无法享受特殊的原产地、关税税收、旅客免税购物、边境互市贸易等优惠政策，因而降低了园区对投资和企业的吸引力。同时，顶层设计的缺失加重了越方对跨境经济合作区的疑虑，导致双方难以实现政策协调、步调一致，从而影响跨境经济合作区的建设进展。

（三）创新并完善跨合区管理机制程序

中越双方仍需进一步加强园区协调机制。尽管两国已经多次磋商，但仍存在一些问题：一方面，跨境经济合作涉及经济、物流、海关、检验等多方面问题，其中一些涉及主权让渡。两国必须在信任、互利的基础上解决这些让渡问题。另一方面，中越跨合区还需改善管理模式、推动创新发展。目前，两国对跨合区的管理范围都还仅限于本国领土范围内的部分，涉及两国共同事务的问题以定期协商的方式解决，但沟通过程十分耗时，降低了跨合区的管理效率，资源不能得到最大限度的利用。

① 广西防城港市人民政府：《关于建立推进中国东兴－越南芒街跨境经济合作区东兴园区与东兴市政区协同发展联动工作机制的实施意见》，广西防城港市人民政府门户网站，2020-02-11，http://www.fcgs.gov.cn/xxgk/jcxxgk/gzdt/gclsygqk/202002/t20200211_94609.html.

第三部分

中国东兴－越南芒街跨境经济合作区的战略地位与发展定位

第五章 中国东兴－越南芒街跨境经济合作区的战略地位

跨境经济合作区等沿边重点地区是我国深化与周边国家和地区合作的重要平台。本章从以下方面详细分析了跨境经济合作区在新时代背景下的重要战略地位：中越跨境经济合作区彰显新时代的大国外交战略、力促新一轮对外开放合作、精准对接“一带一路”建设、积极引领区域经济改革创新。

一、中越跨境经济合作区彰显新时代大国外交战略

（一）中越全面战略伙伴关系深化发展的催化剂

中越两国传统友谊源远流长，在新形势下需进一步深化中越全面战略合作伙伴关系。中越于1950年1月18日建交，至今已有72年。长期以来，两国在政治、军事、经济等领域进行了广泛的合作。虽然在20世纪70年代后期，中越关系经历严重波折，但在1991年11月，两党两国关系实现了正常化。[①] 针对两国边界问题（包括陆地边界、北部湾划分和南沙群岛及其附近海域的主权和海洋权益争议等方面），双方同意通过和平谈判协商解决问题，并表示愿意以两国未来发展大局为重，共同维护南海和平稳定。21世纪以来，中越经贸往来不断深入，越南自2016年起已经连续5年成为中国在东盟的第一大贸易伙伴，并于2020年跻身中国全球第四大贸易伙伴，中国连续17年成为越南第一大贸易伙伴。据中华人民共和国国家统计局数据显示，2018年，中越双边贸易额达到1067.06亿美元，同比增长12.71%，中国成为与越南有

① 许梅，陈炼：《中国企业投资越南的主要国家风险与防范》，载《东南亚研究》2011年第3期。

贸易关系的 200 多个国家和地区中首个双边贸易额突破 1000 亿美元的贸易伙伴。

2020 年，中越进出口总额达到约 1923 亿美元，这是两国贸易额连续第三年突破 1000 亿美元。[①]

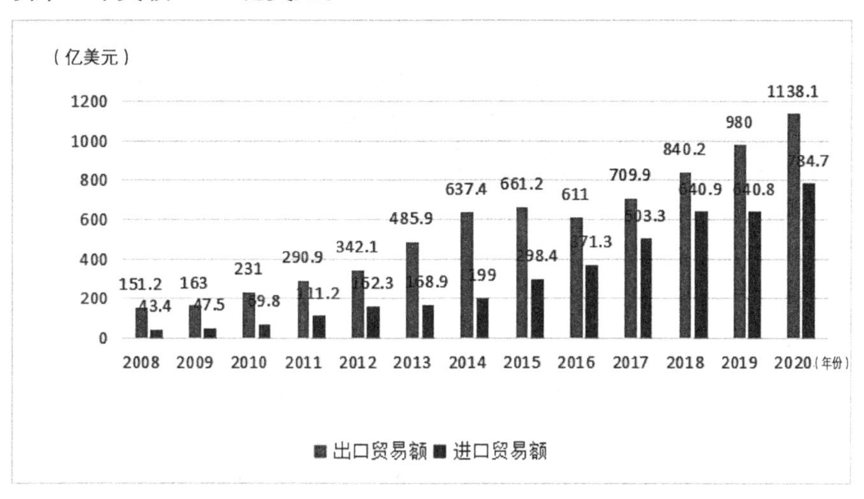

图 5-1　2008—2020 年中越商品贸易进出口总额统计情况[②]

2008 年 5 月底，两国领导人发表《联合声明》，确定建立全面战略合作伙伴关系。之后，在双方多次互访中，两党两国领导人均就新形势下进一步深化中越全面战略合作伙伴关系深入交换意见，并达成广泛共识。其中一项重要举措为加快推进中越跨境经济合作区建设。

（二）提升中国－东盟开放合作的重要平台

从 20 世纪 90 年代起，中国与东盟及东盟各国的经贸关系就在逐步增强。如今，中国和东盟已经成为彼此重要的经贸合作伙伴之一。中国自 2009 年以来一直是东盟最大的贸易伙伴。根据《2021 年中国－东盟经贸合作简况》[③]，2021 年，中国与东盟货物贸易额达 8782 亿美

① 资料来源：中华人民共和国国家统计局。
② 资料来源：联合国商品贸易统计数据库（UN Comtrade）。
③ 资料来源：中国人民共和国商务部。

元，同比增长 28.1%。其中，中国对东盟出口 4836.9 亿美元，同比增长 26.1%；自东盟进口 3945.1 亿美元，同比增长 30.8%。东盟连续两年成为中国第一大贸易伙伴。越南、马来西亚、泰国为中国在东盟的前三大贸易伙伴。

2021 年，中国对东盟全行业直接投资 143.5 亿美元，其中前三大投资目的国为新加坡、印度尼西亚、马来西亚。东盟是中国周边外交和对外经贸合作的优先方向，是海上丝绸之路建设的第一站。近年来，中国越来越多延边省市积极发展与东盟的合作。

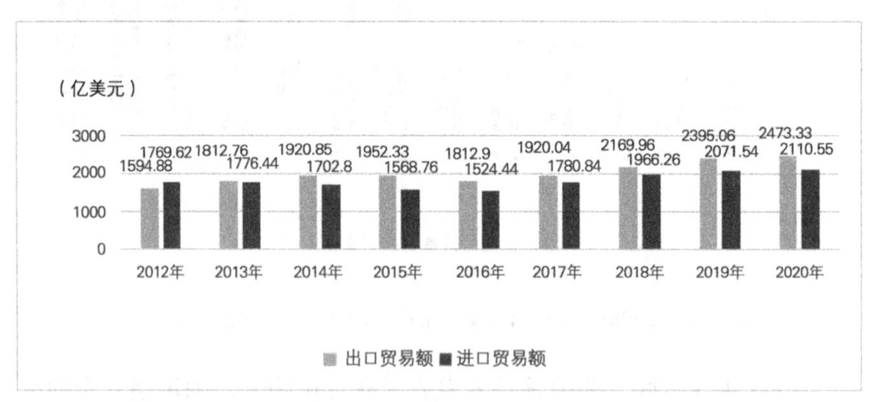

图 5–2　2012—2020 年中国 – 东盟主要成员国商品贸易进出口总额[①]

地处中国 – 东盟自由贸易区中心位置的广西一直在中国 – 东盟的开放合作中发挥着重要作用。从 2004 年起每年在南宁举办的中国 – 东盟博览会是中国境内由多国政府共办的展会之一。[②] 中国 – 东盟博览会以展览为中心，交流活动涉及多个领域，为中国与东盟交流合作提供了重要平台。中国 – 东盟博览会的宗旨为促进中国 – 东盟自贸区建设，共享合作发展机遇。双方围绕《中国与东盟全面经济合作框架协议》，开展互利互惠的经贸合作，为两国企业提供新机遇。17 年来，中国 – 东

① 资料来源：联合国商品贸易统计数据库（UN Comtrade），2020 年东盟前五大经济体依次为印度尼西亚、泰国、新加坡、菲律宾、马来西亚。

② 资料来源：中国 – 东盟博览会官网。

盟博览会在促进双方商品贸易、投资合作、服务贸易、文化交流等方面发挥了重要作用。2021年9月10日至13日，以“共享陆海新通道新机遇，共建中国－东盟命运共同体”为主题的第18届中国－东盟博览会、中国－东盟商务与投资峰会在广西南宁举行，各方共签订合作项目179个，总投资额3000亿元，[①] 较上届增长13.7%，签约项目总投资额创历届之最。东博会作为中国－东盟重要的合作平台，越来越多的企业借助其拓展经贸往来。此次签约项目聚焦实体经济，具有重大项目多、规模大等特点，项目平均投资额近17亿元，其中50亿元以上项目7个。第18届中国－东盟博览会发挥了广西的独特优势，促成多个区域合作项目，其中粤港澳大湾区和长江经济带项目投资比重达64.1%。[②]

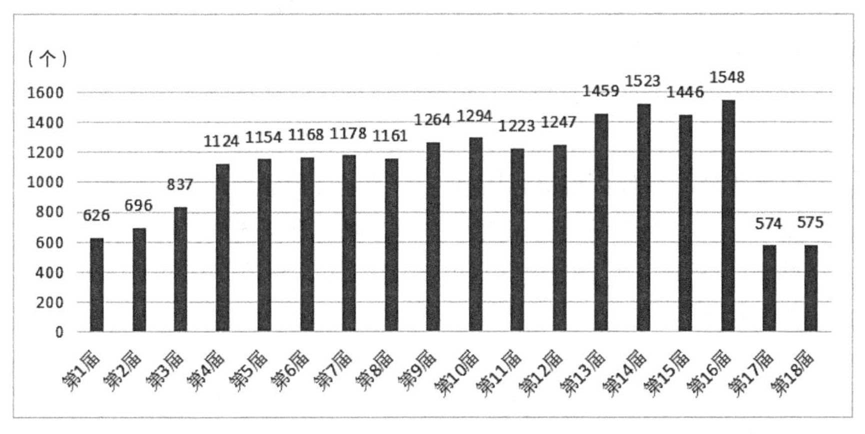

图5–3　历届中国－东盟博览会东盟国家展位数统计情况[③]

从地理位置上看，广西壮族自治区是中国唯一与东盟国家既有陆

① 新华社：《携手迈向新征程——写在第18届中国－东盟博览会和中国－东盟商务与投资峰会闭幕之际》，中华人民共和国中央人民政府网站，2021-09-14，http://www.gov.cn/xinwen/2021-09/14/content_5637098.htm.

② 新华社：《第18届中国－东盟博览会集中签约项目总投资额超3000亿元》，中华人民共和国中央人民政府网站，2021-09-10，http://www.gov.cn/xinwen/2021-09/10/content_5636708.htm.

③ 资料来源：中国－东盟博览会官网。

地接壤又有海上通道的省区，拥有637千米的边境线、1595千米的海岸线。①

经过多年的发展，广西对东盟广大地区实行全方位开放，与东盟的经贸往来日益密切。随着中国－东盟自贸区和泛珠三角经济区建设加快，广西在中国与东盟开展全面经济合作中的重要性愈加显著。

中越两国在跨境工程承包、农产品贸易、跨境旅游等方面的紧密合作，为推进中国与东盟其他各成员国的合作往来提供了良好的示范。跨境经济合作区作为进一步深化中越经贸合作的试验田，是中国面向东盟开放合作的重要窗口。东兴市作为中国与东盟唯一海陆相连的边境口岸城市，在深化中国与东盟战略合作的过程中具有重要的区位优势。东兴市背靠北部湾防城港市，与越南芒街市隔北仑河相望，是中国西部地区乃至全国内陆通往越南及东盟国家最为便捷的通道，也是越南及东盟各国进入中国市场的理想通道。跨境经济合作区位于东兴城区东侧，北仑河北侧、罗浮江两岸，距防城港市约60千米，距南宁市180千米，地理位置优越。合作区背靠祖国拥有6亿人口的中南西南经济腹地，面向东盟6亿人口大市场，在东盟经济圈有着非常优越的战略地位。

当前，国家正大力推进中国－东盟合作。跨境经济合作区可抓住这一重大机遇，积极参与国际产业对接和产能合作，构建东盟企业进入中国大陆的“落脚点”和中国企业走向东盟市场的“始发站”；充分利用中国和东盟“两种资源、两个市场”，扩大开放服务贸易，以打造中越跨境产业链和产业集群为目标，构建以跨境加工、国际贸易及跨境旅游为主体，以金融服务、现代物流为支撑的边境特色现代产业集群体系。

（三）强化中国－南太平洋全方位合作的助推器

南太平洋地区是指包括巴布亚新几内亚（巴新）、所罗门群岛、瓦努阿图、斐济、帕劳、瑙鲁、基里巴斯、图瓦卢和库克群岛等岛国在内的地区。这些岛国仅占全球陆地总面积的0.4%，总人口仅占全球的

① 广西壮族自治区投资促进局：《厚植口岸优势，壮大边贸加工——蓬勃的边贸开放的广西欢迎您》，人民网，2020-10-28，http://gx.people.com.cn/n2/2020/1028/c386486-34379547.html.

0.15%，但海域广大，岛国与岛屿领地的专属经济区共有2800万平方千米，超过欧亚大陆面积的一半。南太平洋地区国家不仅是亚太政治经济舞台上的重要成员，也是中国“大周边”外交的重要组成部分。中国和南太岛国虽相距遥远，但友好往来与合作源源不绝。2013年，习近平主席在出访中亚和东南亚时，向其他国家发出的“一带一路”倡议，收到了来自南太各国强烈的反响。①2014年，习主席访问澳大利亚、新西兰和斐济三国，拓展了中国与太平洋岛国的关系。2017年，斐济正式加入中国主导创立的亚洲基础设施投资银行，成为中国在南太地区推进“一带一路”建设的重要伙伴。②2018年6月，巴布亚新几内亚总理奥尼尔在访华期间表示，巴新欢迎中国“一带一路”倡议，已经同中国签署了“一带一路”建设协议。2022年1月15日，汤加火山爆发造成严重灾害后，中方立即响应汤方请求，通过多种渠道提供救灾援助。中国的对外战略也指出，南太平洋的战略地位十分重要，是主要大国开发、利用深海资源的新兴区域以及应对非传统安全威胁的前沿区域。

随着跨境经济合作区未来的发展，其示范作用对于彰显我国坚持对外开放、和平发展的决心具有积极意义。借助中国－东盟南向大通道和基于中国对南太平洋地区的合作方针，推进跨境经济合作区建设，拓展中越跨境合作渠道，助力中越乃至中国－东盟经贸关系发展，可以进一步促进中国与南太岛国建立更加紧密的联系，有利于中国扩大对外援助规模和丰富对外援助方式；有利于中国多元经贸格局的形成，强化中国与南太岛国全方位合作；有利于公共外交政策的落实，进而改善和提升我国在南太平洋地区的国际地位和话语权。

二、中越跨境经济合作区力促新一轮对外开放合作

（一）带动沿海沿江沿边开发开放的新引擎

广西作为中国与越南开放合作的前沿和窗口，坚持“引进来”和“走

① 张军社，《中国与南太岛国合作互利共赢（望海楼）》，人民网，2018-06-04，http://opinion.people.com.cn/n1/2018/0604/c1003-30032261.html.

② 同上。

出去”相结合，利用国际国内“两种资源”“两个市场”，积极推进与越南的全方位合作。为深度融入“一带一路”建设、构建广西全面开放新格局、实现“三大定位”和实施“双核驱动”，广西积极开展“大通道、大资源、大市场、大贸易、大加工”建设，打造有机衔接“一带一路”的重要门户，大力推进中国－东盟南向大通道建设，努力建成在国际国内具有示范效应的中国东兴－越南芒街跨境经济合作区。

广西经济发展潜力巨大。2021 年，广西全年全区生产总值（GDP）24740.86 亿元，按可比价计算，比上年增长 7.5%（见表 5-1）。其中，第一产业增加值 4015.51 亿元，同比增长 8.2%；第二产业增加值 8187.90 亿元，同比增长 6.7%；第三产业增加值为 12537.45 亿元，同比增长 7.7%。[①] 第一、二、三产业增加值占全区生产总值的比重分别为 16.2%、33.1% 和 50.7%，对经济增长的贡献率分别为 18.0%、28.7% 和 53.3%。按常住人口计算，广西全年人均地区生产总值 49206 元，比上年增长 6.9%。[②] 总体而言，农业稳产增效形势良好，重要农产品保供有力。工业生产保持增长，重点行业增势良好。服务业平稳运行，现代服务业增长较快。消费市场平稳复苏，网上零售增长较快。固定资产投资保持增长，工业投资明显加快。财政收入稳步增长，金融信贷支撑有力。居民消费价格温和上涨，工业生产者出厂价格涨幅较大。居民收入与经济发展同步增长，就业形势总体稳定。

表 5-1　2021 年广西主要经济指标数据[③]

指标	总量（亿元）	增速（%）
广西生产总值	24 740.86	7.5
第一产业	4 015.51	8.2
第二产业	8 187.90	6.7

① 广西日报：《2021 年广西生产总值同比增长 7.5%》，广西壮族自治区人民政府网，2022-01-27，http://www.gxzf.gov.cn/html/gxyw/t11212062.shtml.
② 同上。
③ 资料来源：广西壮族自治区统计局网站。

续表

指标	总量（亿元）	增速（%）
第三产业	12 537.45	7.7
财政收入	3 027.89	8.1
规模以上工业增加值	—	8.6
固定资产投资	—	7.6
社会消费品零售总额	8 538.50	9.0
城镇居民人均可支配收入（元，实际增长）	38 530.00	6.2
农村居民人均可支配收入（元，实际增长）	16 363.00	9.8
居民消费价格指数（上年同期 =100）	109.00	0.9

广西进出口贸易彰显繁荣。2021 年，广西外贸规模再创历史新高，进出口总额 5930.6 亿元，比上年增长 22.2%。其中，出口额为 2939.1 亿元，同比增长 8.6%；进口额为 2991.5 亿元，同比增长 38.3%。[①] 广西进出口贸易主要呈现出以下特点：主要贸易方式均保持增长，民营企业稳居第一大外贸主体地位，新兴市场增势显著，高新技术产品出口、进口均保持良好增势（见表 5–3）。[②]

2010 年 6 月 29 日，中央明确提出“积极建设广西壮族自治区东兴、云南瑞丽、内蒙古满洲里等重点开发放试验区”。[③] 作为全国首批三个沿边重点开发开放试验区之一，广西东兴国家重点开发开放试验区包括广西壮族自治区防城港市所辖的东兴市、港口区和防城区防城镇、江山乡、茅岭乡，国土面积 1226 平方千米，海岸线 537.8 千米、陆地边境线 100 多千米，总人口 48.3 万人，拥有西部最大港口、中国沿海 12 个

① 广西日报，《广西外贸进出口首次突破 5000 亿元》，广西壮族自治区人民政府网站，2022-01-23，http://www.gxzf.gov.cn/gxyw/t11185999.shtml.

② 同上。

③ 中共中央国务院:《中共中央国务院关于深入实施西部大开发战略的若干意见》，中国知网，2010-06-29，http://mall.cnki.net/magazine/article/NXZB201028006.htm.

主枢纽港之一——防城港，有防城港、东兴、企沙、江山4个国家级口岸，有东兴、峒中、杨屋、里火、滩散5个边民互市点[①]；与越南芒街市隔河相邻，是我国唯一与东盟陆海河相连的地区。

表 5-2 2021 年广西对外经济贸易情况[②]

指标	1—12 月累计	
	总量（人民币，亿元）	同比增长（%）
进出口总额	5 930.63	21.8
一般贸易	1 847.24	20.5
来料加工	29.64	−5.4
进料加工	1 110.40	22.4
边境小额贸易（边民互市贸易除外）	1 071.63	−4.8
出口额	2 939.11	8.6
国有企业	104.40	59.5
外商投资企业	487.84	33.0
集体企业	2.10	26.4
私营企业	2 297.03	3.2
一般贸易	689.96	−2.9
来料加工	17.69	−7.0
进料加工	553.32	15.2
边境小额贸易（边民互市贸易除外）	1 048.03	38.3
进口额	2 991.52	38.3

① 资料来源：中华人民共和国商务部。

② 广西壮族自治区统计局：《2021 年 1–12 月广西对外经济贸易》，广西壮族自治区人民政府网，2022–03–02，http://www.gxzf.gov.cn/gxsj/fxsj/t11350239.shtml.

表 5-3　2021 年广西各市实际利用外资情况[①]

名称	新批企业个数（个）	同比增长（%）	实际外资金额（万美元）	同比增长（%）
南宁市	261	75.17	57 809	31.3
玉林市	23	53.33	12 473	10.1
北海市	35	−28.57	17 886	44.3
崇左市	29	107.14	3 631	18.6
钦州市	135	136.84	27 652	2.3
防城港市	10	−52.38	7 396	44.3

2017 年 4 月，习近平总书记在广西考察工作时指出，广西要“立足独特区位，释放‘海’的潜力，激发‘江’的活力，做足‘边’的文章，全力实施开放带动战略，构建全方位开放发展新格局”。[②] 跨境经济合作区是东兴试验区的核心园区，要大力贯彻落实这一重要指示精神，坚持开发与开放相结合，以开放带开发、以开发促开放，充分利用好自身的地理优势、生态优势、政策优势，大力发展边境贸易、跨境旅游和产能合作，加快形成带动沿海沿江沿边开发开放的新引擎，实现兴边富民、扶贫脱贫，进一步巩固睦邻安邻富邻的良好局面。

（二）促进广西自由贸易试验区发展的新极点

习近平总书记指出，加快实施自由贸易区战略，是我国新一轮对外开放的重要内容，要准确把握经济全球化新趋势和我国对外开放新要求，积极运筹对外关系、实现对外战略目标。[③] 2019 年 8 月 2 日，国

① 资料来源：广西壮族自治区商务厅。

② 张静：《打造全方位开放新格局 习近平指明广西未来发展方向》，中国网，2018−12−5，http://guoqing.china.com.cn/2019zgxg/2018−12/25/content_74310844.html?f=pad&a=true.

③ 新华网：《习近平：加快实施自由贸易区战略 加快构建开放型经济新体制》，中国自由贸易区服务网，2014−12−08，http://fta.mofcom.gov.cn/article/zhengwugk/201412/19394_1.html.

务院批准《中国（广西）自由贸易试验区总体方案》。建立中国（广西）自由贸易试验区不仅是党中央、国务院作出的重大决策，也是新时代推动广西对外开放的战略举措，还是广西主动服务和融入国家重大战略的光荣使命。

中国（广西）自由贸易试验区（简称广西自贸区）的设立，为跨境经济合作区提供了新的发展机遇。跨境经济合作区位于广西东兴国家重点开发开放试验区的核心区域，是“一带一路”倡议国际合作的重要平台、中国－东盟自贸区的升级版、国际医学开放试验区、国家边境旅游试验区、面向东盟金融开放门户、西部陆海新通道等国家、自治区发展战略和优惠政策集聚交汇的宝地。跨境经济合作区与中国（广西）自由贸易试验区均为国家级创新发展战略，在对标国际先进规则、引领中国－东盟开放合作、形成与“一带一路”倡议有机衔接的重要门户等方面职能一致。跨境经济合作区与自贸区应打破地理概念限制，形成“互相引领、互相带动、齐头并进”的良好发展态势。

跨境经济合作区可作为中国（广西）自由贸易试验区的拓展区。在政策制定方面，跨境经济合作区可发挥园区规模小、机动性高的优势，作为中国（广西）自由贸易试验区规则创新的先行地和试验田。跨境经济合作区横跨中越两国地界，涉及的国际经贸规则复杂，这更有助于试点符合自贸区发展特点、顺应广西发展需求的创新政策。中国（广西）自由贸易试验区有跨境经济合作区缺失的优惠政策，应给予延伸，形成互相带动的良性循环。在人才、资金和管理等方面，跨境经济合作区与中国（广西）自由贸易试验区可实行经验共享。

目前跨境合作区基础设施日臻完善、项目进展顺利、产业布局轮廓初步勾勒、管理体制机制加快理顺、核心政策体系逐步明朗，正在加快打造成为扶持条件最优惠、企业经营成本最低、集聚生产要素能力最强的政策洼地，成为审批流程最短、效率最快、信用最佳的服务高地，成为开放程度最高、国内外投资者最为关注、竞相前来投资兴业的投资宝地。跨境经济合作区将以中越北仑河二桥口岸正式开放为新引擎，以项目建设为着力点，推动与东盟国家共建园区，大力开展交通基础设施、国际产能、跨境贸易、跨境电商、跨境旅游、跨境金融等方面的合作，把跨境合作区建设成为高度开放、充满活力的中国－东盟经贸合作、中国沿边产业合作发展新高地；成为联通东盟的快捷便利、功能完善、安全高效的陆海运输通道；投资者可以直接从“四降三升”中获得可观的收益：在降低直接生产成本、物流成本、人力成本、税收成本的同时，又可以获得市场空间、产业链效应、享受自由贸易政策三个方面的拓展和提升。作为芒街口岸经济区、东兴试验区的重要功能区和推动该地区经济发展的主要动力之一，跨境经济合作区有利于巩固发展边境地区之间乃至两国之间全面友好合作关系，助力中国（广西）自由贸易试验区建成贸易投资便利、金融服务完善、监管安全高效、辐射带动作用突出、引领中国－东盟开放合作的高标准高质量自由贸易园区。

（三）构建和完善开放型经济新体制的重要抓手

2016 年 5 月，广西防城港市获批“构建开放型经济新体制综合试点试验”城市。当前，防城港市在积极深化“四项改革”（推进大部制改革和执法体制改革、深化行政审批制度改革、推进跨境劳务合作改革、加快边民互市贸易转型升级改革试点）、推进“六项探索”［探索开放型经济运行管理新模式、探索各类开发区（园区）协同开放新机制、探索推进国际投资合作新方式、探索质量效益导向型外贸促进新体系、探索金融服务开放型经济新举措、探索构建全方位开放新格局］方面取得特色成果。跨境经济合作区将成为防城港市下一步推动新一轮高水平对外开放、构建开放型经济新体制的重要抓手。

2019 年，广西壮族自治区人民政府办公厅印发《深化东兴重点开发开放试验区和跨境经济合作区管理体制机制改革方案》（以下简称《改革方案》）。《改革方案》指出，要坚持新发展理念，贯彻落实“三大定位”的新使命和“五个扎实”的新要求，进一步理顺东兴试验区和跨境经济合作区的管理体制机制，构建精简高效和创新灵活的管理模式，充分发挥防城港市、东兴试验区和跨境经济合作区、东兴市三方的积极性，激发其发展活力和动力，推动东兴试验区和跨境经济合作区高水平开放、高质量发展。

跨境经济合作区开创了中越共管园区的新体制。未来，跨境经济合作区在构建开放型经济新体制中，可充分发挥其与越南河海陆相连的区位优势，并结合“一带一路”倡议、西部大开发、沿边开发开放、沿边跨境金融综合改革等国家战略，在跨境经济合作、跨境金融、跨境旅游等方面积极探索特色鲜明的开放型经济新体制，这样既使得自身在新一轮对外开放中具有新亮点、新优势，也可以为全国其他沿边地区探索出一条新的发展路径。

三、中越跨境经济合作区精准对接“一带一路”建设

随着国家“一带一路”倡议的深入实施，“一带一路”建设进入新阶段，跨境经济合作区作为面向东盟国际大通道的关键枢纽，是对接“一带一路”建设的重要支撑。跨境经济合作区在这方面的重要性可体现在三个方面：一是有利于推动多边合作。多边合作对于“一带一路”建设行稳致远有着积极的意义。跨合区是广西对外开放和多边合作的重要平台。二是可促进精细化对接。近六年来，我国与“一带一路”沿线国家在产业和经贸合作上积极对接，达成一系列合作成果。跨境经济合作区聚焦于产业转移和精细化合作，有利于中国与东盟国家在“一带一路”倡议下进一步做细做实合作，从而稳步提高国际合作水平。三是更大程度开放市场。随着中国－东盟自由贸易区升级版的加快打造，跨合区对推动“一带一路”建设具有重大意义，是推动沿边地区经济社会发展的重要支撑。

（一）衔接“一带一路”经贸合作的中转站

2015 年“两会”期间，习近平总书记参加广西代表团审议时明确指出广西发展三大定位：构建面向东盟的国际大通道，打造西南中南地区开放发展新的战略支点，形成“一带一路”有机衔接的重要门户。[①] 在国家政策的积极倡导下，跨境经济合作区可以牢牢抓住共建“一带一

① 中央广播电视总台央视新闻：《习近平和广西的约定》，央广网，2018-12-09，http://m.cnr.cn/news/20181209/t20181209_524444494.shtml.

路”和“两廊一圈”对接的主线，大力推进基础设施建设、产能建设等重点领域合作，努力成为衔接“一带一路”经贸合作的中转站。

跨境经济合作区的建设有助于充分激发并释放中国与“一带一路”沿线国家和地区的合作潜力。跨境经济合作区凭借着地理区位优势和交通便利两大优势，在对接“一带一路”倡议方面具有两大积极作用：第一，激发合作潜力，推进人民币国际化。作为“六廊六路多国多港”之一的中国－中南半岛经济走廊东线上的重要节点，跨境经济合作区的建设给沿线国家和地区带来经贸合作新机遇，有助于充分激发并释放合作潜力，同时，也给人民币国际化注入动力。第二，形成示范效应，提升“一带一路”的影响力。跨境经济合作区是中越开展“一带一路”合作的重要平台，其建设与发展成果可以形成良好的示范作用，充分展现中越跨境经济合作区开发建设和改革创新等成果，有利于进一步增强“一带一路”的国际影响力。

跨境经济合作区的建设为沿线国家和地区带来经贸投资合作新机遇，在促进中越双边政策、建设、贸易、金融、文化等方面的交流上与“一带一路”的“五通”发展目标相呼应，并进一步推动“五通”发展目标的实现。第一，“一带一路”倡议以推动中国与沿线国家和地区的政策沟通为先，这就需要依托相应的区域性和全球性经济治理机制，这能促进顶层设计先行，加强国家间战略对接和政策协调。中越双边政策沟通和治理机制的建立能为“一带一路”沿线其他国家的政策沟通起到有效的示范效应。第二，推动贸易和投资便利化是“一带一路”倡议与跨境经济合作区建设共同关注的内容。跨合区的目标是逐步实现商品、资本、服务和技术的自由流通，以推动中越双边贸易和投资便利化；而“一带一路”强调通过基础设施建设带动贸易便利化，通过投资和贸易带动沿线地区发展。两者在发展目标上具有相通性，跨境经济合作区为在更大范围内推进“一带一路”沿线贸易投资便利化打下了重要的双边基础。第三，跨境经济合作区建设十分关注基础设施互联互通，侧重强调交通运输领域的互联互通。同时，跨境经济合作区利用中越双方优势带动边境地区，特别是越南口岸地区的基础设施建设，通过新建和改造中越国际交通线路中的枢纽地带，发挥地区发展潜能。第四，在资金融通方面，跨境经济合作区建设和“一带一路”倡议均着力扩大本币互换与跨境结算，在促进人民币国际化方面具备重要的相互促进关系。第五，跨合区合作领域包括文化、教育、旅游、医疗、出版等多个方面，大力发展边民互市，旨在促进中越两国国民经贸文化交流，实现民间友好往来，与“一带一路”倡议中的“民心相通”不谋而合。

（二）构建面向东盟国际大通道的关键枢纽

东盟是“一带一路”建设的重要合作伙伴，“一带一路”的许多合作建设重点项目在东盟地区开展。这为建设更加紧密的中国－东盟命运共同体打下了坚实的基础，也给双方的发展战略对接带来了难得的机遇，有助于“一带一路”建设不断推进。

防城港地处北部湾地区，是我国面向东盟及21世纪海上丝绸之路的重要门户。跨境经济合作区凭借着防城港的区位优势、口岸优势、资源优势、政策优势和人文优势等多方面得天独厚的条件，尤其是其位于中国－东盟自由贸易区和中越“两廊一圈”海陆交汇点的区位优势，已成为中国与东盟“一轴两翼”区域合作的核心地带，成为构建面向东盟国际大通道的关键枢纽。同时，作为中国唯一的地理范围横跨两国领土的产业园区，跨境经济合作区也是我国探索国际经济合作新模式的试验区。随着我国对外开放水平的不断提高和跨境经济合作区的不断建设发展，中国新的经济合作模式将以中越合作为跳板推向东盟，走向世界。

当前，广西正大力推进中国－东盟南向大通道建设，以深耕东盟、拓展南亚、最终面向世界为目标。而跨境经济合作区正好位于中国－中南半岛经济走廊东线的重要节点上，是构建这一国际大通道的关键枢纽。2017年8月31日，重庆、广西、贵州、甘肃四方签署《关于合作共建中新互联互通项目南向通道的框架协议》，标志着这四省（市、区）合力打造“渝桂新”南向通道，深度融入“一带一路”发展。[①] 该南向通道在海上与东盟9个国家相连，在陆上与中南半岛的7个国

---

① 新华社：《渝桂黔陇四省区市合作共建中新互联互通南向通道》，中国政府网，2017-08-31，http://www.gov.cn/xinwen/2017-08/31/content_5221838.htm.

家相连，[①] 目前包括跨境公路运输线路和铁海联运线路。该走廊始于中国广西南宁和云南昆明，一直延续到新加坡，连接了中南半岛的越南、老挝、柬埔寨、泰国、马来西亚，为连接中国与中南半岛、中国与东盟发挥了重要作用。

2019 年 7 月 31 日，广西壮族自治区党委、人民政府在钦州召开全区推进北钦防一体化和高水平开放高质量发展暨西部陆海新通道建设大会，加快推进北钦防一体化和西部陆海新通道建设，着力做好“南向”开放发展，以高水平开放促进高质量发展。南向通道是在“一带一路”的框架下，向北连接丝绸之路经济带（通过“渝新欧”国际铁路联运大通道）、向南连接 21 世纪海上丝绸之路和中南半岛大通道的一条带动我国西部新一轮开发开放的发展通道、助推泛北合作提质升级的创新通道、深化与东盟交流合作的黄金通道。南向通道的建设，经中国西部地区把“一带”与“一路”有机衔接起来，大力推动了地区和平、稳定与发展，推动中国 – 东盟命运共同体的建设。经广西（跨境经济合作区）出海的南向通道，重塑了中国至东盟的传统路线。跨境经济合作区要利用好关键枢纽区位，抢抓机遇，全力打造东盟商品进入中国、中国内陆商品走向世界的最便捷通道，并从根本上解决中国与东盟间关检不互认、运输成本高、缺乏口岸平台、回程货源集货难等问题。

2019 年 8 月 15 日，国家发展改革委印发的《西部陆海新通道总体规划》提出了三条西部陆海新通道。三条通道经过了广西境内的南宁、柳州等重要城市，且所有出海口都在广西境内的北部湾，标志着广西在建设 21 世纪海上丝绸之路上，在进一步发挥西部地区连接“一带”和“一路”的纽带作用上，在深化陆海双向开放、强化措施推进西部大开发形成新格局、推动区域经济高质量发展上，具有重大的战略地位。跨境经济合作区作为中国与越南，甚至是中国与东盟的陆上和海上天然交汇点，为推进中越“两廊一圈”合作，加快双方开放合作，加深区域与国际经济合作起到了重要作用。

① 国新网：《“南向通道”有利于“一带一路”及中国—东盟命运共同体建设》，2017-07-10，国务院新闻办公室网站，http://www.scio.gov.cn/xwfbh/xwbfbh/wqfbh/35861/36893/zy36897/Document/1557877/1557877.htm.

（三）助力中国企业双向大开放的重要基地

跨境经济合作区拥有优越的地理位置、多重的政策优惠，作为对接“一带一路”建设的重要节点，区内企业须务实先行、落实到位。跨境经济合作区不仅是国内企业“走出去”、进入东盟、面向世界的“始发站”，还是国内企业“引进来”、吸引东盟等国外企业进入中国的“落脚点”。

跨境经济合作区可充分利用与“一带一路”的地理交通联系，把握与“一带一路”的共同发展目标，从扶持企业活动到港口战略规划，加强跨境经济合作区与“一带一路”的战略对接，形成示范效应。一方面，跨境经济合作区要以开放合作促开发建设，努力承接中国东部产业转移，打造东盟国家产业链上的重要环节。跨境经济合作区要以吸引物流、人流、资金流和技术流向区内聚集为途径，成为面向中国、东盟及国际市场的商品加工和生产基地。跨境经济合作区可以通过由原来简单的边境贸易向边境贸易、国际物流、加工合作等多种功能相结合的方向转变，进一步扩大合作范围，丰富合作方式，逐渐形成物流中心和区域性国际商贸中心，同时调整和优化中越双方边境地区经济结构，进一步夯实中越经贸合作基础，为两国边境地区经济发展提供强劲的动力和更广阔的空间。

另一方面，跨境经济合作区要融入“一带一路”网络，就要强化港口枢纽门户功能，积极争取作为发起方组建国际港口联盟。所组建的国际港口联盟要以实现“资源共享、优势互补、互利共赢、共同发展”为目标，率先整合省内、国内各类港口资源，然后联合“一带一路”沿线的各国港口、铁路、内陆港口，构建常态化的交流合作机制和合作服务网络，进一步在提升中国和越南港口的综合竞争力、国际影响力上发挥更大作用。

目前，跨境经济合作区一手抓建设，一手抓招商引资，开创了一系列招商新模式，在构建“三专一委托”（专业园区、专业队伍、专项政策和委托招商的长效招商机制）上，已取得重大突破。可以预见，跨境经济合作区必将成为中国企业“走出去”和“引进来”的重要基地。

四、中越跨境经济合作区积极引领区域经济改革创新

中国东兴与越南芒街具有得天独厚的区位优势，是中国－东盟自由贸易区和中越“两廊一圈”的海陆交汇点。两地的区位优势、口岸优势、富有地区特色的资源优势、特殊的政策优势和人文优势推进了自身的发展。

近年来，在活跃的区域经济合作背景下，东兴与芒街加快了合作的步伐，加大了融入国际区域经济合作的力度，以实现在北部湾区域经济合作中的率先发展。两地充分发挥其作为交流桥梁的作用，努力推进合作，越方积极承接中国东部产业转移，打造东盟国家产业链上的重要环节。

（一）对接防城港国际医学开放区的重要门户

“中国西南门户，华夏边陲明珠”，防城港是中国西部第一大港、我国沿海 12 个主枢纽港之一、广西北部湾经济区港口龙头、西部最便捷的出海大通道、环北部湾地区重要临海工业基地和门户城市、区域性国际滨海旅游胜地、中国东盟合作第一城、广西改革开放的最前沿。防城港地处华南经济圈、西南经济圈、东盟经济圈和泛北部湾与泛珠三角经济区的结合处，是我国与东盟国家唯一一个既有海上通道又有陆地接壤的区域，区位优势明显，战略地位突出。防城港提出了具有重要战略意义的“一区两城”设想，即倡导在防城港全域打造国际医学开放试验区，在试验区内打造国际医药制造城和国际医疗康养城。

2019 年 6 月 14 日，国家主席习近平在吉尔吉斯斯坦首都出席上海合作组织成员国元首理事会第十九次会议并发表重要讲话，明确表示“支持在防城港市建立国际医学开放试验区”。上海合作组织医疗机构和企业于2019年5月在中国广西防城港市成功举办国际医学创新合作论坛，各方达成多项合作共识。支持在防城港市建立国际医学开放试验区，对各方积极探索消除医学领域合作面临的政策、技术、贸易体制壁垒，共享合作共赢的成果有着非凡意义。

在防城港市建立国际医学开放试验区，不仅是习近平总书记亲自

宣布、亲自部署的重大决策，也是构建人类命运共同体的重大实践，还是防城港乃至广西高质量发展的新契机、新动能。防城港市接下来的工作部署将是坚持把学习宣传贯彻习近平总书记重要讲话精神作为首要政治任务来抓，举全市之力把国际医学开放试验区打造成为防城港高质量发展的一个新引擎、服务国家总体外交战略的一个新典范、促进国际医学开放合作的一个新平台，最终目标是要通过这个开放试验区的建设来助力广西和防城港医疗卫生事业的发展，也力争为构建人类健康命运共同体进行更多的实践，贡献更多的防城港智慧、防城港方案，并成功打造防城港样板。

跨境经济合作区坐拥三大明显发展优势，这决定其将成为对接防城港国际医学开放区的重要门户。一是国家战略叠加。跨境经济合作区不仅是“一带一路”上的一个国际交汇点、中国－中南半岛经济走廊的重要节点、中国－东盟自贸区升级版的重要载体、中越两国深化经贸与投资合作的重要平台，也是首批国家沿边重点开发开放试验区之一——东兴试验区的核心区和广西北部湾经济区的中心区之一，享有西部大开发、沿海沿边、跨境合作（如跨境劳务 / 旅游 / 经贸 / 金融等）、北部湾经济区和开放型经济新体制综合试点试验地区等多重优惠政策。这些国家战略和国际医学开放区战略形成良好的呼应，且目前取得的前期成果对于国际医学开放区的建设大有裨益。二是区位优势突出。跨境经济合作区所在地是防城港，不仅可以通过陆上通道，连接越南下龙、海防港，还可以经“渝桂新”南向通道连接“渝新欧”国际铁路联运大通道，具有拓展“两种资源、两个市场”的巨大空间优势。国际医学开放区可以利用跨境经济合作区的门户作用，面向东盟在内的国际资源和市场，同时其作为西南和东南的重要衔接点，可以有力对接国内优势资源和市场，可谓门户担当。三是发展基础坚实。跨境经济合作区所处的防城港市已集聚形成了钢铁、有色金属两个千亿级产业和能源、粮油、化工等一批百亿级产业。产品可通过高速公路、高铁、海港便捷通达珠三角地区，上下游产业联系的物流成本低。跨境经济合作区直接面向的越南已连续20 年成为广西最大的贸易伙伴，相邻的越南广宁省是越南北部经济发达的省份之一，发达程度在越南60多个省级行政区里排名前5，[①] 该省已明确将芒街打造成为越南北方经济特区。广西和越南广宁之间已经建立起了比较完善的省级、厅市级、县级以及具体工作组之间的定期会晤机制，具体对接到发展规划、产业布局和相关政策开展等方面。

此外，跨境经济合作区目前已经完成如"一桥一路一楼一场"等比较完备的基础设施等硬件条件建设，这对于国际医学开放试验区在防城港市域内要建设"一区两城多园"的空间构想提供了良好的推动力。

（二）融入粤港澳大湾区建设的新型纽带

推进粤港澳大湾区建设，是以习近平同志为核心的党中央作出的重大决策，是打造我国高质量发展典范、不断增强经济创新力和竞争力的战略需要，是优化功能布局、推动形成区域协调发展新格局的战略需要，是建设开放型经济新体制和国际经济合作新平台、打造"一带一路"重要支撑的战略需要。[②] 推进粤港澳大湾区建设，有利于深化内地和港澳的交流合作，对港澳参与国家发展战略、保持国家长期繁荣稳定具有重要意义。

2017年7月1日，习近平出席《深化粤港澳合作推进大湾区建设框架协议》签署仪式。2019年2月18日，中共中央、国务院公开发布《粤港澳大湾区发展规划纲要》。[③] 粤港澳大湾区以科技创新为发展主要动力，是我国"一带一路"建设的重要节点之一，通过内地与港澳深度合作，实现高质量发展。

经过四十多年改革开放，粤港澳大湾区内各城市经济发展水平、市场化程度和对外开放水平，均位居全国前列。粤港澳大湾区建设不仅推动了珠江三角洲地区的发展，也为香港和澳门找到了新的经济增长点，

① 广西日报：《中国东兴－越南芒街跨境经济合作区："一带一路"上的璀璨明珠》，广西县域经济网，2017-09-13，http://www.gxcounty.com/news/jjyw/20170913/137860.html.

② 何立峰：《深化粤港澳合作 推进大湾区建设》，央广网，2021-06-01，http://news.cnr.cn/native/gd/20210601/t20210601_525501551.shtml.

③ 同上。

促使港澳发展更好地融入国家发展大局。随着粤港澳大湾区建设的全面推进，三地的人流、物流、资金流、信息流日益畅通，粤港澳三地发挥各自优势，吸引了一批世界一流科研团队到大湾区创新创业，大湾区成为国际科技创新中心正日益成为可能。

广西地理位置优越，是我国少有的同时具备沿海、沿边、沿江优势的地区，也是我国唯一陆地、江河、海上三种通道都能与粤港澳大湾区连接的省区。广西是大湾区与西部地区的产业转移通道，是大湾区连接泛珠三角区域和东盟国家陆路国际大通道的重要组成部分，是大湾区建设辐射波最强、辐射距离最短的地区。相比湖南、福建、江西等省份，广西更靠近粤港澳地区，具有双向沟通中国和东盟的区位优势，为粤港澳地区企业进入东盟市场提供了更加便利的条件。

（三）承接东部区域产业转移的重要基地

东兴是大湄公河次区域、“两廊一圈”“一轴两翼”三大经济带的交汇点，与越南北方最大、最开放的经济开发区——芒街口岸经济区隔江相望，两者功能互补，发展相得益彰。同时，东兴也是我国华南经济圈、西南经济圈、环北部湾经济圈和东盟经济圈重要的交汇节点，海陆通道优势明显，具有得天独厚发展对外经济贸易的物质基础。

位于东兴的跨境经济合作区要充分发挥地缘优势和多项政策优势，深入贯彻落实习近平总书记视察广西重要讲话精神，坚持把“东融”作为开放发展的主攻方向，积极融入国家“一带一路”、国际贸易陆海新通道、粤港澳大湾区建设和北部湾一体化战略，主动与粤港澳等沿海发达地区加强合作，承接工业产业转移，着力引进资金、技术、人才等，并借力加快发展贸易、旅游、加工、金融、电商、物流六大跨境产业，实现通道经济向产业经济的转型升级。

推动工业产业经济结构不断优化，促进产业转型升级。自东兴成立跨境经济合作园区以来，其区域优势不断突显，产业集聚效应不断增强，工业园区规模和数量不断提升。因此，应继续发挥其区位和资源优势，大力招商引资、激励企业进行创新，推动工业型企业升级转型。而跨境经济合作区内的越南园区也因关税优惠政策、低廉劳动力成本、较大政策红利而有利于承接东亚地区乃至全球的产业转移。随着区内配套产业、基础设施、生产要素保障和行政管理服务水平的日益完善提高，跨境经济合作区必将成为国内外产业转移的重要基地。

（四）推进新一轮西部大开发的样板区

2019 年 3 月 19 日，中央全面深化改革委员会第七次会议审议通过了《关于新时代推进西部大开发形成新格局的指导意见》。[①]

作为面向东盟国际大通道的重要枢纽，跨境经济合作区在推进新一轮西部大开发中，要发挥其在衔接“一带一路”建设、提高对外开放和外向型经济发展水平等方面的重要作用，着力打造“大环保”“大开放”“大发展”的样板示范区。在“大环保”方面，跨境经济合作区要积极引进绿色生态产业，落实绿色发展理念，力促产业生态化、生态产业化。在“大开放”方面，跨境经济合作区可发挥枢纽作用，完善口岸跨境运输通道，带动周边地区发展，并畅通与成渝、黔中、滇中、长江中游等城市群间的快速多向连接，推动内陆省份全面深化与粤港澳城市群的交流合作。在“大发展”方面，跨境经济合作区要坚持新发展理念，推动跨境经济合作区产业向中高端发展，不断深化中越两国在货物贸易、服务贸易、跨国投资等领域的合作。同时，可推广建立政府引导、社会资本主导的跨境经济合作区开发基金，积极参与跨境经济合作区的建设与发展，放大政府财政资金效应，探索基金主导的跨境经济合作区整体开发模式。加快设立跨境经济合作区产业与基础设施投资基金，探索形成可复制、可推广的经验。

① 新华社：《习近平主持召开中央全面深化改革委员会第七次会议》，中华人民共和国中央人民政府网站，2019-03-19，http://www.gov.cn/xinwen/2019-03/19/content_5375140.htm.

第六章 中国东兴－越南芒街跨境经济合作区的发展定位

在当前区域经济合作方兴未艾的大好形势下，中国东兴－越南芒街跨境经济合作区取得了长足发展。本章聚焦于跨境经济合作区的发展定位，从四个方面对合作区的未来发展进行阐述。“创新跨境产业模式，促进边海地区经济发展”的重点内容包括跨境商旅服务一体化平台、跨境加工与制造合作中心、沿边现代化物流集散中心；“创新跨境金融机制，推动沿边地区金融改革”则致力于实现中越双边货币互换协议的签署，推动人民币国际化进程；“创新中越对话机制，实现双边跨境合作共赢”从中越元首政要高层次对话新渠道、跨境产学研创新交流平台与科技创新合作孵化平台、中国－东盟国际人校流合作中心三个方面出发，旨在推动两国建立全方位的双边对话机制，实现合作共赢；“创新双边合作机制，探索完善国际经贸规则”的核心内容阐述了中国借助双边谈判创新国际规则，维护发展中国家利益的必要性，尤其是国内规则国际化对适应中国和周边地区新时期发展的重大意义。

一、创新跨境产业模式，促进边海地区经济发展

中国东兴－越南芒街跨境经济合作区总规划面积 23.13 平方千米，其中，中方园区规划面积为 9.63 平方千米，划分为三个片区开发建设：第一片区为商贸旅游服务区，主要发展跨境金融、跨境电商、跨境旅游、商贸服务、会展等；第二片区为加工制造区，主要发展传统产业、新兴产业、绿色产业等；第三片区为现代物流区，主要发展多式联运、冷链物流、大宗商品交易等。企业在跨境经济合作区投资，不仅可以充分利用东兴市区位独特、产城融合配套齐全、优惠政策叠加、生态环境优美

等发展优势，还可享受跨境经济合作区专有的政策红利，实现生产成本、物流成本、人力成本、税收成本等综合成本的降低。

（一）跨境商旅服务一体化平台

在跨境旅游方面，中越东兴－芒街跨境经济合作区所在的防城港市旅游资源天然禀赋好，是一个集“山、海、边、港、民俗”于一体的旅游目的地，形成了“上山下海又出国”的旅游大格局。东兴市政府办的数据显示，2019 年，全年经东兴口岸出入境的人数为 1299 万人次，同比增长 0.9%，旅游总消费 142.98 亿元，同比增长 36.5% ，旅游开发潜力巨大。[①] 2020 年，受新冠肺炎疫情影响，全年经东兴口岸出入境人数锐减至 98 万人次。旅游总消费 99.37 亿元，其中国内旅游消费 99.27 万元，国际旅游外汇消费 165.14 万美元。[②] 但是疫情终会结束，东兴市旅游潜力仍然有待开发。在此条件下，跨境经济合作区要充分利用特色旅游资源，开发建设珍珠湾国际旅游区，先行建设金滩旅游岛，发展国际高档休闲度假旅游，培育防城港至越南下龙湾海上客轮航线和防城港至东南亚邮轮业务，打造我国冬季度假胜地、长寿休闲旅游区和边海旅游胜地。[③] 打造多种文化产业竞相迸发的多元化旅游中心，保护和开发少数民族文化旅游资源，打造世界级民族风情旅游品牌，搭建对外文化贸易平台，用文化创造新的经济增长点。积极与东盟开展文化产业合作，开拓东盟文化产业市场，构建“海、陆、空”全方位立体文化旅游产品体系，打造全国旅游示范试验区。

依托 2018 年国家赋予的防城港市边境旅游试验区免税购物、东盟

① 防城港市人民政府门户网站：《2019 年东兴市国民经济和社会发展统计公报》，2020-09-15，http://www.fcgs.gov.cn/xxgk./jcxxgk/tjxx/qxtjgb/202009/t20200915_168659.html.

② 防城港市人民政府门户网站：《2020 年东兴市国民经济和社会发展统计公报》，2021-06-15，http://www.fcgs.gov.cn/xxgk./jcxxgk/tjxx/qxtjgb/202106/t20210615_206410.html.

③ 广西旅游规划设计院办公室：《〈中国东兴－越南芒街跨境旅游合作区总体规划〉解读》，广西防城港东兴市人民政府门户网站，2017-06-15，http://www.dxzf.gov.cn/ztjj/bjyydbzxlbd/201709/t20170926_107694.html.

风情展示、美食推介、文化娱乐、旅游产品营销等文化旅游产业，防城港市跨境旅游日益火爆。截至 2019 年 10 月 24 日，防城港市已开通到越南下龙、河内等 4 条边境旅游线路。中国东兴－越南芒街跨境自驾游已常态化开通跨境自驾游的范围扩展至广西 5 市及越南 2 市，超过 100 家旅行社在该区域经营。① 此后，跨境经济合作区可继续依托与越南接壤优势，在跨境旅游业方面更积极地探索区内“全域旅游”发展模式。东兴与芒街可继续共建旅游线路拓展机制，共享旅游交通线路，共造跨越两国黄金旅游品牌。两地不断发展联合执法机制，共同加强跨境旅游市场管理，加强旅游安全监管。发展特色餐饮业，打造具有民族特色的村镇旅游。积极发展体育、演艺旅游，允许外资参股由中方控股的演出经纪机构。②

在跨境电商、商贸服务和会展方面，跨境经济合作区应推广电子商务技术和平台在跨境贸易中的应用，着力发展跨境电子商务，构建跨境商贸会展综合型服务新平台，加快国际会展中心建设，培养中医药、文化创意、服务外包等特色服务贸易企业加快发展。建立离岸式跨境电商信息集散中心，利用数据对东南亚、印度、日韩等地的销量进行分析和预判，打通全球范围内的贸易数据，把欧美产品进口到中国或越南的同时，也作为集散枢纽进一步供给东盟国家的消费市场。在这一过程中，中国企业并不直接参与交易，只是担当中间服务商的角色，为买家寻找货源，为卖家推广市场和承接物流，真正从货物贸易商向高端服务贸易转变。在此基础上，构建全球网购商品集运分拨中心，完善电商物流集疏分拨网络。此外，还可在跨境经济合作区内设立保税维修中心，跟进出口越南乃至东南亚机械产品的维修售后服务。企业以保税方式将待维修产品从境外运入境内特殊监管区域内工厂检测、维修后复运出境，减

① 广西东兴国家重点开发开放试验区管委会：《中国东兴－越南芒街跨境经济合作区（中方园区）成效显现》，2019-10-24，http://www.gxcounty.com/news/jjyw/20191024/152113.html.

② 国务院：《国务院关于支持沿边重点地区开发开放若干政策措施的意见》，中华人民共和国中央人民政府网站，2016-01-07，http://www.gov.cn/zhengce/content/2016-01/07/content_10561.htm.

少国内维修人员出境成本，提高维修效率。

（二）跨境加工与制造合作中心

为进一步推动工业高质量发展，促进工业转型升级提质增效，东兴市在新形势下制定了《东兴市工业发展规划（2018—2020 年）》，工业规模进一步扩大，结构明显优化，形成了食品加工业、红木加工业等特色优势产业集群，工业化与信息化融合不断深化，企业自主创新能力显著增强，工业绿色可持续发展能力全面提升。位于跨境经济合作区核心区域内的东兴边境深加工产业园项目是广西壮族自治区主要领导与全国民营企业 500 强——华立集团在 2018 年第十五届中国 – 东盟博览会期间会晤的重要成果。该项目将充分依托中越边境区位优势和高效、合法、便捷的通关环境，以及中国和东盟“两种资源、两个市场”的优势，探索国际产能合作新模式，为“一带一路”和“两廊一圈”的产业合作提供平台，成为我国企业连接越南、走向东盟的纽带和桥梁。[①] 在此基础上，东兴市可凭借沿边沿海的地理优势，充分利用东兴边境深加工产业园项目的发展和越南低廉的劳动力成本，在跨境经济合作区内规划目标相关产业。

第一，传统产业方面。按照“布局合理、定位准确、功能健全、管理高效”的原则，跨境经济合作区拥有配套产业园区 7 个，主要发展进出口加工、商贸、物流产业。打造国家级出口加工基地跨境经济合作区要充分利用中国的资金、管理、技术优势及越南的劳动力成本、资源成本优势，创新性地在中越双方优势互补的加工制造业上整合产业链。区内重点建设的加工制造业主要包括以下方面：

食品加工产业。以东兴市江平产业园、冲榄工业园为主，主要生产加工海洋食品、坚果、水果、粮油、金花茶等特殊产品。东兴一些企业不仅有国内领先的加工业技术和自主知识产权，也有一些企业规模较大，品牌价值较高，具备较强的市场开拓能力。加快实施果类（水果、

① 《广西东兴边境深加工产业园项目开工建设》，人民网，2020 年 1 月 6 日，gx.people.com.cn/n2/2020/0106/c338007−33692202.html.

坚果）加工强链计划，鼓励中国企业充分利用跨境经济合作区建立后水果进口指定口岸优势，发展水果精深加工，开发果脯、浓缩果汁等产品，同时充分利用果类加工设备和技术，积极开发蘑菇、芋头、土豆等蔬菜类产品精深加工；加快实施海产品加工强链计划，充分利用北部湾国际海产品市场与越南芒街隔河相望的地理优势，推动海产品加工横向发展，鼓励中越企业充分利用海产品加工的设备和技术，积极发展肉类食品深加工。跨境经济合作区可引进海产品加工设备制造企业，引进海产品加工下脚料综合利用项目，打造海产品加工循环经济。东兴可推动放宽互市贸易中对“第三国”原材料限制，允许越南商品享受边民互市贸易税收优惠政策，推动放宽边境互市贸易商品类别，修订负面清单，扩大落地加工试点商品品种。

红木加工产业。自 2013 年起，东盟国家几乎都实施了红木原材出口禁令，尤其是高端红木生产。东兴市主要配套园区之一的松柏产业园重点发展以红木家具为主的高端家具加工展示，2018 年起已开工建设红木文化产业园。目前东兴市红木相关产业企业拥有“佳煊”“陈园”“南森”“家家鸿”“永丰”“小宁”“观福”等知名品牌，加工品种有酸枝、黄花梨、黑檀、鸡翅、草花梨、红檀、乌木、香樟、沉香等优质木材几十种。跨境经济合作区可利用两地合作优势，积极推动越南红木交易集散中心向芒街转移，加快红木保税仓、红木加工基地和商品展示交易中心等项目建设，实现红木产业产品加工、保税、物流配送及线上线下销售全产业链发展。中方可将红木家具和半成品交易中心北移至中国东兴 - 越南芒街跨境经济合作区内，降低原材料采购成本，以原材料交易促进红木产业链发展。解决东兴本土红木加工厂用红木材料的问题，提供红木原木材保障；营造良好的市场环境，加快建设红木家具和半成品交易基地，集聚越南红木原木材料，吸引外地红木企业来东兴市采购红木原材料和名优实木；协调海关、检验检疫、边防等部门，支持红木通关便利化；东兴市红木加工企业可利用跨境经济合作区优越条件，聘请越南熟练的加工劳动力，对红木进行深加工、精加工，提升高级红木加工质量，降低劳动力成本。红木企业可依靠东兴边贸优势和跨境经济合作优势，降低生产经营成本。

粮油产业。目前防城港市粮油加工企业根据市场的需求和企业发展的需要，开工建设了一批粮油产业项目，特别是在2018年，嘉里粮油、澳加粮油、大海粮油、惠禹粮油等公司积极主动推进产业升级技术改造、培育新动能的项目建设，总投资约4亿元。中国东兴－越南芒街跨境经济合作区海关应借助防城港市在粮油产业方面的优势，进一步结合相关优惠政策、关税制度等，争取减免关税，获得价格优势。此外，粮油产业主要布局可设立在冲槛物流园，以简化优化签证程序，做到“多证合一”，充分释放原产地政策红利。

面向东盟等国际市场的轻纺服装、机电、电子信息等进出口加工业。中越双方企业可以根据发展需求，选择在中越双方园区布局产业链上的不同环节，从而进一步发挥政策和区域集成优势，达到“1+1 > 2”的发展倍增效果。例如，纺织服装企业可以把棉花纺纱的环节放在越南园区，利用越南低电价等优势，而把服装的设计、销售推广、生产加工等放在中方园区，最大限度地利用跨境合作的优势。

第二，新兴产业方面。跨境经济合作区应该倾力打造高精尖产业格局，重点围绕广西和越南优势资源产业发展总部经济，加快实施工业产业转型升级，做大做强做优产业龙头企业，加快重大工业项目新型产业的建设，形成一批具有核心技术的龙头企业；应会同东兴试验区管委会、市科技局、市商务局等部门，研究编制《中越东兴－芒街跨境合作区高精尖产业登记指导目录》，借力防城港市国际医学开放试验区的新平台，制订出台跨境经济合作区生物医药、化学医药、医疗器械研发等产业发展行动计划和方案，以正面清单形式服务高精尖企业快速注册，进一步优化跨境经济合作区高精尖产业的发展环境。跨境经济合作区应招引储备一批重大产业项目，围绕纺织服装、电子机械、新能源等重点规划产业，引进一批行业地位突出、技术领先、带动力强的龙头项目，以高质量发展思路为引领，推进产业转型升级，促进跨境经济合作区形成总部企业集聚、科技含量提升、先进制造业发展、功能配套齐全、辐射带动能力强的经济发展格局，建成先进制造业总部聚集区。

第三，绿色产业方面。发展绿色产业，建设生态文明，既是污染防治攻坚战的有力支撑，也是实现可持续发展的重要内容。2019年3月，七部门印发《绿色产业指导目录（2019 年版）》，旨在引导资金、政策，推动绿色发展战略中最重要、最紧迫的产业，为打赢污染防治攻坚战、建设美丽中国奠定坚实的产业基础。

当前，衔接“一带一路”的国际陆海贸易新通道正在加速建设，绿色发展也正成为临海大工业的“生命线”，陆海新通道的建设让防城港连接西南和东盟的区位优势更加凸显。根据国家重大战略部署，跨境经济合作区应把一批低端产能转移项目、非产业链前后端项目从项目库中剔除，不引进低端冶炼、化工等项目，从源头避免以牺牲环境为代价换取经济效益。同时，跨境经济合作区应坚决落实绿色发展理念，力促产业生态化、生态产业化，加快以创建绿色工厂、绿色园区为主的工业绿色制造体系建设，全面推动临海工业与生态环境比翼齐飞。发展绿色产业不仅对中西部地区绿色经济发展具有示范引领作用，也对积极响应联合国可持续发展 2030 年议程具有“中国生态文明的世界展示窗口”的意义。

（三）沿边现代化物流集散中心

跨境经济合作区中方园区所在的防城港市不仅是中国－中南半岛经济走廊的门户城市，也是广西面向东盟国际大通道的重要节点，因其公路、铁路、港口、航空等条件优越，还是中国和东盟国家唯一的海陆相连的口岸城市。凭借自身特殊的地理优势和枢纽优势，跨境经济合作区可加快建设集海陆联运、转运、仓储、配运、信息服务等为一体的国际快递投递中心平台。东兴口岸国际物流中心以推进国际物流基地建设为核心，以多式联运、冷链物流、大宗商品交易为重点，建设城市共配中心、智能云仓中心、集运分拨中心、供应链管理及金融服务中心、交易展示中心、办公及配套服务中心等为一体的智慧生态型综合物流港，实现园区内上下游产业嵌合、联动、集群发展。一方面，培育一批物流示范性企业，带动跨境经济合作区物流产业发展，构建完善的跨国物流联动网络，降低仓储及运输成本，并缓解周边地区的就业压力；另一方面，立足广西，面向全国在发展边贸物流的同时打通与内陆腹地和防城港的连接，建设西南粮油通道和储备基地，承担内陆客运和高端货物中转功能。

第一，建成港口经济聚集和资源配置中心。2020 年，广西防城港市港口货物吞吐量 12182 万吨，同比增长 20.1%。[①] 相比之下，虽然越南港口数量众多，但主要港口不超过 17 个，其中核心港口位于南北两侧，中部海岸线的港口整体规模较小。防城港作为我国西南地区及东南亚地区领先的港口经济区，毗邻越南北部广宁港等重要港口，具备整合北部湾港口与越南北部及中部港口资源的潜力。在此基础上，以中国东兴－越南芒街跨境经济合作区建设为契机，强化港口枢纽门户功能，搭建中越“港口与海洋经济聚集区”，积极争取作为发起方组建以互利共赢、共同发展为目标的国际港口联盟，整合各类资源，在“一带一路”框架下构建常态化交流合作机制与合作服务网络，进一步提升中国和越南港口的综合竞争力。

第二，进一步推进东兴、芒街两地港口资源深度合作。东兴市将成为防城港加强海洋经济战略向西推进的重要据点，两座城市将在航线资源、矿产资源、油气资源、农产品贸易等领域实现有潜力的开发与合作。这不仅有助于提升广西北部湾港口的发展潜力，更有利于越南大力发展北部及中部港口群，缓解南部港口群发展速度平缓带来的压力。广西防城港区打造“海洋经济服务业总部聚集区”应注重以下方面：一方面促进防城港区加速实现临港经济现代服务业聚集，引进国内外先进的港航服务企业总部落户，发挥航运指挥中心的作用；另一方面以越南为跳板，辐射马来西亚、泰国等东盟国家地区，争取海洋经济企业的总部资源和航运服务业形成一批高端要素的聚集。

第三，建成东兴口岸智慧信息化物流中心。中国物流与采购联合会的数据显示，2013—2018 年，中国社会物流总额不断递增，2019—2020 年，中国社会物流需求增速持续放缓。2020 年全年，全国社会物

① 广西防城港市政府门户网站：《2020 年防城港市国民经济和社会发展统计公报》，2021-04-06，http://www.fcgs.gov.cn/xxgk/jcxxgk/tjxx/ndtjgb/202104/t20210406_195611.html.

流总额为300.1万亿元。[①] 物流业发展所需成本较高，仓储、管理成本的提升，物流节点存在的低效率等问题亟待解决。

信息技术的高速发展能够提升各产业的整体运行效率，特别是数字技术的发展，能够降低供需双方的对接成本，实现了物流园区多种物流服务的高效融合。跨境经济合作区应实现以"规模化物流园区综合体+高端化综合物流服务"为基础，形成服务于物流产业链各环节的生态型平台。"智能化仓储物流"通过供应链服务平台，让上下游各参与主体信息共享和资源整合，实现全链路优化、全流程监控。物流园区内应利用大数据信息，整合仓、配、运等物流运营数据与制造、商贸、电商企业资源大数据，使得智慧物流园区数据、信息和知识实现低成本共享以支持协同决策，实现园区资源高效率精准匹配，实现货品、终端、设备、流程和运营管理的标准化，为物流产业链相关企业提供精准的运营服务、配套的增值服务。[②]

第四，建成面向内陆腹地的物流储备和中转中心。目前，广西地区交通网络发展已经较为成熟，初步成为连接我国沿海和西南地区的区域性交通枢纽。陆海两大主干线实现常态化运行，海铁联运、跨境公路、跨境铁路运输等多式联运线路也已开通。根据《广西铁路建设"十三五"规划》和《"十三五"广西高速公路规划》，广西壮族自治区人民政府将扩建防城港—钦州—南宁段高速公路，加建连接中南、西南、华南方向的高速公路，进一步提升了与内陆地区的运输中转能力。根据广西新闻网报道，预计2023年将建成防城至东兴铁路（总长46.897千米，设计时速200千米）。目前，全线站前工程建设进度已经超过80%。建成运营后，防城港至东兴将结束无铁路交通的历史，两地运输时间将从目前的90分钟缩短至20分钟。[③]

① 中国物流与采购联合会：《2020年物流运行情况分析》，2021-02-23，http://www.chinawuliu.com.cn/lhhzq/202102/23/541764.shtml.

② 刘大成：《智慧物流园区 更需全产业链生态智慧》，光明思想理论网，2019-03-26，https://theory.gmw.cn/2019-03/26/content_32678693.htm.

③ 广西新闻网：《90分钟缩短至20分钟 防东铁路预计2023年竣工通车》，2022-03-27，news.gxnews.com..cn/staticpages/20220327/hewgx623fbf40-20694513-2.shtml.

在水路方面，防城港目前通过穿巴航线与钦州港区、北海港区连接，并开通了两广集装箱班轮航线。广西到珠江三角地区航线是北部湾港物流版块“散改集”项目的重点直航航线，依托北部湾港的整体资源优势和区位优势，不断延伸两广港口物流链，辐射华南、西南腹地，建立健全区域物流网络。同时，北部湾现规划以南宁、玉林、桂林、营口、广东、江苏等国内无水港为平台，逐渐形成内陆物流中心网络商圈。

未来，广西可建设以中国东兴－越南芒街跨境经济合作区为中心、依托北部湾地区通往华南、中南和西南地区的集疏运系统；建设联运工程，为大型综合物流园区设立专用铁路运输线；创新联运组织模式，发挥铁路干线运输优势；简化运输程序，实现一站托运、一次收费、一单到底，强化各环节对接，推动联运体系高效运行；以广西北部湾为枢纽，以南向物流通道为桥梁，加快区域物流一体化进程，深化区域经济交流合作，助力形成内陆开放新格局。

第五，建成面向东盟的东兴口岸国际物流中心。早在2006年，《广西北部湾经济区发展规划》就对北部湾经济区的港口物流提出了明确的功能定位，即重要国际区域经济合作区，“打造泛北部湾海上通道和港口物流中心”，“加快构建沿海和城市保税物流体系”。[①] 自规划实施以来，北部湾经济区现代化港口群建设已初具规模，沿海和城市保税物流体系逐步完善，港口物流加快发展，资源配置向高效化方向推进，该地区的重要作用日益显现。

近年来，防城港码头公司以“散货＋集装箱”的运营管理模式为引擎，挖掘潜在资源，充分发挥铁路、港口资源等优势组织货源，“散改集”各项业务持续向好。同时，防城港码头公司打好业务固老拓新的“组合拳”，先后成功开发了广西盛隆冶金有限公司、广西金川有色金属有限公司、广西双首能源科技有限公司等客户的“散改集”业务；积极培育金属矿石集散交易市场，不断升级港内有色金属矿配套场地，集装箱进口有色金属矿快速增长；在积极融入西部陆海新通道建设中释放防城港

① 人民日报：《解读〈广西北部湾经济区发展规划〉八大关键词》，中央政府门户网站，2008-02-28，http://www.gov.cn/ztzl/2008-02/28/content_903754.htm.

的强劲信号，成功拿下了中谷、安通等内贸班轮公司云南方向的海铁联运箱经防城港中转等多项业务，为跨境经济合作区物流产业布局打下了良好的基础。

此外，2018 年 11 月，原中新“南向通道”正式更名为“国际陆海贸易新通道”。国际陆海贸易新通道从重庆铁路口岸出发，经广西钦州港，海运至新加坡等东盟各港口，进而连通国际海运网，比东部航线节约 10 天左右，已成为西部地区便捷的出海通道。这意味着中国与东盟互联互通建设的地域范围更加广阔。东兴未来可充分利用北部湾物流枢纽建设基础，发挥“国际陆海贸易新通道”资源和优势，合理规划运输方式，构筑海陆空一体化交通运输体系。广西应大力建设北部湾地区通往东盟的集疏运系统，充分利用防城港至东兴等公路与越南相连，共建“中国 – 东盟智慧生鲜供应链生态圈”，建立南向通道多式联运体系，推进中国 – 东盟跨境联运常态化运营。

二、创新跨境金融机制，推动沿边地区金融改革

2013 年 11 月 21 日，《云南省广西壮族自治区沿边金融综合改革试验区总体方案》印发。2014 年 4 月，《广西壮族自治区沿边金融综合改革试验区个人跨境贸易人民币业务管理办法》出台，试验区扩大至 6 个沿边城市。

随着中越进出口货物贸易和相互投资的迅速增长，2020 年，中国对越南的进出口贸易额约为 1923 亿美元，创历史新高。[①] 中越双方国际贸易结算和金融产品的需求都十分巨大，东兴应该以此为契机打造金融交易中心。

而东兴从 2012 年成为首批国家级开发试验区至今，沿边金融改革已经取得了卓越成就：联合多家银行建立东盟货币服务平台，积极探索人民币对越南盾的价格发现机制；建立人民币 – 越南盾现钞兑换的特许机制。跨境经济合作区可以充分利用自身在金融改革上的优势，打造跨

① 资料来源：联合国商品贸易数据库（UN Comtrade）。

境金融管理创新试验区，成为沿边跨境金融交易中心。

（一）推动经常账户和资本账户自由兑换

在跨境经济合作区内的企业可开设自由贸易账户，降低传统企业人民币账户和外汇账户之间结售汇时面临外管局审批核准的门槛。自由贸易账户实现本外币一体化账户，企业结售汇审核从事前监管转向事中事后监管。企业能自由选择贷款利率和结售汇汇率，利用账户开展各类本外币的境外融资等业务，利用闲置资金进行汇率掉期交易、购买理财产品等。该形式一方面可为企业节约办理业务成本、提高资金运作效率；另一方面有助于增加全国范围内自由贸易账户使用的活跃度，推动利率定价机制、货币市场功能等方面的完善，促进自由贸易账户功能的纵深发展，如银行针对自由贸易账户推出更多具有吸引力、回报率更高的产品，实质性深入推进人民币账户的自由兑换，助力人民币跨境流动。

（二）促进跨境投融资业务发展

资金融通是“一带一路”建设的重要支撑。广西地处中越边境，贸易往来频繁，与东盟国家跨境结算量大；同时，广西已步入建设面向东盟金融开放门户的实施阶段，应当借助此机会，发展服务实体经济、防控金融风险、深化金融改革，积极探索金融创新，深化开放合作，加大金融服务实体经济力度。

加快跨境经济合作区内离岸金融市场建设。如建设离岸资金市场为外汇、货币和资本交易提供场所，建设离岸中间服务市场并提供交易支付、保兑、结算代理等业务，建设离岸风险管理市场为交易者提供外汇远期、掉期合约等衍生工具进行风险管理。跨境经济合作区应积极利用地方税收优惠政策管理权限，依法制定离岸金融政策的相关法规，扶持离岸金融业务；对从事离岸金融业务的金融企业，可减征公司所得税、免征印花税、增值税等，免缴各种准备金。跨境经济合作区还应积极争取更多离岸金融机构入驻，以吸引各国银行设立离岸银行机构。支持跨境经济合作区内离岸金融业务的开展，既要注重引入已开展离岸金融业务的国内金融机构，又要积极鼓励国际银行机构入驻跨境经济合作区开展各项离岸金融业务。跨境经济合作区可以政府推动为主，先在跨境经济合作区内实现初始阶段离岸金融建设，针对非中越国民开展银行存贷业务，助力离岸贸易业务的发展。待人民币汇率形成机制进一步完善，再将离岸金融业务范围逐步渗透至中国国民及非国民的交易，放松人民币交易限制，并逐步扩展到离岸债券、离岸基金、离岸保险、离岸期货期权等业务中去。

（三）助力人民币国际化的重要践行

随着人民币被纳入特别提款权（SDR）货币篮子，人民币在国际贸易中作为储备货币、结算货币和交易货币的职能进一步凸显。目前，中国已与韩国、泰国、印度尼西亚、土耳其、乌克兰等国签订了《货币互换协定》（又称《货币互换协议》）。随着中越双边贸易额的不断增大，产能合作逐步深化，中越应进一步深化双边货币合作。通过签署创新性的中越双边《货币互换协定》，越南央行可通过人民币向越南商业银行和企业提供人民币融资，越南企业可以直接以人民币从中国进口商品或在跨境经济合作区内直接投资，来规避以往使用美元交易造成的汇率风险，同时降低汇兑费用。在人民币实现完全自由兑换之前，推进与包括越南在内的更多国家的货币互换，有助于人民币在境外扩大价值尺度、支付手段、结算手段、价值储备等国际货币功能，促进人民币从地区硬通货到全球范围内的硬通货，为人民币国际化打下重要基础。

三、创新中越对话机制，实现双边跨境合作共赢

（一）中越元首政要高层次对话新渠道

拓宽中越元首政要高层次对话渠道可以跨境经济合作区建设为契机，着力建立国家战略合作、经济政策协调、人文交流等方面的对话磋商机制，促进中越元首、政要高层次、多渠道对话，为深化两国全面战略合作注入新的强劲动力。以推动中越关系健康稳定发展为目标，针对中越双方关注的战略性核心问题和规划开展高质量的沟通和协调。以元首政要高层次对话和会晤为平台，深化中越两国的政治互信，向

中越国民和国际社会释放中越友好关系信号，提高政治预期稳定性。通过建立跨境贸易双方定期会晤机制、利用双边政府间定期磋商等，加大贸易主体交流频率，合理倾听对方诉求，充分发挥政府的作用，共同研究解决跨境贸易中存在的问题。以“十六字”方针和“四好”精神为指引，以跨境经济合作区为两国高层次对话新渠道，和衷共济，密切交往，全面推进“一带一路”和“两廊一圈”倡议的建设和对接，促进区域互联互通和可持续发展，加强团结互信，推动务实合作，实现互利共赢。

（二）跨境产学研创新交流平台与科技创新合作孵化平台

建设中越跨境产学研创新交流平台。加强研究人才的交流合作，构建跨境经济合作区创新发展的智力支撑体系。积极推动中越成立跨境经济合作区联合专家组，以项目为导向、以方案为抓手、以跨境经济合作区规划为落脚点，共同研究跨境经济合作区创新发展的产业、科技、财税、金融等政策，为跨境经济合作区创新发展“把舵引航”。中越企业间通过平台进行技术升级，中方在互联网、大数据技术方面和越南进行合作，促进其电子商务和跨境电商产业的发展，在可再生资源、现代农业、智能制造业等多个领域进行交流合作。

建设中越跨境科技创新合作孵化平台。鼓励校地合作联合建设国家级或跨国大学科技园，支持围绕跨境经济合作区重点发展产业建设一批创业创新孵化器，引进高水平合作研发机构。积极引导跨境经济合作区创建“双创空间”，打造“从源头创新到技术开发、再到成果转化、最后到新兴产业”的完整链条。以制度创新促进人才、资本、信息、技术等创新要素跨境流动和区域融通，探索企业主导、院校协作、多元投资、成果分享的跨境产学研合作模式。依托广东、广西聚集的优质高校资源和先进科研院所，推动知识创新和技术研发成果的产业孵化及应用。利用大型科技龙头企业和互联网平台公司的创新传递效应，创建一个全面的综合的创业生态体系型和产业链服务型的企业众创空间，促进各类企业协同创新。

（三）中国－东盟国际人才交流合作中心

建设中国－东盟教育合作和人文交流平台。目前，越南采取了以下四类措施来推动和促进高校科研改革：加大教育和科研资金投入，改善高校科研条件；鼓励高校与国内外高校、科研机构、企业集团合作开发新技术，提高理论转化率；提升对高校教师的专业素养，提供多方面的专业培训，包括与国内外大学进行联合培训；鼓励国内外大学之间的交流合作，联合培养高质量研究生、博士生，以提升高校研究生教育水平，从而进一步提升高校的科研水平。

在此新形势下，应以跨境经济合作区建设为平台，提升中国－东盟留学教育合作规模，集中培养跨境经济合作区创新发展所需的各方面人才。自“育才校区”在20世纪50年代初建立，至2019年，广西已有18所院校与越南各高校建立了稳定的教育合作关系，充分发挥当前合作基础，合理利用跨境经济合作区周边各省市高校资源，或采用中越共建的形式，在跨境经济合作区搭建高等院校或相关产业研究所等国际学习交流平台，提供中国－东盟师生留学交流项目，实现跨境经济合作区国际化人才的培养和输送。针对中国－东盟高端新兴产业发展的需要，培养“互联网+”协同制造、电子商务、文化创意等战略性新兴产业急缺的创意型人才和创业型人才；针对地方政府对外合作的需要，培养熟悉国家和省、市有关政策和战略布局前沿的领导干部，培养熟悉通关、物流、投资、贸易等领域的综合性协调人才和熟悉公路、铁路、航线等大交通的综合型管理人才。中国－东盟国际人才交流合作中心应联合中国东兴－越南芒街跨境经济合作区和周边已批复设立的其他中国与东盟国家试验区共同举办重点开发开放试验区发展论坛，将其作为试验区创新发展经验交流和咨询的平台，并对试验区先行先试项目进行风险评估，为试验区创新发展营造良好的舆论氛围，并提供智力支持。

建设中国－东盟边贸人力资源交流合作中心。积极争取国家和广西壮族自治区支持建设中国－东盟国际人力资源市场，与国内外各种人才储备平台建立战略合作关系，鼓励知名人力资源企业、行业协会在跨境经济合作区开展人才交流合作。在人力资源领域合作与发展方面的主要措施包括：一是重视并加强引进具有外派劳务能力的人力资源服务机构；二是为国内企业拓展海外人力资源服务；三是引进国内外知名人力资源企业；四是建立交流合作机制，为国内外人力资源服务机构提供平台。

积极推进人力资源管理、产品研发等领域服务外包人才基地建设，构建面向东盟、具有影响力的人才、项目、技术国际交流平台。加强与泛北部湾各城市人才的交流与合作，吸引、集聚国内外各类人才到跨境经济合作区创业创新。加强与国内外著名猎头公司和人才开发机构密切合作，建立人才服务平台，以市场化方式在全球范围内发掘和招揽人才，系统提供人才引进、认证、测评、培训、孵化及人才派遣与人力资源外包等各项服务。基于广西特殊的战略地位，可努力将其打造成全国第一个具有国际意义的跨境人才中心，为广西乃至中国和东盟国家提供更加现代化、市场化、高效化的人力资源交流服务平台。

四、创新双边合作机制，探索完善国际经贸规则

国际规则创新的独特机制包括以国际组织为依托的多边机制，以大国俱乐部为中心的多边机制，以区域贸易协定为主体的区域机制，大国与大国的双边机制，以大国政府为主导的单边机制和以非政府组织（NGO）为主导的其他机制。市场规模、市场开放程度、国际竞争力（技术优势）、协调国际经济能力、区域经济合作参与度和政治与军事霸权等因素对国家的创新国际规则具有决定性的影响。

中国东兴－越南芒街跨境经济合作区既沿边接壤越南国土，又沿海作为对接东盟市场的门户，自身具备十分优越的区位优势。该跨境经济合作区应充分利用其独特的地理区位优势和通道枢纽优势，借助双边谈判，对接双边制度，对标国际规则，着力探索国际经贸合作新模式，致力发展成为国家海陆贸易新通道的航运枢纽、国际大宗物资集散地、跨境金融业务创新试验区及国家离岸贸易试验区。

借助双边谈判创新国际规则。当前，多边贸易体制谈判难以突破，

欧美等发达国家在新一轮的国际规则制定中依然占据主动。各国纷纷转向区域自贸等双边谈判，并借助双边谈判引领新一轮国际经济规则的调整与创新。同时，相较于欧美等国倡导的绕开多边贸易体制、占领新一轮国际经济规则制定的制高点的贸易协定，中国等新兴国家的战略重点是谋求维护本国利益、谋求参与国际经济合作和国际规则制定。

跨境经济合作区作为我国进入新常态后全力打造开放型经济“升级版”的重要举措，在双方涉足谈判时，一方面要充分尊重中国和越南的发展现状，制定适于双方发展的规则；另一方面也要积极借鉴西方发达国家参与国际规则制定的经验，引领潮流。比如，可就优惠税收、海关特殊监管、简化通关等进行谈判并创新国际规则，营造以贸易自由便利化为主要目的、符合国际惯例、内外投资均具有国际竞争力的国际商业环境。

对接双边制度创新国际规则。欧美等发达国家借助《全面与进步跨太平洋伙伴关系协定》（CPTPP）、《美墨加协定》（USMCA）等超区域贸易协定，优先抢占了新一轮国际规则调整与创新的机会。中国的自贸区战略应当超越经贸条款谈判的限制，注重国际规则的创新，在新一轮的国际规则制定中，积极保护新兴市场国家和广大发展中国家的利益。同时，中国还应当抓住新一轮国际经济规则调整与创新的机会，积极利用自贸区建设的平台，提出建设性意见。因此，跨境经济合作区应积极对接双边制度，基于其原产地认证、跨境劳务合作、税收优惠一体化、跨境产业链布局等核心政策体系，[①] 在经济、政治、文化、宗教、环境、卫生、安全、反恐等领域进行制度创新。

对标国际规则创新国际规则。在推进自贸区战略的过程中，中国需要统筹国际国内规则，注重国内规则国际化，建立和维护有利于中国发展的国际经济环境。改革开放以来，中国逐步深入参与国际体系，在参与制定国际规则方面，出现了认为中国参与国际体系是阶段性的、能

① 防城港市人民政府办公室：《关于建立推进中国东兴－越南芒街跨境经济合作区东兴园区与东兴市政区协同发展联动工作机制的实施意见》，广西防城港市人民政府门户网站，2020-02-11，http://www.fcgs.gov.cn/xxgk/jcxxgk/gzdt/gclsygqk/202002/t20200211_94609.html.

力不足的和“避免麻烦论”等观点，这些言论折射出中国对国际规则的制定鲜有贡献。中国为尽快取得发展成效，过度看重国外市场，接受国际规则，并借助国际规则，反向推动国内改革，增强发展动力。这表示，当前的国际规则存在着大量与中国国内发展不相符的规则。如今，中国的改革开放进入了新的阶段，中国已经成为世界第二大经济体和世界第一大进出口贸易国。中国有能力也有必要积极参与国际规则制定。

跨境经济合作区可作为中国参与国际规则制定的重要窗口和平台，在促进双边谈判、建立双边制度的基础上，对标国际规则，以达到整体适应的规则创新。在 2017 年 11 月中越两国领导人会谈上，双方同意加强在联合国、世界贸易组织、亚太经合组织、亚欧会议、中国－东盟、澜沧江－湄公河合作等国际和地区框架内的配合。此类对接举措可为推动亚太区域经济一体化、促进地区发展繁荣作出积极贡献。

（一）创新中越贸易（原产地证书）政策的发力点

越南经过 20 年的国际经济一体化进程，签订了各项双边及区域性自由贸易协定，落实了一系列关税减免措施，极大地促进了商品货物贸易的便利性，提高了自身经济的开放度。越南财政部国际合作司的数据显示，截至 2019 年 12 月 23 日，越南已参加或正在谈判的自由贸易协定共有 20 项。[①] 其主要包括东盟自由贸易协定、作为东盟成员国对外集体签订的自由贸易协定（合作对象包括中国、韩国、澳大利亚、新西兰、印度、智利和日本）、越南－韩国自由贸易协定、越南－欧亚经济联盟自由贸易协定、越南－欧盟自由贸易协定、全面与进步跨太平洋伙伴关系协定等。在越南对外贸易总额中，与自由贸易协定合作伙伴开展的贸易额占比高达 60%，其中出口额占比与进口额占比分别为 50% 和 70%。同时，越南在各项自由贸易协定中实施的原产地规则基本比较灵活，若我国企业能利用跨境经济合作区政策对越南签订的自由贸易协定中的原产地规则和相应的关税优惠加以利用，将有助于我国企业选择更

① 越南通讯社：《越南参加的自由贸易协定共有 20 项》，越南中国商会，2019-12，http://vietchina.org/ssxw/12217.html.

合适和更有益的优惠。

目前与我国签订了自由贸易协定的成员之间实施的区域性优惠原产地证（如亚太贸易协定原产地证、中国－东盟自由贸易区原产地证）已大大降低我国进出口商在贸易过程中的税率，为协定成员国之间带来了更多的贸易机会和经济效益。在此基础上，跨境经济合作区应进一步创新原产地证书政策，跨境经济合作区内中越双方企业可以自由申领双方原产地证书，越南企业可以充分利用中国与东盟、巴基斯坦、智利、新西兰、秘鲁、孟加拉国、印度、韩国、斯里兰卡等国签订的自由贸易协定，享受与这些国家之间贸易的优惠税率；中方企业更可以利用越南签订的东盟自由贸易协定、全面与进步跨太平洋伙伴关系协定、越南－欧盟自由贸易协定等优势，享受参与这些大型区域性自由贸易协定的优惠贸易政策。

（二）实现中越共同开拓第三方市场的新支点

尽管越南近年来已跃升为亚洲增长最快的经济体，但越南普遍认为，与中国相比，越南的经济实力仍有较大差距。越南担忧跨境经济合作区建成之后，中国低附加值、劳动密集型产品将大量输入越南，将对越南同类型产业造成冲击，导致国内民族企业相互压价、无序竞争，从而破坏市场秩序、加大就业压力，最终使得越南经济受制于中国。为避免同质化竞争，实现中越双方共赢发展，中越可针对劳动密集型产业投资和产品贸易共同开拓第三方市场。一方面，中国在装备制造、融资渠道、营销网络等方面经验丰富；另一方面，越南在人力资源、自然资源成本方面优势明显。双方可以三方共赢为前提，以商业原则为基础共同开拓发展，实现劳动密集型产业往第三方市场投资、劳动密集型产品往第三方市场销售；通过发挥各自在市场、资金、技术、管理的优势，在充分尊重项目所在国意愿的前提下，追求高质量、绿色可持续的高水平合作，共同构建互利多赢的第三方市场合作格局，继续深化和完善中越经贸关系的优化升级。

（三）打造中越服务业与制造业齐头并进的试验田

跨境经济合作区，应努力提高工业生产能力，利用先进的科学技术、高效的经营管理来提高劳动生产率，走集约型经济发展道路；要大力发展传统的红木、农产品、海产品、坚果等加工业，引导和支持具有潜在优势的高新技术产业和外贸物流等服务业，将潜在优势转化成现实优势，最终实现产业结构的优化，形成服务业与制造业共同发展的模式。

第一产业要充分利用广西北部湾经济合作区丰富的农、林、海洋等自然资源，积极采用现代技术和组织方式，提高农业劳动生产率，增加农产品附加值，创新生产经营方式，加快生态环境建设；第二产业要坚持走新型工业化道路，以信息化带动工业化，以工业化促进信息化，形成良性循环，依托北部湾跨境经济合作区的地理优势和资源，大力发展海洋工业，加快海洋资源的勘查与开发，着力建设临海重化工业基地，加快沿海重大工业项目建设；第三产业要创新和发展现代服务业，提高生产性服务业比重，基于传统的第三产业，以科教文、医疗科研等优势为依托，以信息化为驱动，构建物流、科教文贸、会展旅游、信息服务、金融保险等多种产业，布局集中、专业特色、品牌效应优势明显的第三产业集群。①

此外，自由贸易试验区应接轨我国“探索建设自由贸易港，推动形成全面开放新格局”的战略尝试，充分利用跨境经济合作区海港枢纽优势，探索离岸贸易区建设。跨境经济合作区要对进出口货物实行重点类型、重点货物的抽检制度。跨境经济合作区要开展离岸贸易，为中国转口贸易和全球货物集散提供基础，提升防城港国际转口贸易份额，优化贸易结构，促进贸易转型升级，带动国际航运、国际物流、港口建设等方面的投资。在此基础上，跨境经济合作区要进一步推动跨境电商等高端服务业的开放和发展，拓展与离岸交易有关的商品服务。

① 张协奎、林剑、陈伟清、安晓明、韦玮、张泽丰：《广西北部湾经济区城市群可持续发展对策研究》，载《中国软科学》2009 年第 5 期。

第四部分

中国东兴—越南芒街跨境经济合作区的政策体系

第七章　中国东兴-越南芒街跨境经济合作区的政策理论

跨境经济合作区的建设不仅是国家重要的战略需求，也是沿边开放的重要平台。本章结合中越跨境经济合作区案例，提出跨境经济合作区建设的一般政策理论：跨境经济合作区建设需综合考虑各方政策（接轨与重构国际规则、对接与创新国内政策、沟通与协调中越政策、完善与提升园区管理），为促进跨境经济合作区建设、创新跨境经济合作区发展提供了重要的政策发展方向和理论指导。

一、接轨与重构国际规则

（一）完善负面清单制度，实现投资便利化

一是对接国际高标准负面清单，细化负面清单立法体制。目前自贸试验区的负面清单仍然存在覆盖面不足的情况，因此仍需不断推动消除外资准入壁垒，主要原因在于：首先，我国现今负面清单中所涉及的主要义务远达不到国际协定所要求的；其次，负面清单的例外条例过于宽泛，且并未作出明确界定；最后，自《外商投资法》出台以来，虽然国内对相关法律的规定正在逐渐完善并对接国际高标准规则，如竞争中立和环境领域，但是投资保护创新性条例仍有待补充完善。

二是落实"准入前国民待遇"+"负面清单"管理制度。应保证跨境投资者享受"准入前国民待遇"，保证区内外企业在投资领域的开业权与开业条件、获得生产要素的条件、经营管理活动中享有的各种待遇、投资者权利保障的待遇保持一致，借以为外商营造透明、便利和可预期的环境，提高行政效能，吸引更多外国投资者来中国投资，激发他们的创新创造活力。

三是灵活处理条款的制定和描述。例如，可以为金融和电信行业设立合理的过渡期；在国家安全、公共秩序和保护弱势群体方面，提供例外措施；在描述中可以适当加入“包括但不限于”“前提是”“在个案的基础上”等非绝对化用语。[①]

四是对负面清单进行分类处理。可以研究借鉴《美墨加协定》附件中的负面清单操作模式，使制度内容更具体化和明晰化。

另外，除了进一步完善跨境经济合作区负面清单制度，简税或简化出入境管理等措施也可以促进投资便利化。简化烦琐程序，提供一站式服务，以加强中越贸易投资便利化，推动商品、资本、服务和技术在两国之间自由无障碍流通，进而实现与“一带一路”经贸合作方向对接这一战略目标。

（二）协调原产地规则，发挥政策优势

目前世界上主要的原产地规则模式分为泛欧模式、北美模式和东盟模式三种。其中，北美模式是标准最严格的模式，以《美墨加协定》为例，其汽车产业和纺织行业的原产地适用标准非常严格，极大地保护了成员国的利益。东盟模式则较为简单，以区域价值成分为主，辅以税则改变等规则，适用性更为广泛，限制性较低。其中，越南在各项自由贸易协定中实施的原产地规则基本比较灵活。若我国企业能通过跨境经济合作区政策加以利用越南签订的自由贸易协定中的原产地规则，这将有助于我国企业选择更合适和更有益的优惠性关税政策。

（三）减少市场准入限制，提高通关效率

联合国《世界投资报告》显示，近年来，各国都为减少市场准入限制和提高通关效率作出了不同程度的努力，中国也为减少市场准入限制作出了巨大贡献。国务院总理李克强对我国放宽市场准入方面作出了重要指示：一是企业开办时间再减少一半；二是项目审批时间再砍掉一半；三是政务服务一网办通；四是企业和群众办事力争只进一扇门；五

① 武芳：《墨西哥负面清单设计特点及借鉴》，载《国际经济合作》2014年第6期。

是最多跑一次；六是凡是没有法律法规规定的证明一律取消。[①]

跨境经济合作区应利用好现有的政策优势，学习和借鉴国际社会减少市场准入限制、促进通关精简化的措施和经验。跨境经济合作区应通过减少市场准入限制，推动口岸经济转型升级，提高口岸通关效率，抓好薄弱环节。首先，要加强与越南沿边省市级口岸合作，积极推动建立中越跨境合作协调机制；实施贸易数据协同、简化和标准化，缓解通关压力；完善两国边境地方政府定期会晤和公安边防三级代表联系机制，推动中越双方口岸部门共同提高口岸通关效率和服务水平。其次，要简化车辆和人员出入境手续，不断提高口岸通关速度和效。加快推进“智慧口岸”建设，完成口岸公共服务平台系统国际贸易“单一窗口”建设，实现保税业务和口岸业务“一单多报”，缩减报关报检时间。[②] 提升通关智能化水平，扩大自助通关比例。最后，要构建接轨国际的贸易监管制度，把中国东兴－越南芒街口岸打造成“两国一检”通关模式试验点，加快推进软硬件设施建设；实施“一线放开”“二线安全高效管住”的通关监管服务模式，以信息化、智能化通关为杠杆，进一步完善国际贸易服务，积极创新监管模式。

（四）实行可持续发展战略，注重环境保护

迄今为止，为推动社会可持续发展，国际国内已出台了诸多环境保护政策。1972 年 5 月 26 日，经济合作与发展组织（OECD）委员会通过了《国际环境政策贸易方面的指导原则》，其中包括污染者付费原则、协调原则、国民待遇和非歧视原则、不允许实行补偿性进口税与出口补贴原则等；中国粤港澳大湾区先后推出了《珠江三角洲地区改革发展规划纲要》《粤澳合作框架协议》《深化粤港澳合作推进大湾区建设框架协议》等环境协议；2018 年 4 月发布的《中共中央国务院关于支持海南全面深化改革开放的指导意见》要求海南实行最严格的生态环境

① 李克强：《企业开办时间再减少一半 项目审批时间再砍掉一半》，每日经济新闻，2018-03-20，http://www.nbd.com.cn/articles/2018-03-20/1200753.html.

② 朱华丽：《全面开放新格局下沿边口岸经济高质量发展路径探析——基于广西东兴口岸的调查》，载《行政与法》2019 年第 7 期。

保护制度，完善生态文明制度体系，构建国土空间开发保护制度，推动形成绿色生产生活方式都体现出中国对于可持续发展的重视。①

跨境经济合作区的发展建设应贯彻资源节约型、环境友好型理念，设置高门槛，限制高耗能、高污染产业入驻园区，严格征收各类资源使用费；改善创新环境友好型政策补偿机制和激励约束机制，持续改进政府的生态补偿调节措施；严格执行排污限额制度，实行排污权有偿使用与交易；对因发展循环经济而节省资源的企业，要给予生态补偿，对科技含量高、有利于可持续发展的，要优先列入计划，集中人力、物力、财力予以支持；以跨境合作为主题，以共赢为战略目标，充分发挥中越两国“两种资源、两个市场”的优势，大力发展跨境加工贸易、跨境金融、跨境旅游及跨境电商等特色领域，实现优势互补，并借助越南，进一步拓展中国与东盟国家的经贸合作，使世界各国人民受益。②

二、对接与创新国内政策

（一）扩大税收优惠范围，增强企业投资吸引力

2010 年，我国与东盟正式建立中国 – 东盟自由贸易区。自贸区建成以来，双方之间的平均关税不断降低。中越跨境经济合作区作为深化中越合作的重要桥梁，国家边贸政策的支持对于境内贸易的飞速发展极为关键。然而近年来，随着中国 – 东盟自由贸易区全面降税，广西边境贸易的优惠政策相比之下失去了原有的力度。其他省份的产品不需要通过广西边境贸易即可享受到较高的税收优惠，这使得现有边贸政策的比较优势明显降低，对广西边境贸易的出口格局产生了较大的影响。在经济全球化日益加深的背景下，区域经济一体化进程快速推进，国内越来越多的自由贸易区、保税港区、综合试验区正逐渐形成，若缺少国家相

① 国务院：《中共中央国务院关于支持海南全面深化改革开放的指导意见》，中华人民共和国国务院官网，2018-04-14，http：//www.gov.cn/zhengce/2018-04/14/content_5282456.htm.

② 苏英明：《中国东兴 – 越南芒街跨境经济合作区可持续发展模式及对策建议》，中国经济时报，2017-05-23，https://lib.cet.com.cn/paper/szb_con/489971.html.

关优惠政策，边境贸易在边境地区经济的支撑作用将受到更为严峻的挑战。此外，随着科学技术的进步和数字化经济的发展，边境地区传统意义上的区位和资源优势将不复存在，政策优势的失利会使边境贸易雪上加霜。

因此，跨境经济合作区需学习国内其他同类园区或先进自贸区的成功范例，创新贸易发展机制，加大减税免税力度，吸引各方企业入驻，降低贸易壁垒，鼓励跨区边境贸易往来。一方面，全面深入落实“境内关外”的优惠政策和“一线放开、二线管理”的监管模式。另一方面，让园区内的企业享受保税、减免税、退税政策，从中方入区的建设物资和自用设备享受退税优惠，从越方入区的建设物资和自用设备享受免税待遇，加大企业所得税优惠。

（二）加大投资优惠力度，创新招商引资渠道和方式

中国东兴－越南芒街跨境合作区连接“两个市场、两种资源”，对企业布局中国－东盟自贸区市场具有独特意义，具备发展区域性总部经济的巨大潜力。目前，跨境经济合作区开发建设已进入关键时期，资金缺口巨大。经测算，东兴跨境经济合作区“1+7”园区基础设施投资约需 380 亿元，其中 9.63 平方千米中心区基础设施和征地搬迁等投资需求近 90 亿元，目前落实资金约 10 亿元，资金缺口近 80 亿元。跨境经济合作区亟须国家相关政策支持，提升投资便利化水平，以更优惠的政策做好招商引资工作。目前，在广西壮族自治区实缴注册资本在 1 亿元及以上或经认定为区域性的企业总部，可给予相应落户奖励；设立了广西东兴国家重点开发开放试验区重点产业直接股权投资资金，支持园区重点产业发展；对新注册设立或从广西区外迁入的企业总部或地区总部经认定后，自取得第一笔生产经营收入所属纳税年度起，第 1 年至第 2 年免征属于地方分享部分的企业所得税，第 3 年至第 5 年减半征收。①

① 广西东兴试验区管委会：《中国东兴－越南芒街跨境经济合作区（中方园区）主要投资政策》，广西东兴国家重点开发开放试验区管委会官方网站，2021-08-17，http://dxsyq.gxzf.gov.cn/bsfw/zsyz_52860/tzhj/t3978949.shtml.

在扩大投资领域开放和加强招商引资方面，跨境经济合作区可依据国际通行规则，借鉴上海、广东等自由贸易试验区可复制可推广试点经验，试行准入前国民待遇加负面清单的外商投资管理模式。同时，提高招商引资强度，优化招商模式，将重点放在跨界劳务合作招商、试验区精准对口招商、边境贸易转型升级招商等多渠道多元化的招商引资推介工作上；推进与越南的合作，营造良好的投资环境，扩大招商引资规模，共同制订招商引资计划，规范市场监管、市场经营和经济主体行为，提高服务质量，营造一个竞争有序、灵活规范的投资环境。

在财政优惠方面，跨境经济合作区的财税政策需要双边有效沟通与协调，同时保持政策的持续性与稳定性，从而为中国东兴－越南芒街跨境经济合作区的招商引资和服务功能的发挥提供制度预期与保障。首先，跨境经济合作区可以充分发挥财税政策的调剂功能，在围绕生产过程产生的费用方面给予一定的抵扣比例，吸引更多相关产业投资；地方政府还可联合大型国有企业、股份公司、金融机构等共同出资，投资跨境经济合作区优先发展的产业和项目。其次，跨境经济合作区可以充分发挥财税资金的引导功能，通过国家、广西壮族自治区和防城港层面给予的优惠政策，吸引商业银行信贷资金，减轻项目负担，推进 PPP（public-private-partnership）模式等。最后，跨境经济合作区可以建立多方跨境合作投资基金，联合周边跨境经济合作区，通过签订相关协议，共同出资组建多方跨境经济合作基金，并对资助资金进行统一分配和管理，以增补潜在的资金缺口。

（三）创新边境监管模式，消除要素流通壁垒

实现贸易便利化、要素自由流通的前提是实现边境程序的精简化、标准化与协调化，通过减少通关环节中机制性和技术性障碍降低贸易成本，加速货物流通和旅客通关。纵观国内，中国（上海）自由贸易试验区按照“一线逐步彻底放开、二线安全高效管住、区内货物自由流动”的要求，实施了监管模式的创新，推进贸易便利化管理制度改革，不断提升贸易服务能力。在货物通关效率方面，中国（广东）自贸试验区已经在南沙片区内创建“大通关”体系，比如“互联网＋易通关”、智检

口岸、智慧海事等通关贸易便利措施。此外，为大力推进贸易便利化，国家外汇管理局于 2012 年实施货物贸易外汇管理制度改革，对进出口企业实施动态分类管理。

跨境经济合作区自建设以来，在贸易便利化和要素自由流通上得到了多项国家重要政策支持，然而目前跨境经济合作区在管理体制、配套设施和通关设计等方面仍存在不足，阻碍了中越两国资源的自由便利流通。跨境经济合作区未来需在政策体系上努力打破多项要素流通壁垒，实现自由便利流通。

（四）营造良好营商环境，保障企业员工合法权益

营商环境是滋养企业发展、创新创业的丰厚土壤，直接影响国家或地区经济发展的质量和速度。中国（上海）自由贸易试验区率先探索建立投资准入前国民待遇和负面清单管理模式，深化行政审批制度改革，加快转变政府职能，全面提升事中、事后监管水平；扩大服务业开放、推进金融领域开放创新，以建设具有国际水准的投资贸易便利、监管高效便捷、法制环境规范的自由贸易试验区，成为中国推进改革和提高开放型经济水平的“开拓者”和“试验田”。跨境经济合作区可在国家统一政策扶持的框架下，借鉴国内成功的自贸区和跨境经济合作区先例，进一步推广和创新营商环境建设体系，扩大招商引资，完善投资、金融、监管制度，优化跨境经济合作区内法制环境，保障园区内企业和个人的合法权益，为跨境经济合作区产业发展提供茁壮成长的肥沃土壤。

（五）创新园区运营管理模式，健全跨境经济合作区服务体系

据《深化东兴重点开发开放试验区和跨境经济合作区管理体制机制改革方案》，跨境经济合作区现实施的是准政府型管理模式。由防城港市人民政府、东兴市人民政府根据事权职责分别承担相应的社会管理和行政管理责任；防城港市成立的东兴跨境经济合作区建设委员会负责跨境经济合作区建设的统筹协调和工作推进；东兴试验区工委、管委会承担跨境经济合作区范围内的规划建设、产业规划、项目推进、招商引资工作，协调跨境经济合作区所在地人民政府处理跨境经济合作区范围

内建设规划、征地拆迁等重大问题；跨境经济合作区范围内的环境卫生、社会治安、教育医疗、城市管理、综合执法等非经济类社会事务按属地管理原则，由所在地人民政府负责。

跨境经济合作区可以借鉴苏州工业园区管理经验，建立亲商服务体系，进一步实行简政放权，坚持政企分开。苏州工业园区管委会属于苏州市人民政府的行政机构，而中新苏州工业园区开发有限公司则是一家中外合资公司，主要负责发展园区基础设施和招商引资。经上级政府授权，苏州工业园区管理委员会根据省、市、区的相关规定，承担区域规划、环境保护、法规制定、投资项目审批、土地管理、人员招聘、出入境审批、税收、公益事业管理、维护社会秩序和稳定等职能。因此对于东兴跨境经济合作区，东兴试验区管委会可以积极发挥其经济、社会职能，加强对企业的管理和服务，尽量减少对企业微观生产经营管理活动的干预。

在政府机构设置问题上，苏州工业园区一方面遵循“小政府一大社会”这一社会主义市场经济体制对政府职能重心转移的客观要求，另一方面坚持了政府机构设置的“精简、统一、效能”原则。苏州工业园区管委会的目标主要是保证国家法律法规的执行，维护经济和社会公共秩序，提供优质高效的公共服务，政府机构不直接参与经营，不包揽社会中介事务。工业园管理委员会的下属单位不需要与市机关直接对应，功能类似的单位可以合并部门办公，而区外的行政机构也不会在园区内分设支部机构，充分体现了“精简、统一、效能”的政府机构设置，极大地提高了政府工作效率。苏州工业园区中新双边三级协调机制也有一定的参考价值。比如，第一层是中新苏州工业园区联合协调理事会，负责开发和协调苏州工业园区建设和积极借鉴新加坡等先进国家和地区的成功经验，开创中外经济互利合作的新模式；第二层面是中新双边合作联合委员会，由苏州市市长和新加坡裕廊镇管理局主席共同主持，苏州市人民政府、苏州工业园区管委会及新加坡有关部门和机构负责人组成，其制度设计是在中新两国轮流开会，双方就园区发展的各项重点项目、新加坡的成功经验交换意见并探讨合作之道，并向理事会双方主席报告工作；第三层面是联络机构，由新加坡贸工部软件项目办公室和苏州工业园区借鉴新加坡经验办公室负责日常联络工作。[①]

同样，跨境经济合作区也应加强与防城港国家级开放平台联系，充分发挥区位优势，与东兴试验区、边境旅游试验区、边民互市贸易区、防城港保税物流中心和国际医学开放试验区等国家级开放平台对接合作，积极推进跨境经济合作区金融、生物医药、现代服务等产业协同发展；全方位建设跨境经济合作区服务体系，优化公共服务品质，提高政府服务效率；中越两国政府也可共同为跨境经济合作区设立发展专项资金，支持特色产业发展，以确保园区内企业获得更好的服务支持。坚持新发展理念，贯彻落实“三大定位”新使命和“五个扎实”新要求，进一步理顺跨境经济合作区管理体制机制，构建精简高效和创新灵活的管理模式，充分发挥防城港市、东兴试验区和跨境经济合作区、东兴市三方的积极性，激发发展活力和动力，推动跨境经济合作区高水平开放、高质量发展。

三、沟通与协调中越政策

（一）加强高新技术投资，优化园区产业结构

越南自 2006 年加入 WTO 以后，经济活力显著增强，2019 年，越南经济保持强劲上升势态，上半年实际 GDP 增速达到 6.8%。同时，越方对于优先建设中国东兴 - 越南芒街跨境经济合作区态度积极，高度重视吸引外资，希望进一步拓宽中国在越南的投资领域，引进附加值高的高新技术投资和环境友好型企业入驻。2019 年，广西成为中国第四批自由贸易区，以“建设西南中南西北出海口、面向东盟的国际陆海贸易新通道”为口号，迎来了政策红利期。因此，加强中越双方政策沟通，就显得尤为重要。

在农产品加工业方面，越南政府于 2019 年提出未来十年越南要进入世界上农业最发达的 15 个国家名单，因此鼓励服务于农林渔业的机

① 杨志蓉、谢章澍：《闽台共建两岸经贸合作平台的思路——苏州工业园区中新共建模式的借鉴与创新》，载《福建论坛（人文社会科学版）》2009 年 12 期。

械设备生产、科学和技术发展研究、高新技术应用、再生能源、清洁能源、废料发电等行业的外商投资。中国在农产品加工业（如茶叶、茴香）方面的投资相对不足，但因中方消费市场庞大，与越方进行良好政策沟通是一个很好的机遇，因此中方应该更加注重与越方农产品加工业的发展，鼓励农产品投资，为越方农产品加工业注入资金，带动加工业的发展，实现供求双方互利共赢。

在高新技术引进问题方面，越南近年来大力扶持高科技产业、资本密集型项目的发展，以优惠政策吸引高科技企业入驻。为了鼓励外商投资高新技术行业，2015 年 7 月，越南出台新《投资法》，对于涉及优惠领域的高新技术项目，政府给予税收、亏损弥补、土地使用、办理手续等诸多方面的优惠措施。[①] 中国高新技术产业发展正在逐渐走向全球价值链上游，高新技术企业数量也在不断上涨，双方可适用大力度税收优惠政策，对企业进行界定并严谨审查，希望能更大比例地吸引高新技术企业入驻跨境经济合作区，以实现资源互补，共同发展。

在环境保护问题方面，根据越南国会常务委员会的决议，越南自 2019 年 1 月 1 日起上调石油产品的环境保护税，此举旨在于满足越南和世界对于环保的要求。因此，中国东兴－越南芒街跨境经济合作区的环境政策体系要对接越方环保标准，对入驻企业加强企业责任教育，对环境保护问题采取高标准、严要求。

总之，考虑到越方诉求，园区应鼓励农产品加工领域的投资，增加高技术、环保、可持续的投资项目，减少劳动力密集型、高能耗、预期会带来环境污染的项目，以优化园区产业结构，促进园区快速、可持续发展。

（二）规范园区用工标准，优化园区人事管理

随着中国东兴－越南芒街跨境经济合作区建设的不断推进，越南务工人员数量不断增加，与过去相比，越南劳工工资等相关福利待遇

① 越南：《投资法》，中华人民共和国驻越南大使馆经济商务参赞处官网，2015-07-24，http：//vn.mofcom.gov.cn/article/ddfg/tzzhch/201507/20150701059946.shtml.

有所提升，尤其是 2019 年 1 月 CPTPP 生效以后，越南的企业在劳工标准上将面临更多挑战。尽管各成员国将对越南调降关税项目比例，这有助于促进越南对亚洲、美洲等市场的出口，但是进入 CPTPP 市场将对原产地有更高的要求。例如，纺织行业被要求从纱开始原材料全部为 CPTPP 成员国原产，劳工保障、环保和政府采购等规则被要求采取更高的标准、更加透明化。

近年来，越南政府不断提高劳动力工资水平，原有的低劳动力成本优势有所下降，据统计，越南基本工资在过去 20 年增长超过 17 倍。根据最新区域最低薪资标准，越南员工工资再次上调，最高已达 442 万越盾 / 月。[①] 此外，企业还需要为员工缴纳社保费用，包括社会保险、医疗保险和失业保险，越南员工社保保费缴费率达到 21.5%，其中企业的缴纳比例为 10.5%。[②] 因此，跨境经济合作区劳工标准的制定要遵循越南的《劳动法》，按规管理劳资关系，了解越南政府和主管机关发布的各项法令，如越南政府鼓励在越设厂的企业导入 SA8000 管理系统，以该标准解决各种问题，包括雇佣童工、强迫劳动、健康与安全、工作时间、报酬和管理系统等。跨境经济合作区在遵守越南法律的同时，也要与中方劳动法律相适应，因此跨境经济合作区在制定相应的劳动法律与制度时，需要有更高的前瞻性、更严格的标准，不断提升跨境经济合作区的管理水平。

中国东兴 – 越南芒街跨境经济合作区的建设尚未完善，园区在人事制度和人力资源管理制度方面存在缺失。越方期望进一步优化人力资源管理制度，吸引高层次管理人才入驻；充分利用跨境经济合作区现有的人力资源，根据实际情况制定人事管理制度，建立奖惩激励制度，提高职工的工作积极性与工作效率，推行创新奖励机制，促进职工的创造创新活力。

① 越南中国商会秘书处：《越南最低工资标准年度对比》，越南中国商会，2022-01-01，http://www.vietchina.org/ynzx/5052.html.

② 普华永道：《越南税务手册（2021 版）》，普华永道官方网站，2021 年，https://www.pwc.com/vn/en/publications/2021/pwc-vietnam-ptb-2021-simplified-cn.pdf.

（三）理顺政府与市场的关系，确保企业竞争中立

市场经济是以众多市场主体为微观基础、开放有序竞争的经济体制。在实现市场配置资源决定性作用的前提和基础上，中越两国可采取有效措施，更高效地发挥政府作用。针对两国跨境合作区的管理，中越政府不可过多干预，尤其是在两国经济政策存在差异的情况下，应放管结合，简政放权，设立跨境经济合作区政府，相对独立和高效地管理跨境经济合作区市场，增加监管有效性。中越园区涉及中越双方政府、国家资本和民间资本的介入，在相关政策制定方面具有复杂性，既不能一刀切均适用同质化政策，又应保持市场公平，谨防政策不合理倾斜。因此，园区应采用竞争中立政策，如取消政府对一般性国有企业的优惠与补贴，优惠政策应惠及园区内所有符合相关条件的企业，主动公示对企业补贴的情况，提升中方与越方国有企业信息的透明度，建立公平竞争的投诉机制等，对中资越资、国有企业和民营企业、大企业和中小企业一视同仁，避免政策向国有企业倾斜，营造公平竞争的市场环境。

（四）提升交流合作层次，加强中越高层对话

中越双方互为重要经济合作伙伴，视对方发展为机遇，发展平等互利的经济关系符合两国利益，因此，跨境经济合作区的建立应促使两国扩大各层级的交流与合作，扩大互利务实合作，促进中越经济关系提质升级。中越两国一直强调双方全面战略合作伙伴关系和双方经贸投资伙伴关系。2019 年，中国（广西）自由贸易试验区的建立和防城港国际医学开放试验区的筹备，使得中越两国之间的交流与合作机会变得更多，高层领导之间的对话交流也变得更加便捷。在科技创新、高端制造、财政金融、共享经济、高端医学等领域上，中越双方可通过高层对话来探讨开展合作的可能性。自贸区的建设应充分利用广西自贸区和国际医学开放试验区等平台的优惠政策，引入国际范围内的知名企业和机构到中越两地投资建设。

中越两国高层对话可以加大越南投资环境对外资的吸引力、促进中越双方的意向投资、保护双方的知识产权，同时通过对话沟通，表

明希望促进交流与合作的积极意愿。中越双方应以发展大局为重，坚持相互尊重、友好协商、求同存异、妥处分歧，如中越双方可与第三方国家和区域定期举行各行业高层论坛，以合作的方式将各行业融入高层对话的框架中，搭建中越以及与世界各国的交流平台，共同构建互利多赢的合作格局。两国在交流时应把国家与地区的和平稳定放在首位，这不仅是双方关系的基石，也是两国解决相关问题的切入点和立足点。

四、完善与提升园区管理

（一）统筹跨境经济合作区内部政府管理

中国东兴－越南芒街跨境经济合作区的经济合作为双方发展带来了许多机遇与利益，因此，两国政府应积极、主动并创造性地调动双方的交流与合作，通过国际组织和相关机构的项目支持，促进两国相关企业主体的积极参与，推动两国要素流动、产业整合、科教文卫等方面的合作交流。[①]

2019 年，广西壮族自治区人民政府发布《深化东兴重点开发开放试验区和跨境经济合作区管理体制机制改革方案》。方案要求实行准政府型管理模式，即地方政府的行政管理权限委托到东兴试验区管委会，由管委会来推进工作。

此外，创新企业管理模式，充分利用跨境经济合作区独特的边境优势，贯彻落实相关对外开放政策。中越两国政府要共同建设跨境经济合作区，双方各自成立工作领导小组，组成管理委员会，主要监督物流、海关、国防安全、货物检查、企业业务活动等，管委会应定期会晤，相互配合协调，做好有关部门的工作，充分发挥跨境经济合作区的区域合作功能，共同解决合作区内的问题。[②]

① 马博：《中国跨境经济合作区发展研究》，载《云南民族大学学报（哲学社会科学版）》2010 年第 4 期。

② 朱华丽：《新时代沿边地区提升开发开放水平研究——以广西沿边地区为例》，载《经济与社会发展》2019 年第 1 期。

2021年8月，防城港市人民政府发布《中国东兴－越南芒街跨境经济合作区东兴园区创新行政审批工作方案》。该方案提出要设立跨合区行政审批服务机构，实行市场准入商事登记便利化审批模式，提出投资建设项目“五个一”审批模式，同时建立提高投资建设项目审批效率的五项保障性措施、五项强制性措施。其目的在于打造前置事项最少、办理时限最短、审批流程最优的行政审批制度，保障中国东兴－越南芒街跨境经济合作区东兴园区加快形成最有吸引力的国际化、法治化、便利化营商环境。

（二）加强与防城港国家级开放平台的联系

为将跨境经济合作区打造成为全国沿边经济发展新增长极，要尽快改变目前各试验区、合作区、中心口岸、各国家战略平台各自发展、功能重合的现状，重点关注口岸协同发展，系统统筹规划沿边地区开发开放各层次要素，规划建设广西沿边经济，并争取上升为国家战略，争取财税、投融资、金融、人才等方面的国家政策扶持。①

首先，跨境经济合作区要依托国家战略平台叠加优势，打造沿边改革创新排头兵。跨境经济合作区要牢牢把握“试验”机遇，勇于尝试，充分吸收自由贸易区的成功经验；积极创新政策体系、监管模式和管理体制，发展投融资、财政税务、金融创新、土地管理、人才管理等领域；不断优化营商环境，强化发展要素保障，为经济社会发展注入不竭动力，做好国家边疆改革和创新工作的先锋。同时，跨境经济合作区要加强政策落实，解决过去只注重争取、不落实措施的问题，加强对各项国家优惠政策的深入研究，灵活运用各类支持政策，将这些扶持政策转化成切实的发展举措。②

其次，跨境经济合作区要将产业生产、运输与防城港保税物流中心紧紧联系起来。跨境经济合作区可以在防城港保税物流中心建设现代

① 朱华丽：《新时代沿边地区提升开发开放水平研究——以广西沿边地区为例》，载《经济与社会发展》2019年第1期。

② 朱华丽：《新时代沿边地区提升开发开放水平研究——以广西沿边地区为例》，载《经济与社会发展》2019年第1期。

化信息化的管理系统，实现跨境经济合作区产品与保税物流园区其他产品信息化共享，实现跨境经济合作区内企业高效快速安全联网报关和海关无纸化通关作业；信息化共享不仅要满足海关动态监管，实现与南宁海关、防城海关和政府有关部门的一体化管理，还应该满足外汇、税务等部门有关业务监管和信息共享；跨境经济合作区与东盟国家的进出口产品实现从跨境经济合作区“产”到物流区“运”一站式运输。

最后，跨境经济合作区要加强与国际医学试验区等国家级平台的精确对接。跨境经济合作区要加强与防城港市国家沿边金融综合改革试验区、国际医学开放试验区、边民互市贸易区等国家级开放平台之间的联系，促进园区内金融改革、生物医药企业进入、边民互市便利化。跨境经济合作区政府与各大平台管理委员会定期进行交流，签署合作文件，共同或者优先引入金融、医学、服务产业来园区设厂；同时，在园区内划分多个区，以“研发+产业+服务”的形式来推进跨境经济合作区与众多国际开放平台的合作。跨境经济合作区还可制订分期工作计划，把跨境经济合作区的重点工作列入防城港市的重点项目编入计划内，形成一个由大规划、中规划、小规划组成的规划体系，纳入各大国家级开放平台规划中，加强跨境经济合作区与各平台之间的联系。

（三）建立健全的跨境经济合作区服务体系

目前，中国东兴－越南芒街跨境经济合作区的建设尚未完善，园区服务体系和保障体系方面还存在不完善的地方。随着跨境经济合作区建设的不断推进，越南务工人员数量也将不断增加，跨境经济合作区在劳工保障上将面临更多挑战，园区内的企业发展要求更加健全的服务体系支持。

首先，跨境经济合作区应优化公共服务品质，提升现代化治理水平。第一，加强智慧城市建设，尽快实现园区主要区域和公共场所5G的深度覆盖。加快推进5G技术在车联网、智慧城市、工业互联网和智能制造等领域的垂直应用。加快社会信用体系建设，健全公共信用信息服务平台，推进地区信用标准互认。第二，保障各类企业公平参与政府采购，推行“互联网+”政府采购模式，严禁政府采购实行差别待遇或者歧视待遇。第三，加大法治政府建设力度，推进重大行政决策规范管理标准化体系化试点，推行重大决策项目网上运行。规范监管执法行为，实行最严格的安全生产监管制度，“双随机、一公开”检查事项全覆盖，探索建立多层次容错纠错机制，规范政商交往行为，完善领导干部挂钩联系服务企业机制，探索设立重点企业服务专员制度，严格执行园区规范政商交往正面清单。第四，加强各项产权保护措施，建立涉企产权案件立案登记绿色通道，加强对中小股东合法权利的司法保护，研究建立补偿救济机制。第五，大力弘扬企业家精神，依法保护企业家合法权益，健全企业家参与涉企政策制定和评估机制。

其次，在企业办事环节，跨境经济合作区应精简企业办事环节，提高政府服务效率。简化企业开办手续（线上“全链通”、线下“一窗式”），实现全流程1个工作日内完成，“证照分离”改革全覆盖。优化工程建设项目审批流程，提高环境影响评价审批效率，创新环境影响评价管理机制，实行“承诺审批”“容缺后补”，改进水电气接入服务，优化提升企业获得用水、用气、用电服务，精简办理环节，压缩办理时间。简化企业注销程序，实现企业注销“一网”服务，简化注销登记程序和材料。优化企业破产退出机制，推行破产案件繁简分流、快审快结，做好困境企业分类处置。

最后，在劳工关系的管理方面，跨境经济合作区应和谐劳动关系，完善社保体系。加强劳动保障监察工作，提高用人单位遵守劳动保障法律、法规、规章的自觉性，切实维护劳动者的合法权益，保障跨境劳务安全。积极创新维稳和谐机制。全面提升劳动保障服务水平。在对外服务上，加强全区劳动保障服务平台标准化、规范化、一体化建设，为群众提供便捷高效、一揽子的劳动保障服务。推动完善劳动保障信息平台建设，着力打造园区“智慧社保”。在对内管理上，进一步完善和落实首问负责制、服务承诺制、责任追究制等工作制度，不断增强服务意识，进一步梳理简化办事程序，提高工作效率。

第八章　中国东兴－越南芒街跨境经济合作区的落实路径

中越跨境经济合作区的建设是彰显新时代大国外交战略的重大布局，是力促新一轮对外开放合作的重要载体，意义非凡。在政策制定上，跨境经济合作区的完善、管理要与国际规则和两国政府契合并有所创新。本章分别从“强化国际组织合作，制定跨境经济合作区国际规则”“对接国内政策优势，健全跨境经济合作区制度保障”“加强中越政策沟通，促进跨境经济合作区协调发展”“拓展中国东盟合作，打造跨境经济合作区创新平台”四个方面出发，提出中越跨境经济合作区的具体落实路径。

一、强化国际组织合作，制定跨境经济合作区国际规则

在全球化大背景下，国际组织的数量和影响力与日俱增，加强与国际组织的合作、吸引国际组织入驻已成为一些城市跨入城市竞争 2.0 时代的新范式。在政府开放的政策支持下，跨境经济合作区应以“排头兵、先行者”的态度积极对标国际水平，寻求与国际组织的协作，争取政府间国际组织总部或重要机构落户跨境经济合作区，助力广西打造高水平对外开放门户，高质量对接“一带一路”倡议；同时，进一步完善跨境经济合作区基础设施建设，建立多边协商机制，确保合作有序进行，以更具发展空间的软环境吸引企业、机构和人才，共同推进制定对接全球高标准的跨境经济合作区国际规则。

（一）落实与国际组织的合作协议，打造高水平对外开放门户

扩大与国际组织的合作是城市完善国际交往功能、拓展产业发展

空间、集聚国际高端要素资源、提升城市国际化能级的重要手段。以国际贸易中心（International Trade Center，下文简称 ITC）为例，ITC 由世贸组织和联合国贸发会议共同管理，同联合国内部与外部的相关国际组织、民间商会组织以及各国的政府机构与企业等有着密切的联系和合作。其主要工作包括：提供、普及和分享贸易信息和市场信息；建设有力的商业环境，加强贸易投资，促进机构能力建设；推动制定有助于进出口企业发展的政策；提升企业从事贸易的能力；整合全球价值链资源，促进全球经济包容性增长，加深绿色贸易合作，支持区域经济一体化和南南贸易等。跨境经济合作区不仅是中国扩大对东盟开放的重要窗口，也是推动“一带一路”建设的重要节点，还是区域经济一体化的重要载体和平台。充分利用 ITC 的资源和技术优势，不仅可以提升中国企业走出去的能力，还可以帮助国外中小企业进入中国市场，助力广西打造高水平对外开放门户。

将 ITC 的发展宗旨与跨境经济合作区的先行先试结合起来，充分利用 ITC 已有的全球资源和贸易经验，帮助中国和周边国家的中小企业开拓国际市场，共同推动跨境经济合作区内贸易便利化改革创新，为促进边境贸易往来提供有效经验。探索推动广西与 ITC 签订《国际贸易中心与广西东兴重点开发开放试验区管理委员会谅解备忘录》，在未来推进 ITC 和跨境经济合作区在以下领域的密切合作：进一步改善跨境经济合作区的营商环境；支持跨境经济合作区向国际各个口岸、自贸区和跨境经济合作区分享经验；依托跨境经济合作区的经验和平台，积极推动周围东盟国家和最不发达国家的中小企业参与国际贸易；打造跨境物流和跨境电商在跨境经济合作区的新高地，形成国际区域物流枢纽。

跨境经济合作区下一步可在增强园区内中小企业核心竞争力、促进地区贸易发展、提升广西在国际贸易中的影响力等方面加强与 ITC 的交流并开展合作。同时，双方还可依托跨境经济合作区的发展定位，开展“一带一路”国家数字化经济和贸易便利化培训，帮助越南及其他东盟发展中国家进一步促进经贸发展。

（二）建立 ITC 中国办事处，高质量对接"一带一路"建设

引进 ITC 等相关国际贸易和金融组织落户东兴建立办事处，有利于提升跨境经济合作区的对外开放功能，拓展跨境经济合作区的产业发展空间，提升集聚国际高端要素资源的能力，从而带动提升东兴市和广西壮族自治区的国际影响力，打造真正对外开放的门户枢纽，高度对接国家战略，推动"一带一路"建设。在具体步骤上，引进 ITC 落户东兴，首先需要对跨境经济合作区的基础条件进行全面了解，尽快出台国际组织注册登记细则，建立健全国际机构落户东兴的保障制度；其次，需要在更高的层次设计出与 ITC 的合作规划，以及具体的可落实项目。跨境经济合作区是中国推动"一带一路"倡议的重要节点，加强跨合区与 ITC 合作将助力广西更好地借助"一带一路"的区位和政策优势，帮助国外中小企业进入中国市场，从而推动国际贸易发展，达到双赢。在具体合作事务上，跨境经济合作区可联合 ITC 共同举办中国 – 东盟首脑峰会、国际企业投资峰会等国际会议，切实促进跨境经济合作区乃至自治区的国际贸易投资合作、企业入驻和产业转移。此外，ITC 还可联合国内及周边东盟国家的智库和研究机构共同设立跨境经济合作区发展政策咨询项目，共同研究制定能够对接国际高标准、适用于跨境经济合作区的一系列国际规则。

（三）利用国际组织资源，助力基础设施建设

大部分国际及国内跨境经济合作区都积极争取相关国际组织或银行的注资，如凭祥 – 同登跨境经济合作区得到联合国开发计划署的资助，中国 –GMS 跨境经济合作区接受了亚洲开发银行的投资，欧洲上莱茵河跨境经济合作区受到欧洲区域发展基金的援助建设。可以看出，几乎所有的跨境经济合作区都得到了包括各级政府、政府间金融开发银行和国际组织等的注资，极大地促进了跨境经济合作区的建设。跨境经济合作区的基础设施建设需要大量资金，要想在短期内实现基础设施的互联互通，光靠政府投入或专项基金支持是很困难的，需通过多种途径来筹集资金。因此，合作区在建设的过程中，要积极寻求开发性国际机构、

国际金融组织的支持和援助，引导境内外民间投资商会、行业协会、投资集团的参与和合作，建立多元化投资机制，促进边境地区基础设施互联互通。[①]

（四）建立多边协商机制，确保合作有序推进

中国与越南及东盟国家的经济合作不可忽视东盟、世贸组织等的多边协商机制，应与这些组织进一步合作，并共同对各国在跨境经济合作区的活动进行引导和约束，化解双方诸多合作分歧，实际上，目前中越在边境的一系列经济、贸易合作，不仅是一种双边关系，更涉及东盟许多国家的利益合作。[②] 跨境经济合作区的合作越是深化，双方对区域的规制和监管也会越来越多，因而在跨境经济合作区建设的过程中，限制市场自由将承受更大的外界压力。此外，要加强与周边国家、国际机构的协作，打击走私、滥用资源、非法用工等现象，解决目前存在的一些特殊问题。同时，在同东盟国家和国际组织开展合作的过程中，也需要尊重彼此有关战略资源保护和生态环境的相关政策，对跨境经济合作区企业滥用资源、违反对方政策的行为进行约束和监管，以负责任的大国监管能力培育负责任的企业群体，从而增强国际组织与我国合作的信心。[③]

二、对接国内政策优势，健全跨境经济合作区制度保障

《关于印发深化东兴重点开发开放试验区和跨境经济合作区管理体制机制改革方案》（以下简称《方案》），为中国东兴－越南芒街跨境经济合作区的建设指明了方向。

---

① 王飞、胡苹苹：《加快跨境经济合作区发展的思考和建议》，载《中国民族报》，2020-02-04。

② 卢小平：《跨境经济合作区建设的国际协同——以中国与东盟三国为例》，《中国特色社会主义研究》2016 年第 4 期。

③ 同上。

（一）积极服务和融入国家发展战略

2012年7月，国务院批准《广西东兴重点开发开放试验区建设实施方案》，着眼于国际、国内发展大局，是当前我国扩大对外开放、积极推动经济全球化的重大举措。跨境经济合作区应担当重大使命，充分利用广西的区位优势，在中国－中南半岛、孟中印缅、中缅、中老中越，中国－东盟等经济走廊建设中作出积极贡献，切实推进“沿边”和“跨境”项目，高质量完成《方案》试点任务，将高水平开放和服务作为国家发展战略之一。[①]

（二）聚焦制度创新彰显地区特色

创新是新时代改革开放的新高地，是跨境经济合作区建设的灵魂。与此同时，跨境经济合作区不应是政策、税收的洼地，而应是体制机制创新的高地。要积极探索、创新和突破，努力在跨境经济合作领域形成一大批可复制、可推广的制度创新成果，切实发挥全面深化改革的“试验田”作用；在向全国各地推广“试验田”经验的同时，跨境经济合作区的建设更要突出当地特色、探索沿边地区制度创新，抓好“首创”政策的试点工作，形成创新制度体系，为沿边深化改革和扩大开放提供新的渠道和经验；同时，创新和风险相伴而生、辩证统一，要正确处理好创新与风险防控的关系，强化底线思维，增强忧患意识，建立健全的系统性风险预警、防范和化解体系，及时化解和处置风险隐患，确保自由贸易试验区建设稳定、安全、高效。[②]

（三）用好各类多双边贸易合作机制

2010年，中国－东盟自由贸易区正式成立，东盟成为我国第二大贸易合作伙伴。跨境经济合作区应充分了解《中国－东盟产能合作联合声明》《中国－东盟关于进一步深化基础设施互联互通合作的联合声明》

---

① 张宪伟：《中国自贸区发展对云南自贸区建设的启示》，载《社会主义论坛》2019年11期。

② 同上。

等有关合作共识，推动辐射中心建设项目列入中国与东盟有关合作机制，将中国与东盟在产业、行业方面的合作机制在广西落地；积极掌握各方关系和发展动态，将跨境经济合作区的建设融入中国与东盟及其成员国的合作中。同时，跨境经济合作区也要着眼长远，深入研究我国与他国正在进行的自贸协定谈判或升级谈判。① 到目前为止，国际上达成的自由贸易协定已经有350多个。截至2021年8月，我国已达成19个自由贸易协定，和26个国家和地区签署了这些协定。党的十八大以来，我国签署了9个自由贸易协定，包括8个与单个国家签署的自由贸易协定，比如，中韩、中澳、中瑞，还形成了《区域全面经济伙伴关系协定》（RCEP）。② 我国在签署这些自贸协定的同时，还对以前达成的自由贸易协定进行升级，如对中国－东盟的自贸协定进行升级，对中国与智利、新加坡、新西兰的自由贸易协定都进行了升级。跨境经济合作区应积极主动对接和沟通，抓住市场开放机遇，挖掘市场潜力，助力自由贸易试验区建设。

（四）加强与其他自由贸易试验区的对接

密切跟踪、关注其他自由贸易试验区的发展动态和新的改革成果，吸收和借鉴有益的实践经验，强化与其他自贸试验区的改革联动。鼓励自由贸易试验区内政府机构、省市级政府部门以及企业在其他自贸区建立办事机构、窗口等对接平台，增强各部门协同，注重改革举措的配套组合，扩宽信息渠道，加强信息共享和信息沟通，为企业提供招商推介、商品展示、研发设计、货物通关等服务。加强对接产业转移，争取其他省区市自由贸易试验区设立后溢出制造业和服务外包项目落户中国东兴－越南芒街跨境经济合作区。③

① 张宪伟：《中国自贸区发展对云南自贸区建设的启示》，载《社会主义论坛》2019年11期。

② 中华人民共和国商务部：《加快新的自由贸易协定谈判步伐 积极考虑加入CPTPP》，商务部官方网站，2021-08-24，http://fta.mofcom.gov.cn/article/chinadm/chinadmgfguandian/202108/45623_1.html.

③ 张宪伟：《中国自贸区发展对云南自贸区建设的启示》，载《社会主义论坛》2019年11期。

三、加强中越政策沟通，促进跨境经济合作区协调发展

跨境经济合作区坐拥多重国家战略优势，具备突出的区位交通优势、叠加的发展政策优势、独特的跨境合作优势。目前，中越双方已经形成国家层面、省级层面、广西东兴试验区管委会与广宁省口岸经济区管委会、东兴市与芒街市等层面的沟通工作机制。未来双方要继续发挥得天独厚的优势，加强中越双方的政策沟通，对接越方诉求和国家最新政策动态，完善创新跨境经济合作区政策体系，科学谋划既符合中越两国国情，又能发挥跨境经济合作区战略、区位和发展基础优势，并能切实促进跨境经济合作区整体建设的政策布局，促进跨境经济合作区的协调发展。同时，中越双方要扩大友好往来，更加重视人文领域的交流与合作，为中越关系不断注入正能量。

（一）加强中越高层对话，保持密切交往与沟通

中越关系自正常化以来，在两党两国最高领导人的亲自关心和推动下，双方确定了长期稳定、面向未来、睦邻友好、全面合作的方针和好邻居、好朋友、好同志、好伙伴的精神，建立了全面战略合作伙伴关系。[①] 在双方最高领导人的战略擘画和亲自引领下，近年来，中越关系始终沿着正确航向破浪前行，不断取得新成果。两国高层保持密切交往与沟通，经贸合作日益密切，中国连续多年是越南最大贸易伙伴并成为越南最大游客来源国，越南仍保持中国第六大贸易伙伴和中国在东盟区内的最大贸易伙伴地位。在新冠肺炎疫情暴发和演变复杂导致全球贸易交流活动受阻的背景下，中越两国贸易交流活动取得上述成果令人瞩目双方将继续努力加大配合力度，为两国贸易关系继续强劲发展注入动力。

中越两国一直重视双方全面战略合作伙伴关系，并特别强调加强两国经济贸易和投资伙伴关系。在科技创新、高端制造、财政金融、共

① 习近平：《共同谱写中越友好新篇章》，中国共产党新闻网，2015-11-06，http://cpc.people.com.cn/n/2015/1107/c64094-27788359.html.

享经济、高端医学等领域上，中越双方可通过高层对话来探讨开展合作的可能性。在新时期新形势下，中越双方要巩固政治互信，确保中越关系行稳致远。双方要保持高层战略沟通，深化治党理政经验交流；深化互利合作，共同维护多边主义，推动构建开放型世界经济，加快推进“一带一路”和“两廊一圈”实质对接。

（二）对接越方有关部门，确保合作有序推进

跨境经济合作区的深入发展，离不开中越有关部门进一步加强沟通和合作。两国各部门之间的深入对话有利于营造更具吸引力的投资环境、促进中越双向投资、推动知识产权保护等。中越双方应以发展大局为重，坚持相互尊重、友好协商、求同存异、妥处分歧。如中越双方可以定期举行各层级之间的对话与交流活动，实时了解双方动态与想法，及时出台有利于两国人民利益的政策。

（三）协调中越双方政策，完善园区政策体系

在促进两国合作共赢的前提下，中方将充分了解并满足越方诉求。在顶层设计上，要加紧“一带一路”与“两廊一圈”战略对接，推进双边务实合作。落地中国东兴－越南芒街跨境经济合作区，应加强跨境经济合作区理论研究工作，对接国际规则，加快研究制定园区内中越两国协调一致的政策体系，在世界范围内形成真正高效、可持续发展、环境友好的跨境经济合作区典范。中国东兴－越南芒街跨境经济合作区应坚持围绕贸易投资便利化和自由化为核心的多边贸易体制，参照CPTPP、中国自贸试验区和中国－东盟自贸区的政策体系来推进政策体系设计，形成完备的贸易便利化、投资体系、税收优惠、金融支持、环境保护等政策体系，优化园区管理模式，合理规划产业布局。

中方应优化中国东兴－越南芒街跨境经济合作区的管理模式，明确经济区域划分，与越方协调海关、卫生检验检疫等方面的管理，如实行“两地一检”“单一窗口制”等通关便利化措施。中方应积极同越方磋商边境外汇管理措施，通过推动跨境人民币业务创新，完善金融组织体系，促进贸易投资跨境合作的便利化。中国东兴－越南芒街

跨境经济合作区的发展必须注重建立产业合作机制和优势互补的产业发展模式，避免同质化竞争。中越双方发挥各自的优势，积极开拓国际市场即第三方市场。我国应根据越南的引资需求，进一步拓展对越投资领域，增加农产品加工业投资、高新技术投资等高附加值、低污染、低能耗的可持续投资项目，而传统的劳动密集型产品应该针对第三方市场，让越方认识到中国投资越南并不是仅为了从越方获利，而是为了实现互利共赢。

四、拓展中国东盟合作，打造跨境经济合作区创新平台

（一）优化产业布局，聚合产业创新

联合相关企业和研发机构，依托跨境经济合作区，加强与东盟在前沿战略性产业和高新技术领域的务实合作，促进新产业、新业态、新模式的形成。结合数字广西的要求，推动数字智能新兴产业的服务平台、研发平台，深化应用型创新研究合作，加强技术转移。与此同时，可与跨境经济合作区共建联合试验室和海外孵化器等离岸服务机构，建设面向海外的创新创业中心和跨境创新孵化平台。①

（二）加强贸易合作，打造贸易创新平台

在国际贸易新形势下，要加快边境地区经济合作建设，保障加工产业发展集聚，不断推进“百企入边”工程；拓宽国际营销渠道和各类贸易方式潜力，实现更多互市商品落地加工；联合相关机构，争取政策试点，提升通道的交易功能，培育国际贸易合作新的增长点；打造跨境经济合作区服务业扩大开放示范引领的平台，进一步优化利用 B2B 跨境平台，并联合有关部门逐步制定相关行业标准，培育面向东盟的跨境电商物流体系，推动广西跨境经济合作区的贸易增长。

① 杨绍波、周海燕：《以平台思维推动中国与东盟对接——以广西为例》，载《对外经贸》2019 年第 11 期。

（三）注重金融融合，聚合金融创新平台

广西先后出台《人民币面向东盟跨区域使用工作指引》《广西稳步推进跨境人民币业务的实施方案》，推动跨境金融创新工作，力争建成面向东盟的金融开放门户核心区，多重金融战略一体谋划、一体推进、一体落实，既支持全国金融开放布局优化和面向东盟贸易投资便利化，又促进金融资源在重大战略、重点产业和重大项目中的合理配置。

联合打造面向东盟的金融开放门户，深化面向东盟的金融改革创新，推动陆海新通道跨境金融创新和区域金融合作一体化。在金融设施方面，依托广西的金融资源，如中马钦州产业园区金融创新试点、沿边金融综合改革试验区，在东盟区域内设立金融服务总部或中心；在金融风险防控方面，联合建立对外投资风险评估机构，保证企业在对外直接投资的过程中规避政治风险带来的不确定性损失；在跨境支付方面，争取探索数字货币在东盟的试点应用，并提供相应的政策支持，强化面向东盟的人民币跨境结算、货币交易和跨境投融资服务，争取国家在担保的基础上给予试点主权数字货币的支持；在促进投资方面，构建广西－东盟双向投资服务平台，推进境外服务中心建设，为“引进来”和“走出去”企业提供投资政策、法律咨询、风险评估、安全防范和信息共享等综合性服务。

（四）探索数字发展，加快跨境医疗数字创新

卫生领域一直是中国－东盟合作建设的重要内容，2020 年 10 月 9 日，广西医科大学第一附属医院正式启动中国－东盟跨境医疗合作平台，成立国际诊疗部、国际合作和对外交流部。

加快创新跨境医疗数字化，可以推动技术创新与医疗健康产业相结合，打造面向广西、全国和东盟的顶级国际医学开放试验区，发展健康医疗、健康养老，引导医养结合，为推进中国－东盟健康丝绸之路建设积极探索；拓宽养老和医疗企业发展前景，激发医学领域的开放潜力；

通过信息化手段，打造面向东盟的药材、医疗和中医药推广、双向研发平台，打破地域和语言的制约，建立合作长效机制并与国内医药市场对接；实现资源共享，深化医改，提升医疗效率，共筑中国－东盟医疗大生态。

第九章　中国东兴–越南芒街跨境经济合作区的政策建议

中国东兴与越南芒街积极推进构建跨境经济合作区，创新合作新形式，这对提高我国边疆地区的经济发展和高水平对外开放战略具有重要的现实意义和深远的战略意义。同时，要加强探索、研究、学习、创新，加速推进跨境经合区的合作建设。本章将从以下几个方面提供政策建议：一、完善原产地规则，开拓第三方市场；二、创新产业政策，优化产业布局；三、创新自由贸易政策，提高贸易便利化水平；四、创新招商引资政策，打造一流投资环境；五、创新金融政策，探索金融开放制度；六、创新国际人才政策，打造高格局人才聚集地。

一、完善原产地规则，开拓第三方市场

（一）认识原产地规则的重要意义

经济全球化的迅猛发展所带来的机遇伴随着各种风险在全球范围内快速传播，一个国家很难单独靠自己的力量来应对全球化挑战。因此，区域贸易协定已成为各国共同的选择。区域间优惠贸易协定的签署使我国企业能够发挥地缘优势和区域优势，更好地“走出去”和“引进来”，优惠性原产地证书就是打开这扇贸易便利大门的“金钥匙”。

应加大对区域性自由贸易优惠关税政策的研究、把握和利用，充分认识原产地规则在自贸协定中的重要性。根据我国产业情况完善优惠性原产地规则，可通过签发优惠原产地证书，使出口货物在入境时享受优惠关税待遇，同时改革工作模式、简化流程、缩短工作周期，帮助更

多企业顺利获得原产地证书。[①] 共同培育全球市场，以实际行动反对贸易保护主义。按照各协定项下提供的优惠条件进入对方市场，使企业有机会拓展市场与合作空间，提高竞争力。

（二）研究完善园区原产地规则

必须完善相关法律法规，协调适用原产地规则，并将其融入自由贸易区的贸易规则制定中。

随着经济全球化与区域经济一体化的发展，一件产品的生产往往涉及区域协定中的多个成员国，成员国对该中间品进行加工，直到获得产成品，这使得判定该产品是否适用于原产地规则的标准越来越复杂。因此，想要扩大自贸区范围，提升区域经济自由化与便利化，创造更大的贸易效应，就必须对原产地规则进行协调和简化，提高贸易规则的透明度，降低贸易壁垒。

简化原产地规则，可以从以下几点出发：

一是明确原产地规则的细节，对不同自贸区原产地采取不同的方法。

二是降低原产地的门槛，放宽原产地规则，允许较高的吸收原则，制定合理的微量标准或者允许出口企业在不同标准之间自由选择等，便于企业提高原产地优惠的利用率，扩大贸易自由化的实施成果。

三是协调不同产业的原产地规则。针对技术较为成熟的产业，如机电产品、轻工业等，采取较高的原产地标准；针对新兴产业和高新技术产业等较为脆弱的产业，适当放宽原产地规则，为相关产业提供发展机遇与空间；针对我国非敏感产业，可顺应宽松的原产地规则，便于企业利用域内资源；针对我国敏感产业，可制定单独的原产地标准；针对大型区域贸易协定，需要考虑已有的双边自贸协定原产地规则的情况，尽量协调一致，避免出现“意大利面碗效应”，阻碍贸易发展。[②]

---

① 关兵：《区域贸易协定框架下原产地规则最新发展趋势及对中国产业的影响》，载《对外经贸实务》2018 年第 3 期。

② 同上。

（三）中越合作开拓第三方市场

在多重利好政策的叠加下，企业在中越边境布局产业，可以充分利用越南原产地证、土地、劳动力优势以及中方技术、资本等互补优势，推进中越产能合作，有效规避贸易壁垒和关税风险，降低企业生产成本。对于广大进出口企业来说，熟练掌握原产地申报规则就成为其迫切的需求。当地海关应当积极宣传原产地优惠政策，传递原产地证知识，引导企业熟练运用原产地规则，为提升区域经贸便利化水平、营造进出口贸易良好环境作出有力的推动。

中越跨境经济合作区的出口企业可利用东盟国家进行转口生产。中越双方企业在跨境经济合作区内加工生产的产品可根据 WTO 规则选择使用中国或越南原产地证书，在进出口贸易中享受自贸区的优惠税率，共同合作开拓第三方市场。以纺织服装产业为例，纺织服装产业是欧美国家对中国产品“双反”调查比较密集的产业。跨境经济合作区可选择越南作为原产地，规避发达国家的贸易壁垒，目前越南纺织产品向欧美出口，没有配额限制。

此外，对于饮料、矿物燃料、有机化学品、塑料及其制品、合成橡胶、钢铁等多个产品，企业应当能够灵活选择适用增值标准或者税号改变标准。同时，跨境经济合作区应进一步明确原产地累积成分的定义和直接运输条款经第三方中转的界定，并出台一系列政策，便于企业更好地利用原产地规则来享受相应优惠。

二、创新产业政策，优化产业布局

党的十九大报告提出“推动形成全面开放新格局”，以“一带一路”建设为重点，形成“陆海内外联动、东西双向互济的开放格局”。[①] 习近平总书记出席 2020 年金砖国家领导人第十二次会晤时强调，中国开

① 中共中央宣传部：《习近平新时代中国特色社会主义思想三十讲》，学习出版社 2018 年版。

放的大门不会关闭，只会越开越大。

党的十九届四中全会指出，要“推动构建人类命运共同体”，“推进合作共赢的开放体系建设”。坚持与邻为善、以邻为伴，突出体现亲、诚、惠、容的理念，积极促进“一带一路”国际合作，打造国际合作新平台。随着全面开放新格局的加速形成，沿边口岸的重要性日益凸显，要以“一带一路”和国家开放优惠政策为契机，争当对外开放的先手棋和排头兵。因此，跨境经济合作区的建设应抓住当前“一带一路”建设的历史机遇，积极融入西部陆海新通道建设，不断夯实产业发展基础；主动承接粤港澳大湾区产业转移，融入国家发展大局；借助区位优势和多重政策优势，打造广西－东盟产业创新聚合平台，推动优化产业布局，将跨境经济合作区建设成为“一带一路”国际合作的重要平台、窗口和示范区。

（一）积极融入西部陆海新通道建设，不断夯实产业发展基础

西部陆海新通道北连丝绸之路经济带，南接21世纪海上丝绸之路，在区域协调发展格局中占有重要战略地位。

就目前而言，东兴口岸正处于从小边贸向大边贸、贸易加工、国际转运发展的阶段，边境贸易额迅速增长，以边境进出口为依托的加工业发展势头良好。尽管跨境电商、跨境旅游等新兴产业发展潜力很大，但在整个产业链中主要起到“通道”的作用，并未达到大幅拓展延伸口岸功能的目的。口岸经济发展新动能培育不足，未能形成新的经济增长点，口岸经济发展的自我造血能力不足。因此，跨境经济合作区应紧紧抓住国家“一带一路”建设机遇，积极主动融入西部陆海新通道建设，深化陆海双向开放。①

一是明确产业发展定位，科学谋划口岸功能定位和布局。提前规划和安排我国在东南亚具有优势和较大需求的产业，如电子产品、纺织

① 广西壮族自治区发展和改革委员会：《广西壮族自治区发展和改革委员会等四部门关于印发〈金融支持西部陆海新通道建设的若干政策措施〉的通知》，广西壮族自治区发展和改革委员会网站，2019－11－22，http://fgw.gxzf.gov.cn/zwgk/wjzx/zyzc/t2197360.shtml.

服装、装备制造、新能源汽车等产业，规划和建设一批产业园区，夯实产业发展基础。针对中越北仑河二桥口岸的功能定位，依托口岸和跨境劳动力优势，在口岸周边规划布局跨境电商、跨境金融等产业，在跨境经济合作区其他片区规划布局进出口加工制造、跨境物流等产业，形成合理的产业布局。同时，通过各种渠道筹集资金，加快园区基础设施建设。在上级资金支持、EPC总承包等多种资金的支持下，加快标准厂房、产业工人用房、综合服务中心等配套项目建设，保障企业顺利入驻。

二是大力实施“口岸+”建设，培育做大边境经济新业态。不断加大沿边开放开发力度，加快硬件设施的升级和完善，深入推进“口岸+”建设，发挥口岸的引领作用，加快从“通道经济”向“口岸经济”的转型升级，提升产业发展层次，通过“口岸+”带动口岸经济高质量发展。

按照“前店后厂”的模式，跨境经济合作区的建设带动了其他园区出入境加工制造业的快速发展。坚持以“前岸中区后厂”的发展模式推进“口岸+加工”，推动形成以加工扩大贸易、以贸易带动加工的产业链。依托区位优势，推进实施“口岸+商贸物流”。围绕出境游，推进实施“口岸+旅游”。以点带面实施开放模式，加快沿边地区特色产业带建设，以跨境经济合作区为平台，培育具有比较优势和较强国际竞争力的产业集群；① 逐步拓宽跨境合作范围，在能源、农业、旅游、教育、环保、文化、科研等领域开展全方位的跨境合作。②

（二）承接粤港澳大湾区产业转移，融入国家发展大局

近年来，越南经济发展日新月异，开始进入快速发展阶段，吸引外资能力不断增强，企业加速向越南转移。加之受中美贸易摩擦影响，粤港澳大湾区的部分工厂也开始迁往越南。国际环境变化进一步加速了企业转移到越南的步伐，广西承接产业转移、融入粤港澳大湾区建设亟待寻求新的突破口。在此种形势下，跨境经济合作区可以充分承接粤港

① 张丽君、王飞、田东霞、周英等：《中国跨境经济合作区进展报告2018》，中国经济出版社2019年版。

② 朱丽华：《全面开放新格局下沿边口岸经济高质量发展路径探析——基于广西东兴口岸的调查》，载《行政与法》2019年第7期。

澳大湾区产业转移的区位优势，吸引更多国内外企业入驻园区，为广西承接产业转移提供便利。对此，东兴试验区管委会可根据工作需要，探索建立更加灵活有效的行政审批、服务、综合执法和监督机制。

一是设立完善的产业发展基金，创新试验区发展扶持模式。将广西壮族自治区与东兴跨境经济合作区发展相关、按规定可授权或委托的审批权，授权或委托东兴试验区管委会依法行使，建立东兴试验区产业发展基金。东兴跨境经济合作区建立特殊一级财政管理体制。明确东兴跨境经济合作区税收征管机构，并在中国人民银行防城港市中心支行设立国库，东兴跨境经济合作区年度预、决算草案分别在防城港市本级单列。探索按市场化方式设立东兴试验区产业发展基金，增强东兴试验区融资和开发建设的能力。

二是降低企业成本，营造适宜的产业发展环境。加快完善跨境经济合作区核心区域的方案规划，建立国土资源规划绿色通道，放宽取得方式，降低取得成本。加速推进区内重点项目，对鼓励发展的产业项目，土地出让底价可按最低价标准执行；允许企业分期缴纳土地出让价款，免征城镇土地使用税 5 年，第 6 年至第 10 年减半征收；探索跨境经济合作区的税收专项特殊优惠，对相关鼓励类产业企业做到税率更低且优惠时间更长；对于总部入驻跨境经济合作区的重点发展企业，自取得第一笔生产经营收入所属纳税年度起，除给予西部大开发优惠税收外，第 1 年至第 5 年免征属于地方分享部分的企业所得税，第 6 年至第 10 年减半征收；提高边民互市贸易免税额度，在现行边民互市贸易商品进口免税额度 8000 元基础上，争取将边民每人每日免税进口额度提高到 20000 元；降低跨境经济合作区内企业水电气成本，执行广西壮族自治区调整电价计费规则及相关用电优惠政策，对区内新开工工业项目予以一定程度的首年减免优惠。

三是对接越方诉求，共同开拓国际市场。根据广西东兴国家重点开发开放试验区管委会与广东外语外贸大学国际治理创新研究院联合调研组的越南调研报告，越南对投资和高新技术引进的诉求大于贸易往来。越南认为，中国当前在越南的投资领域和投资区域分布不够广泛，呈扎堆聚集化。

目前其主要集中于制造业和工业建筑业，其次是服务业，最后才是农林渔业。越南当地政府希望与中国更多地开展高技术、环保、可持续的投资项目合作。

在跨境经济合作区内科学规划产业布局及政策体系，着重开拓第三方市场。我方应根据实际情况联合越方共同规划中越跨境经济合作区的产业布局，确保合理划分、科学定位，在充分发挥双方优势的基础上共同开拓国际市场（第三方市场）。具体来说，我方应拓展投资合作领域，着重找准越南需求意向比较强烈的产业如农产品加工（茶叶、茴香）等增加投资，而劳动密集型产品等则应针对第三方市场进行贸易。切实把握好越南的发展诉求和我国的战略方向，本着互相尊重、合作共赢的原则，一同打造中越合作新平台，为中越及周边区域共同发展增添新动力。

三、创新自由贸易政策，提高贸易便利化水平

（一）优化口岸通关流程，加强口岸管理平台建设

为适应新形势的要求，根据《国务院关于印发优化口岸营商环境促进跨境贸易便利化工作方案的通知》[①] 指示，可以进一步削减进出口环节审批事项，规范审批行为，优化简化通关流程，取消不必要的监管要求，清理不合理收费，完善跨境经济合作区的跨境贸易管理体系。

1. 简政放权，减少进出口环节审批监管事项

要精简进出口环节监管证件，优化监管证件办理程序，除安全保密需要等特殊情况外，建议尽早将监管证件全部实现网上申报，网上办理。

2. 加大改革力度，优化口岸通关流程和作业方式

要深化跨境经济合作区通关一体化改革，推动海关、边检、海事一次性联合检查。海关可直接使用市场监管、商务等部门的数据办理进出口货物收发货人注册登记，学习南沙建立进出口商品全球溯源体系。

① 中华人民共和国国务院：《国务院关于印发优化口岸营商环境促进跨境贸易便利化工作方案的通知》，中华人民共和国国务院官网，2018-10-13，http://www.gov.cn/zhengce/content/2018-10/19/content_5332590.htm.

要加强关铁信息共享，推进铁路货物运输无纸化通关，打造全程“快速无纸化”平台。全面推广财关库银横向联网，加快推进税单无纸化改革。同时，报关通关可以采取“先进区后报关”、货物状态分类监管、“多证合一”、“一照一码”商事登记化运作方式，加强中越合作方面在仓储、运输等基础设施制度改革、“先装船后改配”通关改革、跨境电商出口“暂存入区”模式、船舶“无疫通行”卫生检疫模式等多项促进贸易便利化的改革措施，降低企业的运营成本，提高企业的通关效率。

要优化检验检疫作业，减少双边协议出口商品装运前的检验数量，推行跨境经济合作区内的进口矿产品等大宗资源性商品“先验放后检测”的检验监管方式。创新检验检疫方法，应用现场快速检测技术，进一步缩短检验检疫周期。跨境经济合作区可以推广第三方采信制度，引入市场竞争机制，发挥社会检验检测机构的作用，在进出口环节推广第三方检验检测结果采信制度。

3. **提升通关效率，提高口岸物流服务效能**

通过“单一窗口”、港口电子数据交换（EDI）中心等信息平台向进出口企业、口岸作业场站推送查验通知，增强通关时效的可预期性。进境运输工具到港前，口岸查验单位对申报的电子数据实施在线审核并及时向车站、码头及船舶代理反馈。同时，建议加快发展多式联运，研究制定多式联运服务规则。加快建设多式联运公共信息平台，加强交通运输、海关、市场监管等部门间信息开放共享，为企业提供资质资格、认证认可、检验检疫、通关查验、信用评价等一站式综合信息服务。推动外贸集装箱货物在途、舱单、运单、装卸等铁水联运物流信息交换共享，提供全程追踪、实时查询等服务。创新跨境经济合作区口岸通关管理模式，推进和越南双方共同监管设施的建设，协调工作制度和通关模式的关系，支持陆路边境口岸创新通关管理模式。在跨境经济合作区口岸实施更便利的通关措施，如有条件可渐进推广中越“客、货车一站式”通关模式。

4. **加强平台建设，提升跨境经济合作区口岸管理信息化智能化水平**

实现跨境经济合作区口岸功能覆盖至跨境经济合作区相关区域，

同时对接全国版跨境电商线上综合服务平台。加强综合服务平台与银行、保险、民航、铁路、港口等相关行业机构合作，共同建设跨境贸易大数据平台。聚合各方权威数据与平台大数据，促进物流体系与生产体系、流通体系的有效对接，形成互通共享的国际贸易大数据服务平台。

实现跨境经济合作区物流信息电子化，完善不同运输方式集装箱、整车货物运输电子数据交换报文标准，推动其在跨境经济合作区口岸查验单位与运输企业中的应用。实现口岸作业场站货物装卸、仓储理货、报关、物流运输、费用结算等环节无纸化和电子化。同时，加快提升跨境经济合作区口岸查验智能化水平。

（二）强化口岸监管执法，打造进出口贸易新业态

借鉴其他省份的成功经验，建立符合我国口岸管理实际、与国际通行做法对接并可比的口岸营商环境评价机制，如 2018 年国务院批准颁布的《关于印发进一步深化中国（广东）自由贸易试验区改革开放方案的通知》。

1. 积极探索分类监管，创新贸易综合监管模式

深入实施货物状态分类监管，研究将试点从物流仓储企业扩大到符合条件的贸易、生产加工企业。试点开展高技术含量、高附加值项目境内外检测维修和再制造业务。在风险可控的前提下，积极探索开展数控机床、工程设备、通信设备等进口再制造，创新维修监管模式。在符合相关监管政策的前提下，支持跨境电子商务保税备货业务商品进入海关特殊监管区域时先理货后报关。试点实施进口非特殊用途化妆品备案管理，管理权限属广西壮族自治区。优化生物医药全球协同研发的试验用生物材料和特殊物品的检疫查验流程。

2. 建设国际贸易中心，发展国际贸易新业态

推动建立统筹国内和国际市场、空港和海港资源、在岸和离岸业务、货物贸易和服务贸易的全球供应链核心枢纽。推动跨国公司在跨境经济合作区设立全球或地区总部，鼓励金融、物流、信息、会展、科技研发、商品和要素交易等专业化服务企业设立国际业务总部、窗口企业和涉外

专业服务机构。

进一步支持转口贸易、离岸贸易、维修检测、研发设计等国际业务规范快速发展，促进国际贸易新业态发展，制定并完善跨境电子商务、汽车平行进口、融资租赁等业态的配套监管制度。

四、创新招商引资政策，打造一流投资环境

（一）推动政务环境更加智慧化、便利化

1. 推动园区企业服务智慧化

深化实施“园区一卡通”智能化管理模式，做到“一卡走遍园区”。建立跨境经济合作区中越双语智慧政务平台，集办公、审批、对外服务、监察、信息公开等于一体，压缩办理时间，降低办理成本，实现跨境经济合作区内企业开办、施工许可、税费缴纳、不动产登记、水电气供应等事项一网通办。贯彻落实《优化营商环境条例》，精简办税资料和流程，简并申报缴税次数，公开涉税事项办理时限，缩减办税时间。建立统一的动产和权利担保登记公示系统，实现跨境经济合作区市场主体在一个平台上办理动产和权利担保登记。

2. 促进市场准入商事登记便利化

在审批模式上，市场准入深化实行“单一窗口”办理，在东兴市政务服务中心（跨境经济合作区政务服务中心）依托涉及市场准入和商事登记审批的东兴市相关审批部门，设置集企业经营资格审批、外资企业设立和变更备案（审批）、“多证合一”登记为一体的政务服务窗口。全面落实“先照后证”商事制度改革措施。固定资产投资建设项目实行“一门受理、一体审查、一文批复、一链监管、一网运行”的“五个一”审批模式。在便利措施上，推进许可默认备案、信用承诺即入、证照脱钩、团队帮扶、特色套餐等机制措施。[①] 制定中越统一信用数据目录、标准和格式规范，打破跨境经济合作区信用信息壁垒，

① 防城港市人民政府：《中国东兴－越南芒街跨境经济合作区东兴园区创新行政审批工作方案》，广西防城港市人民政府门户网站，2020-02-11，http://www.fcgs.gov.cn/xxgk/jcxxgk/gzdt/gclsygqk/202002/t20200211_94609.html.

打造信用建设示范区。

（二）营造成本适宜的企业发展环境

1. 提高国土资源利用效率

防城港市、东兴市统筹安排建设用地指标，支持按照可持续发展的需要对土地利用总体规划进行修改和调整，重点保障东兴跨境经济合作区的发展需要；统筹单列下达东兴试验区的用地计划指标，涉及占用耕地的，按国家和自治区有关政策规定予以支持；建立健全东兴跨境经济合作区节约集约土地利用制度，提高土地利用效率；按国家和自治区有关规定，在用林、用海、能耗等方面对东兴跨境经济合作区建设给予倾斜支持。① 设置公平合理的竞买条件，维护土地市场健康平稳运行；探索产业用地项目先租后让、租让结合、分期供地、弹性年期出让的供地方式，试点先短期出让，考核后再长期出让的供地模式，提高土地资源调控能力，降低企业发展成本。② 加快完善跨境经济合作区核心区域的方案规划，建立国土资源规划绿色通道，加速落实区内重点建设项目；对鼓励发展的产业项目，土地出让底价可按最低价标准的相应百分率执行；允许企业分期缴纳土地出让价款，免征城镇土地使用税 5 年，第 6 年至第 10 年减半征收。

2. 创新公共服务供给机制

一是加快基础设施建设，电力、燃气、供水、通信等部门要按照“谁受益、谁投资”的原则，按照跨境经济合作区规划和建设任务节点目标，及时跟进跨境经济合作区相关基础设施投资建设，满足项目入园需要；降低跨境经济合作区内企业水电气等成本，执行广西壮族自治区调整电价计费规则及相关用电优惠政策，对区内新开工工业项目予以一定程度

① 广西壮族自治区人民政府：《广西壮族自治区人民政府办公厅关于印发深化东兴重点开发开放试验区和跨境经济合作区管理体制机制改革方案的通知》，广西壮族自治区人民政府门户网站，2019-05-31，http://www.gxzf.gov.cn/zwgk/zfwj/zzqrmzfbgtwj/2019ngzbwj/20190617-752862.shtml.

② 天津经济技术开发区管理委员会政务服务平台:《优化营商环境 经开区拿出“36计”》，天津经济技术开发区管理委员会官方网站，2021-09-01，https://www.teda.gov.cn/contents/4886/102702.html.

的首年减免优惠。

二是提升生产配套功能，加大跨境经济合作区技术创新、信息服务、中介服务、现代物流、企业家交流等生产配套服务平台建设支持力度，不断降低企业商务成本。鼓励支持重点企业创办园区，吸引上下游企业入园配套，形成产业链条和产业集群，做到土地集约利用、产业集群配套。①

3. 营造最优最简的税收环境

一是探索跨境经济合作区的税收专项特殊优惠，对相关鼓励类产业企业做到税率更低且优惠时间更长；对于总部入驻跨境经济合作区的重点发展企业，自取得第一笔生产经营收入所属纳税年度起，除给予西部大开发优惠税收外，第1年至第5年免征属于地方分享部分的企业所得税，第6年至第10年减半征收。

二是进一步简化税收流程，推行纳税人“全程网上办”及“最多跑一次”清单，高频税收业务实行“套餐式”办理，不见面办税业务量达到95%以上，涉税事项窗口即时办结率达到90%；增强政策确定性，提供申报缴税、预约办税、智能信息推送等个性化、管家式纳税服务；缩短退税办理时间，出口退税申报、审核、审批、退库全流程实现无纸化，出口退税一、二类纳税人申报退税办理时间不超过1个工作日，三类纳税人不超过3个工作日；推广使用网上办税、手机办税、移动缴税；简化纳税人跨区域涉税事项报验程序，实施省内跨区域涉税事项报告表全程电子化办理。②

① 防城港市政府：《关于建立推进中国东兴－越南芒街跨境经济合作区东兴园区与东兴市政区协同发展联动工作机制的实施意见》，广西防城港市政府官方网站，2020-02-11，http://www.fcgs.gov.cn/xxgk/jcxxgk/gzdt/gclsygqk/202002/t20200211_94609.html.

② 芜湖市人民政府：《苏州工业园区优化营商环境行动方案》，芜湖市人民政府官方网站，2019-07-29，https://www.wuhu.gov.cn/xwzx/ztzl/ssyfsqgc/tszs/15804411.html.

（三）营造更加开放的投资环境

1. 进一步扩大市场准入开放度

跨境经济合作区全面实行“准入前国民待遇”+“负面清单”管理制度，遵循联合国《产品总分类》，切实做到法律上平等、政策上一致，实行国民待遇。创新投资促进模式，政府投资资金投向以非经营性项目为主，对需要政府支持的经营性项目，主要采取资本金注入方式投入并进行引导；实行市场化运作，探索东兴试验区推行公司化投资招商、创新投资促进考核和奖励机制；东兴试验区管委会为招商公司量身定制经营业绩考核办法，根据招商成果给予资金奖励；鼓励合格的投资者按市场化方式发起设立各类产业基金，支持跨境经济合作区发展。[①] 加大政府和社会资本合作（PPP）模式推进力度，引导社会资本进入基础设施建设或前沿产业领域，减轻政府财政负担，同时为社会资本方保留合理的利润空间，建立合理的风险分担机制，吸引社会资本更积极地参与PPP 项目建设。

2. 创新财政和投融资机制

一是理顺跨境经济合作区财政管理体制。由东兴市负责管理跨境经济合作区的全部建设资金，统筹安排跨境经济合作区的开发建设资金，跨境经济合作区范围内的土地出让收入 5 年内全部返还东兴市，确保跨境经济合作区重点项目的顺利实施；防城港市财政、审计等部门要加大对跨境经济合作区建设资金使用管理的监督检查力度，确保资金规范、安全、有效使用。

二是创新跨境经济合作区投融资主体。东兴试验区管委会投融资平台公司和东兴市投融资平台公司，作为跨境经济合作区的投融资主体，重点投资跨境经济合作区标准厂房等基础设施建设、社会公共事业和战略性新兴产业领域，并按照《公司法》充实资本金、完善治理结构、实

① 广西壮族自治区人民政府：《广西壮族自治区人民政府办公厅关于印发深化东兴重点开发开放试验区和跨境经济合作区管理体制机制改革方案的通知》，广西壮族自治区人民政府门户网站，2019–06–17，http://www.gxzf.gov.cn/zwgk/zfwj/zzqrmzfbgtwj/2019ngzbwj/20190617–752862.shtml.

现商业运作，逐步通过引入社会投资等市场化途径，促进投资主体多元化；同时，在不新增政府隐性债务的基础上，通过资产证券化、企业债、私募债、债务融资工具、银行贷款等多种渠道，筹集跨境经济合作区开发建设资金。[①]

三是完善企业境外投资政策咨询和融资服务。推进对外投资项目库、资金库、信息库的网络平台建设，为对外投资企业提供专业有效的培训，加强金融保险、专业咨询和法律事务所等机构对接合作，引导企业稳健"走出去"实施跨国经营；鼓励金融机构为企业"走出去"创新金融产品，探索创新融资抵押方式，运用"优惠贷款 + 商业贷款""直接融资 + 间接融资""股权 + 债权"等方式，帮助"走出去"企业拓宽融资渠道；支持"走出去"企业发行债券融资，通过境内外上市进行直接融资；支持保险机构开展出口信用保险和海外投资保险，为企业"走出去"提供投资、运营、用工等方面保险服务，提升企业信用等级。[②]

（四）营造公平公正的法治环境

1. 进一步完善跨境经济合作区的市场法律体系

加大法治政府建设力度，营造公平公正的法治营商环境，推进重大行政决策规范管理标准化、体系化试点，推行重大决策项目网上运行，完善公众参与、专家论证、风险评估、合法性审查和集体讨论相结合的行政决策实施程序。贯彻落实《优化营商环境条例》精神，保障跨境经济合作区各类所有制主体依法取得生产要素和享受优惠待遇、公平参与市场竞争的权利。建立一站式国际商事纠纷处理机制，整合法律服务资源，加强营商环境改革专项立法，完善法律服务政策体系，充分发挥司法职能，为全面开放的营商环境提供司法服务保障。严格

① 防城港市政府：《关于建立推进中国东兴－越南芒街跨境经济合作区东兴园区与东兴市政区协同发展联动工作机制的实施意见》，广西防城港市政府门户网站，2020-02-11，http://www.fcgs.gov.cn/xxgk/jcxxgk/gzdt/gclsygqk/202002/t20200211_94609.html.

② 苏州工业园区管理委员会：《苏州工业园区优化营商环境行动方案》，苏州工业园区管理委员会官方网站，2019-07-25，http://ywtk.sipac.gov.cn/gkxqGov-73037#main.

规范涉企行政执法行为，坚决依法查处滥用行政权力干涉企业正常经营的行为，[①] 分类制定实施行政裁量权基准制度，规范裁量范围、种类、幅度。制定与市场主体生产经营活动密切相关的行政法规、规章、行政规范性文件，通过报纸、网络等向社会公开征求意见，并建立健全意见采纳情况反馈机制，向社会公开征求意见的期限一般不少于 30 日。[②]

2. **加强各项产权保护措施**

建立涉企产权案件立案登记绿色通道，提高产权、合同执行等案件的审判执行效率。[③] 依法界定涉案财产，不得因企业股东、经营管理者个人违法，任意牵连企业法人合法财产。妥善处理公司决议效力、股东知情权、利润分配权、优先购买权和股东代表诉讼等纠纷案件，加强对中小股东合法权利的司法保护，完善公司治理结构。研究建立因政府规划调整、政策变化造成企业合法权益受损的依法依规补偿救济机制。[④] 实行最严格的知识产权保护制度，加快建设专利行政执法全流程监管系统，开展打击侵权专项行动，强化知识产权保护行政执法与刑事司法相衔接；对知识产权诉讼涉案企业终审胜诉或和解获利的区内企业事业单位，给予一定补贴；将故意侵犯知识产权行为纳入企业和个人信用记录；推进国家中小微企业知识产权培训基地、中国知识产权保护中心及园区重点产业知识产权运营中心的建设，积极探索支撑创新发展

① 重庆市梁平区荫平镇人民政府：《关于印发〈重庆市梁平区荫平镇“营商环境建设年”行动方案〉的通知》，重庆市梁平区人民政府官方网站，2020-06-05，http://www.cqlp.gov.cn/yp/zwgk_29639/fdzdgknr_29641/202006/t20200605_7547322.html.

② 青海省司法厅：《青海省优化营商环境条例》，青海普法网，2021-08-10，http://sft.qinghai.gov.cn/pub/qhpfw/sfxzyw/jrbb/202108/t20210810_67400.html.

③ 连云港市人民政府：《政府办公室关于进一步聚焦企业关切大力优化营商环境的通知》，连云港市人民政府官方网站，2019-09-13，http://www.lyg.gov.cn/zglygzfmhwz/ggcgg1/content/a8df691b-17a9-4593-890c-df087b6e9799.htm.

④ 日照市财政局：《〈国务院办公厅关于聚焦企业关切进一步推动优化营商环境政策落实的通知〉，要求继续规范有序推进 PPP 项目建设》，日照市财政局官方网站，2018-11-14，http://czj.rizhao.gov.cn/art/2018/11/14/art_30910_6549411.html.

的知识产权国际化运行机制，打造知识产权的国际合作样板区。①

五、创新金融政策，探索金融开放制度

跨境经济合作区建设资金需求大，政府、企业都需要资金融通，两国双方经贸合作也需要大量的货币流转，因此跨境经济合作区金融管理制度政策需要进一步完善。为适应跨境经济合作区建设，结合已有的中越金融合作，中国东兴–越南芒街跨境经济合作区可在创新结算方式、完善金融组织体系、创新金融服务功能、支持发展多层次金融市场、增强金融风险防控机制等方面对园区金融做进一步指引和规范。

（一）创新结算方式，支持跨境人民币业务创新

进一步推进中越货币稳定体系、投融资体系和信用体系建设，由中越双方货币金融管理局（中方为中央银行）、地方金融监管局（中方为广西壮族自治区地方金融监督管理局）负责牵头，深化中越跨境金融合作。

进一步提高境外机构投资者入市投资的便利性，积极吸引境外机构投资者进入银行间债券市场，一方面给予越方金融机构法人发行债券的权利，以获得进一步的优待，如减少实际缴纳资本等，从而放宽人民币债权发行的条件；另一方面成立专门的跨境经济合作区越方人民币债券发行金融小组，对越方发行人民币债券进行审核批示，并进一步简化申请流程、缩短申请时间。

进一步支持符合条件的中国境内金融机构、企业在境外发行人民币债券和外币债券，对于注册地在跨境经济合作区内、到境外市场发行人民币债券并将发债融资资金投入跨境经济合作区的企业，自治区财政按照一定的规定给予适当的补助。

进一步支持企业在跨境经济合作区设立金融机构并使用人民币业

① 芜湖市人民政府：《苏州工业园区优化营商环境行动方案》，芜湖市人民政府官方网站，2019-07-29，https://www.wuhu.gov.cn/xwzx/ztzl/ssyfsqgc/tszs/15804411.html.

务平台，在跨境经济合作区内设立并投入使用区域性跨境人民币业务平台的银行业金融机构，在跨境经济合作区内挂牌与东盟国家货币直接交易且参与区域银行间交易的银行业金融机构、注册地在跨境经济合作区内的金融机构等，自治区财政分别按一定规格给予一定的补助。[①]

（二）完善金融组织体系，打造高层次金融服务圈

进一步完善园区银行结算体系，鼓励企业在广西与越南双方的银行开设本地货币账户，并通过银行担保或第三方担保实现中越两国银行信贷；鼓励商业银行积极探索开展多种货币结算及交收服务，进一步提高服务边贸企业的水平，并大力推广网银结算，提升贸易结算的快捷性和安全性；进一步改善区域内的融资环境，在双方相互合作互信的基础上，成立一个与园区发展相契合的区域性银行，加强中越双方的信息交流、共享，为区域内的项目开发提供强有力的融资支持；进一步健全跨境经济合作区金融机构，通过补助或奖励的形式，鼓励跨境经济合作区金融机构加入。通过开展农产品产量、价格和天气指数等创新型保险试点，支持跨境经济合作区重点产业发展，比如推广渔业保险、农产品质量保证保险等新型险种，积极开办农业基础设施保险。[②] 通过设立金融合作网站，建立个人和企业信用档案，促进区域内资金流动和信息交流与共享。

（三）创新金融服务功能，创新国际人才政策

进一步拓展和创新各类融资渠道、落实登记备案制度、加强监督管理、做好风险防范等，健全私募基金融资管理体系；进一步优化政务服务、加强政府投资基金引导作用、完善股权投资类企业发展环境、健

---

① 广西壮族自治区人民政府：《关于加大财政支持力度促进沿边金融综合改革试验区建设的意见》，广西壮族自治区人民政府办，2014-12-19，http://www.gxzf.gov.cn/zwgk/zfwj/zzqrmzfbgtwj/2014ngzbwj/20150121-437172.shtml.

② 广西防城港防城区人民政府：《先行先试相关政策》，广西防城港防城区人民政府门户网站，2020-02-24，http://www.fcq.gov.cn/fw/ggfw/zsyz/202003/t20200320_122041.html.

全股权投资基金服务保障体系；税收方面要支持股权投资基金，在认真落实财政部、国家税务总局各项税收支持政策方面，创新企业所得税、个人所得税、股权投资类企业缴纳房产税以及城镇土地使用税并加大优惠和减免；财政方面，在公平竞争的前提下，对跨境经济合作区股权投资类企业在规模奖励、投资奖励、贡献奖励、办公用房补助等各方面给予必要的扶持和补助；进一步开放咨询服务及其他支持性服务，增强在越南的中资银行实力，扶持与金融专业相关的配套咨询服务业发展，同时给走出去的中资银行提供急需的越方国家法律制度、税收政策、会计准则、经济政策、社会福利制度等相关知识的配套专业咨询服务，以提升中资银行竞争力和经济地位。

（四）支持发展多层次金融市场，开拓融资新渠道

充分发挥中越两国资本市场的优势，抓住区域合作的机遇，完善区域内金融市场和金融环境的建设，提高金融市场开放程度，加快跨合区区域经济一体化进程，促进区域范围内的金融市场之间实现良性互动。积极实施“引进来”战略，制定优惠政策，吸引外资金融机构前来设立分支机构或投资入股境内金融机构。[①] 通过发行企业债券、公司上市方式，吸收更多的资金流入，进而加快跨境经济合作区基础设施建设；鼓励和支持符合条件的企业发行企业债券、短期融资券、中期票据，通过资本市场融资采取产业链企业互保、股权、商标专用权、订单、原材料、库存商品、应收账款、专利等灵活有效的抵押担保方式，积极推广进出口押汇、仓单质押、海外代付、汇利达业务等贸易融资和出口退税账户托管贷款业务。[②] 完善创新投资基金以及专项资金的相关机制，将企业

① 梁文娟：《北部湾（广西）经济区资金问题的研究》，载《当代经济》2007 年第 9 期。

② 广西防城港防城区人民政府：《广西壮族自治区人民政府关于延续和修订促进广西北部湾经济区开放开发若干政策规定的通知》，广西壮族自治区人民政府门户网站，2020-07-16，http://www.fcgs.gov.cn/zxbs/zdbsfw/jyns/zcwj_8233/202007/t20200716_160460.html.

和境外金融资本引入合作区，并且引导企业发展特色产业。[①] 加强中越发达省份对金融机构的吸引力，鼓励开设分支机构，深化两国的交流合作，并考虑后续成立跨境的区域性金融机构，构建跨境经济金融平台；鼓励发展金融新业态，鼓励互联网金融公司运用各种新兴技术，探索金融发展的新路径；积极探索离岸金融市场，吸取上海自贸区离岸金融市场建设经验，适时构建面向南亚、东南亚的离岸金融市场，为跨境经济合作区金融参与金融国际化提供有效的渠道和机会。

（五）增强金融风险防控机制，优化跨境经济合作区金融环境

强化和完善现行金融监管体系，通过跨境金融监管、风险预警、风险救助、金融指标评估等措施，客观分析判断整体金融风险，定期发布金融稳定评估报告；[②] 建立定期或不定期的联席会议制度，共同制定完善应急预案、风险应对和危机处置制度，构建区域性金融风险预警系统，推动跨境经济合作区内的金融机构提高经营管理水平，促进金融体系稳健运行。进一步完善征信市场体系，加强信用信息共享，支持政府部门、行业协会、互联网平台、大型企业将掌握的企业行政管理信息、资质资格信息、交易信息、上下游供应链等信息向企业征信机构开放。[③] 通过跨境经济合作区中国人民银行分行详细了解辖区内信用评级机构的人员情况、数据库情况、数据来源情况、服务范围、服务产品等，加强对信用评级市场的管理；健全信用担保机制，加强担保市场监管，督促担保机构建立科学的风险控制制度；完善信用激励约束机制，综合运用法律、经济、宣传、舆论监督等多种手段，尽快构建社会信用的惩戒机制；严把从业人员资格和公司内部控制制度等方面市场准入关，加大对违规行为的处罚力度，建立信用服务行业协会，加强行

① 唐万欢、李冬冬：《“一带一路”倡议下中越跨境经济合作区发展路径研究》，《现代营销（经营版）》2018 年第 5 期。

② 张家寿：《广西北部湾经济区金融支撑体系研究》，载《东南亚纵横》2010 年第 1 期。

③ 陕西省人民政府：《央行：支持政府、协会、互联网平台向征信机构开放企业信息》，信用中国（陕西），2019-11-01，http://credit.shaanxi.gov.cn/311/7546702.html.

业自律；购买研发机构与征信中心反馈数据比对辅助软件，改变目前手工核对的检查方式，进一步保证征信管理信息安全。进一步研究制定完备的配套监管政策，加速金融法制建设进程，健全金融生态环境建设的相关法律法规、会计准则、信息披露、司法执法、金融产权制度，为风险投资运营机制提供规范的法律环境，强化风险管理制度；加强执法力度，大力支持司法公正、依法行政，深化政府和金融机构合作，严厉打击逃废金融债务行为，提高违法、违纪、违约者的成本，严厉打击非法金融活动和金融机构，维护正常金融秩序。①

六、创新国际人才政策，打造高格局人才聚集地

坚持将人才作为跨境经济合作区的核心竞争力，实行更科学的劳务合作政策，更专业的人才培养政策。更优惠的人才引进政策和更开放的人才交流政策，创造具有强大竞争力的引才、育才、用才、留才环境，打造海内外人才向往、企业人才有保障的营商示范区和高格局人才聚集地。

（一）加快推进中越跨境劳务合作

1. 协调完善跨境劳动力市场政策和培训体系

一是完善中越劳动力流动市场机制，合理配置中越跨境劳动力资源。

二是协调统一中越跨境劳动力政策制定，健全资源流动和配置体制机制。

三是推动中越跨境劳务市场人才质量提升，统筹加强有形和无形的跨境劳动力人才市场建设，促进人才市场的良性竞争。

四是定期举办中越跨境劳务合作人才交流会，为中越跨境劳务合作提供交流和信息共享平台。

五是制定政策扶持劳务派遣的中介机构和跨境劳务企业，激励企

---

① 张家寿：《关于广西北部湾经济区开发建设的金融支持政策》，载《现代商业》2008 年第 33 期。

业和机构有效培训跨境劳务人员的语言技能、法律知识和劳动专门技能。

2. 提升跨境劳务便利化水平

入区企业可按规定申请境外边民用工资格证，对外籍劳工实施“三证一登记”管理，用工单位或中介机构应根据相关规定与越南入境务工人员签订劳务合同，实行中越劳工“同工同酬”。为聘用的越南入境务工人员购买意外伤害和工伤商业保险，确保越南入境务工人员的劳动权益。依托东兴市中越跨境劳务服务管理中心，建立园区专用跨境劳务服务信息平台，公开园区用工信息，及时发布跨境劳务相关政策、用工需求、求职信息等。设立越南入境务工人员“一站式”管理服务中心，由公安、人社、检验检疫等部门以及翻译中介、具有法人资格的相关中介、劳务信息平台等联合进驻，开通绿色通道，为边民提供“一站式”服务。[①]

3. 完善跨境劳务合作信息服务平台

一是构建跨界劳务信息一体化、网络化。强化中越信息网络的互联，及时收集、筛选、整理、传递、发布跨国劳动信息，以促进中越地区劳动信息的交流，消除跨国劳动信息的不对称。

二是加强对中越政府跨界劳动关系的监测与预报。通过建立跨区域劳动关系动态监测网络，全面了解劳务人员的数量、工作类型、工作方式等，保证劳务信息的真实、准确。

三是在中越边境地区设立人力资源库。通过构建跨国界的人力资源数据库，对各类人力资源进行立档、分类，并根据需要，为其提供适合的岗位。

4. 优化跨境劳务合作政策和法律环境

一是确保跨境劳务市场竞争环境公平且透明，维护企业和劳工的切身利益。

二是加快地方政府在服务保障、管理体制与手段、许可准入等方面的立法工作，允许来自邻国的一般外籍劳工进入我国边境城市务工。

三是简化越南边民在沿边地区居留、务工的流程和手续，授予市

① 张鑫、王志远：《“一带一路”战略下中越跨境劳务合作研究》，载《价格月刊》2017 年第 6 期。

级相关部门办理广西壮族自治区边境地区外国人临时居留证的职权，规定越南边境地区居民所持外国人停留证件有效期最长为 180 日，且在规定期限内可以免费往返通行 3 次以上，续期两次，每次 3 个月。[①]

（二）优化人才引进和服务举措

1. 畅通人才引进绿色通道

建立广西壮族自治区直属机关、企事业单位与中越两国的双向人才交流机制，将跨境经济合作区管理机关列入两国公务员聘任制试点，采取与两国公务员相同甚至更优化的福利机制：取消人才引进审批制，实行人才引进准入制、备案制，对高层次领军人才和紧缺的高层次专业技术人才，采用直接考核的方式予以引进，提供国际化薪酬待遇。探索引进深圳前海"法定机构管理模式"等公务员雇佣新模式，提升人事管理、薪酬福利制度的灵活性和自主性。允许企事业单位引进的短缺人才通过绿色通道直接申报评审高级职称。根据事业单位申请批准开展特设岗位设置。设立人才专项奖励基金，建立健全与绩效挂钩的灵活分配激励机制。

2. 深化实施人才安居工程

对符合防城港市重点领域、重点产业的"高精尖端"人才实施差别化奖励和扶持措施。根据防城港市"白鹭型英才计划"标准，引进具有国际科技竞争力的研究学者和各学界成绩斐然的高层次中青年骨干专家，予以高额购房补贴。本科以上紧缺人才可享 3 年拎包入住的全装修优租房；继续加大人才组屋、人才优购房及人才优租房供给；针对在园区就业、创业并连续缴纳社保或个税 12 个月及以上，且在本市无自有住房的本科及以上人才，实施优先购买普通商品房政策；对在园区单位工作且在缴存住房公积金的人才，给予住房公积金缴存、提取、放宽贷

① 初阳、陈雷、秦永芳：《中越跨境劳务合作的实践与探索——以广西防城港市、崇左市为例》，载《桂海论丛》2018 年第 5 期。

款条件和提高贷款额度的优惠。[1] 探索引进人才租住满5年后可按入住时市场价格购买所租住房的优惠政策。

3. 深化实施人才补贴激励政策

一是实施人才招聘和引进补贴，对成功引进广西壮族自治区认定的高层次人才和急需紧缺人才的人力资源机构，由各级人民政府给予奖励。[2]

二是实施人才培训补贴，设立政府补贴紧缺人才培训项目，鼓励以企业为主体建设人才培训体系，对企业建设学习型组织、企业培训基地、企业大学等战略性人才储备与发展项目分别给予相应补贴。

三是实施人才实习补贴，联合全国重点高校合作建立“中越跨境经济合作区－全国重点高校实习基地”，择优选派在校大学生进行实习，到跨境经济合作区单位实习的院校学生，可申请实习补贴。

四是探索奖学金激励制度，在全国部分重点高校和科教创新区内部分高校、科研院所设置奖学金，奖励专业符合跨境经济合作区主导和新兴产业发展方向的优秀全日制在校生。

4. 建立优化企业人力资源保障服务

建设高水平人力资源产业园，大力发展人力资源外包、高级人才寻访、人才测评、人力资源管理咨询等新业态；实施人力资源“蓄水池”计划，多渠道保障企业用工需求。加大稳岗支持力度，对上年不裁员或少裁员的园区企业，可按企业及其职工上年度实际缴纳失业保险费的50%予以返还；深入开展职业技能提升行动，着力解决人力资源结构性矛盾；每年定期组织企业技能免费培训，降低一线员工的流失率；定期举办“降本增效”主题免费招聘会，降低企业的招聘成本；推进社保（公积金）业务服务“应网尽网”，全面实现线上办理。优化企业特殊工时

① 芜湖市人民政府：《苏州工业园区优化营商环境行动方案》，芜湖市人民政府官方网站，2019-07-29，https://www.wuhu.gov.cn/xwzx/ztzl/ssyfsqgc/tszs/15804411.html.

② 广西壮族自治区投资促进局：《中共广西壮族自治区委员会 广西壮族自治区人民政府 关于进一步深化改革创新优化营商环境的若干意见》，广西投资促进局、广西投资（招商）促进系统官方网站，2018-08-06，http://tzcjj.gxzf.gov.cn/xxgk/zfwj/t808209.shtml.

审批服务，积极支持企业实行特殊工时制度，提高企业管理水平和劳动生产率。[①]

5. 畅通高端人才服务绿色通道

为广西壮族自治区认定的各类高层次人才和急需紧缺人才提供创新创业、出入境便利、社会保障等全方位咨询与帮办服务。对于符合条件的高端人才，其子女可享受区内地段生同等待遇、公办学校就近入学，非公办学校每年相应额度学费补贴，本人可享受免费体检和VIP门急诊、住院等医疗保健服务。强化人才金融支持，面向人才企业开展投贷联动试点，探索设立跨境经济合作区高端人才基金。

6. 完善外籍人才出入境便利服务政策

推广、复制、促进、服务自由贸易试验区建设移民与出入境便利政策。

一是扩大外国人才申请永久居留对象范围。对外籍高层次人才、有博士学历或长期在国家重点发展区域工作的外籍华人、有重大突出贡献以及国家特别需要的外国人才、符合工资性年收入标准和纳税标准的长期在华工作的外国人，提供申请办理在桂永久居留便利，上述人员的外籍配偶和未成年子女可随同申请。

二是放宽签发长期签证和居留许可的对象范围。优化营商环境，为来华经商、工作、研学的外国人签发长期有效（5年）的签证或居留许可。对国内重点高等院校、科研院所、知名企业邀请来华从事技术合作、经贸活动以及在华工作的外籍人才，对外籍高层次人才工作团队及辅助人员，签发2~5年有效的签证或居留许可。

三是拓宽外国人才引进对象范围。为外国优秀青年在华创业创新提供服务，对在国内重点高等院校、国际知名高校毕业的外国优秀学生在华创新创业、国内知名企事业单位邀请来华实习的外国学生，提供办理签证或居留许可政策支持和便利服务。

四是提高外国人服务管理水平。在跨境经济合作区建立移民事务

① 芜湖市人民政府：《苏州工业园区优化营商环境行动方案》，苏州工业园区管委会，2019-07-29，https://www.wuhu.gov.cn/xwzx/ztzl/ssyfsqgc/tszs/15804411.html.

服务中心（站点），为常住外国人提供政策咨询、居留旅行、法律援助、语言文化等工作学习生活便利服务。[①] 深化中越人才合作试点，自行开展外国人来华工作许可全流程审批，将外国人签证、居留许可的办证时间由 15 个工作日缩短至 7 个工作日；通过接受团队预约、设立绿色通道等措施，将普通办证排队时间缩短 50%。开设高层次外籍人才预约窗口，实现随到随办。[②]

7. 探索接轨国际的人才奖励政策

探索建立"人才津贴"制度，给予园区认定的高端人才和紧缺人才最具竞争力的薪酬、住房、创业、综合贡献等一揽子补助；科技型中小企业转增股本可分期缴纳个人所得税；区内非营利性研发机构和高等学校从职务科技成果转化收入中给予科技人员的现金奖励，符合相关政策规定的，可减按 50% 计入科技人员当月工资、薪金所得缴纳个人所得税；高层次人才领办创办的创新创业企业同样可享受企业所得税优惠。[③]

（三）建设国际高端人才交流平台

1. 建设中国 – 东盟教育合作平台

合理利用跨境经济合作区周边各省市的高校资源，或采用中越共建的形式，搭建高等院校或相关产业研究所等国际学习交流平台，提供中国 – 东盟师生留学交流项目。联合跨境经济合作区企业与中国广东、广西以及越南当地高校，甄选企业优秀员工派遣至高校进行学习，结业后回到原单位担任中高级别职位。

2. 打造中越产学研合作交流平台

第一，成立跨境经济合作区决策咨询委员会、专家咨询委员会和

① 茂名市公安局：《国家移民管理局在全国范围内推广复制促进服务自贸区建设 12 条移民与出入境便利政策》，茂名市公安局网站，2019-08-30，http://mmga.maoming.gov.cn/zwgk/zcwj/content/post_732536.html.

② 芜湖市人民政府：《苏州工业园区优化营商环境行动方案》，苏州工业园区管委会，2019-07-29，https://www.wuhu.gov.cn/xwzx/ztzl/ssyfsqgc/tszs/15804411.html.

③ 同上。

中越研究院等咨询机构，根据重点产业发展和专项工作需要，与知名高校、科研院所、设计单位联合在试验区建立院士工作站、博士后科研工作站、专家工作室和工作研究团队，一对一服务保证团队科研、生活需求。①

第二，鼓励高校和政府合作联合建设国家级或跨国大学科技园，支持围绕跨境经济合作区重点发展产业建设一批创业创新孵化器，引进高水平合作研发机构。②

3. 打造高层次创新创业人才交流平台

第一，联合越南办好“国际精英创业周”、“中越（国际）大学生创业挑战赛”等人才引进活动，打造自主人才引进品牌，活动范围可扩张至东盟乃至全球。对活动中取得优胜并愿意留在跨境经济合作区进行发展的人才，提供活动优胜奖金以及与其他渠道同等的人才引进优惠政策。

第二，对接防城港建设国际医学开放试验区的平台，联合举办“国际医学创新合作”论坛，引入医学制造、医药科技高端人才，吸引国际范围内知名医药企业和机构入驻。

第三，实行“三广（广东、广西、广宁）”中越合作模式，举办“三广”合作论坛，为试验区创新可持续发展提供智力支持，并打造良好招商引资平台。

---

① 广西新闻网：《构建有利于人才聚集和干事创业的机制》，广西新闻门户网，2014-07-20，https://v.gxnews.com.cn/a/10765572.

② 广西防城港防城区人民政府：《关于建设广西东兴国家重点开发开放试验区人才特区的若干意见》，广西壮族自治区人民政府门户网站，2015-08-28，http://www.fcgs.gov.cn/zxzx/syqzc/zc/201506/t20150623_19329.html.

第五部分

国际论坛

第十章　关于组织参与相关论坛的建议

当前全球疫情仍然充满不确定性，世界正在经历百年未有之大变局，构建利益共同体，探索全球经济治理依然需要借鉴国际上的先进经验，这是举办国际治理高端论坛的重要意义。本章将依托中国国际治理高端论坛、中国跨境经济合作区论坛、“三广”经济合作论坛，论述中国如何积极与世界进行对话，搭建多元文明交流与融合的桥梁，探寻让更多的国家共享经济发展成果的可行性方案。“后疫情”时代，加快推动经济复苏增长，恢复和完善全球治理体系是当前最紧迫的任务。中国将始终坚定中国特色社会主义制度的自信，认真学习世界各国的有益经验，广泛吸纳国内外研究机构专家学者的真知灼见，不断提升高水平制度型对外开放程度，推动构建中国越南、亚太地区乃至全世界的人类命运共同体。

一、参与中国国际治理高端论坛，统筹国际国内规则

随着新一轮科技和产业革命的兴起，国际分工体系加速演变，全球价值链深度重塑，经济全球化面临着一系列的新变化和新问题：发展和利益分配不平衡、全球经济治理规则不平衡等问题日渐突出。2018年以来，中美经贸摩擦不断升级，不仅严重影响中美经贸关系的健康发展，还可能危及全球经济的复苏；同时，单边主义、新贸易保护主义的抬头，给多边贸易机制造成不利影响；在当前的新形势下，国际治理变得日趋复杂化，多元化的治理主体尚待进一步协调与整合、碎片化的全球经贸规则体系呼吁重构、多边贸易机制亟须改革和完善以化解日渐被边缘化的危机。然而在风云诡谲的世界舞台上，随着中国综合国力的不断提升和深度融入全球化的进程加快，中国正逐步走向舞台中央，而且

在全球治理中发挥着日益重要的作用。由此可见，多边贸易机制和全球治理的未来迫切需要中西方专家学者基于新时代这一背景，紧密围绕中国参与国际治理的战略路径选择、“一带一路”倡议实施、多边贸易机制完善、国际经贸规则重构等问题展开学术交流探讨。

在这个关键时刻，建议广西东兴国家重点开发开放试验区管委会积极组织参与，在全国政协丝路规划研究中心支持下，由广东外语外贸大学国际治理创新研究院与美国马里兰大学公共政策学院、欧洲大学研究院等国外著名学术研究机构合作举办的中国国际治理高端论坛。中国国际治理高端论坛是广东外语外贸大学国际治理创新研究院倾力打造的知名学术品牌之一，汇聚国内外高端专家，致力于全球经济治理面临的问题和未来发展等相关议题的学术研究交流，剖析 WTO 改革面临的困境和挑战，寻求全球治理体系改革的出路。在之后的中国国际治理高端论坛中，将设立全球跨境经济合作区研究。

第一届中国国际治理高端论坛于 2018 年 9 月 5—8 日分别在北京和广州成功举办。2018 年 9 月 6 日至 7 日，第一届中国国际治理高端论坛由广州接棒，论坛以“中国与多边贸易机制”为主题，议题内涵丰富，具备学术性、权威性、前瞻性、国际性、互动性，通过专家聘任仪式、主旨演讲、专家论坛、高端讲坛、论文交流与评选等内容，全方位解读当前不断变化的全球政治与经济环境的发展趋势，共同打造中西方专家学者在国际治理领域的交流与分享平台，同时为中国发挥好负责任大国的作用，为国际治理体系的改革和建设贡献智慧，进而助力“人类命运共同体”事业建设。论坛取得了一系列影响深远、意义重大的成果，是我国就国际治理问题推进中外智库交流、广泛凝聚共识的一座里程碑；论坛也吸引了中央及地方各级人民政府有关部门领导、国家政策研究机构负责人、顶尖高校资深学者、全国各地青年学者广泛参与，经过两地三天的紧密配合，就多边贸易体制的发展出路、国际治理体系的变革和重构进行了极具时效、层次深入的对话交流；为中国参与全球治理体系改革、推动构建人类命运共同体、积极引领中美经贸关系健康发展建言献策。[①]

举办中国国际治理高端论坛具有重大意义，主要有以下四点：

第一，把握新一轮国际规则制定的机遇期，全面深入地参与国际规则制定、参与全球治理，通过中越跨境经济合作区先试先行形成示范效应，从而为我国争取规则制定的话语权，为完善全球治理体系作出贡献。中国国际治理高端论坛通过全面梳理与中越跨境经济合作区有关的国际规则，形成了一个适合我国跨境经济合作区的可持续发展规则体系，包括边境措施规则、原产地规则、投资规则、服务贸易规则等，以及国际社会广泛关注的环境保护和劳工标准，以此更好地探索制定跨境经济合作区的国际规则。

第二，捕捉跟踪国际治理领域重大热点问题，争取开展深入的、系统的、前瞻性的国际治理课题研究。论坛届时邀请全球治理领域的杰出学者，解读相关领域的前沿研究成果，为中越跨境经济合作区进一步发展提供丰富的学术资源，进而针对重点、热点国际问题，更积极有效地向国家及广西壮族自治区人民政府相关部门提供支持与服务，并持续能动地发挥智库的支撑作用。

第三，论坛旨在搭建人才对话学习、国际交流磋商的长期平台，促进国内外学者之间的交流和互动。目前广东外语外贸大学国际治理创新研究院国际合作伙伴包括欧洲大学研究院、美国马里兰大学、加拿大国际治理创新研究中心、国际贸易与可持续发展研究中心等。论坛有志于构建一个全方位覆盖中国、美国、欧洲的学术联盟。

第四，论坛的筹办是培养综合型、复合型高端专业人才的重要环节。大会从主旨报告翻译、专家联系、会务筹划、议程管理到专题研究由广东外语外贸大学国际治理创新研究院学生独立负责，对创新人才培养模式、提高学生综合素质、增强学生国际意识产生了积极的推动作用，培养的具有全球视野、熟练运用外语、通晓国际规则、精通国际谈判的综合型复合型专业人才可以进一步为广西壮族自治区及中越跨境经济合作

① 广东外语外贸大学：《“第五届白云论坛暨第一届中国国际治理论坛”圆满落幕并取得丰硕成果》，广东外语外贸大学国际治理创新研究院官方网站，2018-09-18，https://sigi.gdufs.edu.cn/info/1061/1454.htm.

区服务。[①] 同时，论坛也给跨境经济合作区政府部门提供了一次理论学习的机会。

二、组织跨境经济合作区论坛，总结交流国内成功经验

随着区域经济一体化的不断发展，构建跨境经济合作区已成为当今世界经济发展中的新兴经济合作模式。中俄绥芬河－波格拉尼奇内贸易综合体、中哈霍尔果斯国际边境合作中心的先后启动以及中越跨境经济合作项目建设的推进，为加快实现中国与毗邻国家区域经济一体化进程、促进双边自由贸易区的建立，起到了示范和推动作用。[②]

目前中越跨境经济合作区采取的部分举措为全国各个跨境合作区的深入合作提供了示范作用。自 2016 年 9 月 13 日首届中越跨境经济合作论坛在广西南宁国际会展中心召开以来，中越跨境经济合作论坛成为中越双方沟通交流的全新平台，加速推动中越两国在跨境合作区建设具体工作层达成一系列重要共识；帮助完善了跨境经济合作区多层协商机制；充分展现了开发建设、改革创新等先行先试成果；跨境经济合作区招商引资工作进展加快。[③]

中越跨境经济合作论坛由广西壮族自治区发展改革委、商务厅、防城港市人民政府、广西东兴试验区管委会等单位联合主办。作为中国－东盟博览会、中国－东盟商务与投资峰会的一项重要活动，论坛现已举办四届，主要功能有：第一，就跨境经济合作区的区位优势、政策优势作出推介并分享试验区创新经验，邀请中越权威专家学者发表看法见解，提升知名度，吸引企业投资落户；第二，搭建中越对接合作平台，助推双方在产业、金融、贸易、劳务、旅游、互联互通等领域合作以及研究探讨跨合区目前存在的热点和重难点问题；第三，积极响应和落实国家

① 人民日报：《2018 中国国际治理论坛在广州圆满举办》，人民日报海外版官方网站，2018-09-10，http://finance.haiwainet.cn/n/2018/0910/c3543422-31393672.html.

② 王元伟：《跨境经济合作区发展战略研究》，载《时代金融》2011 年第 20 期。

③ 中国日报：《第二届中越跨境经济合作论坛将于 9 月 12 日召开》，中国日报网，2017-09-16，http://cnews.chinadaily.com.cn/baiduMip/2017-09/06/cd_31643263.html.

"一带一路"倡议，是中国与东盟国家开放合作、中国－越南经贸投资合作的重要平台。[①]

在此基础上，建议将中越跨境合作论坛提升为"中国跨境经济合作区论坛"，并邀请我国其他跨境经济合作区、国际组织、国内相对成功的自贸区、试验区以及研究跨境经济合作的专家学者等参与其中。"中国跨境经济合作区论坛"将共同探讨建设合作机制和治理机制，解决运行中出现的问题。论坛针对现有的问题，交流国内跨境经济合作成功案例，再辅以国外跨境经济合作区的先进经验，总结出具有中国特色的跨境经济合作区的发展战略。与习近平总书记提出的一系列新思想、新举措进行对接，提出促进国内跨境经济合作区发展的对策，共同开展跨境合作管理培训，进一步提升中越跨境经济合作区的影响力。

围绕共建 21 世纪海上丝绸之路，打造人类命运共同体等主题，举办多个层面和领域的系列会议分论坛。如在中国跨境经济合作中的互联互通、金融、质检、科技、环保、智库等重点领域举办系列会议论坛，推动解决中国各跨境经济合作区与他国关系发展中的热点问题，拓展多形式、多层级沟通协商机制。在园区建设方面，共同开展跨境合作区规划编制；在招商引资方面，发动各自资源开展联合招商推介；在产业布局方面，共同探讨互补性产业发展格局等。[②]

这将进一步提升中国东兴－越南芒街跨境合作区的知名度和影响力，为社会各界、国内外客商了解跨境合作区重要的国家战略地位、独特的政策优势、优越的发展前景提供了集中展示舞台。[③] 同时，这也是响应习近平总书记对广西发展的指示，中国跨境经济合作区论坛将助力广西成为面向东盟开放合作的国际大通道和"一带一路"有机衔接的重

① 中国经济网：《第二届中越跨境经济合作论坛 9 月 12 日将在广西南宁举办》，经济日报－中国经济网，2017-09-06，http://intl.ce.cn/specials/zxgjzh/201709/06/t20170906_25803757.shtml.

② 广西东兴国家重点开发开放试验区管理委员会：《广西东兴试验区 2016 年工作总结和 2017 年工作计划》，广西东兴国家重点开发开放试验区管理委员会官方网站，2017-01-18，http://dxsyq.gxzf.gov.cn/zwgk/ghjh/t3978711.shtml.

③ 中国新闻网：《第二届中越跨境经济合作论坛将在南宁举行》，中国新闻网，2017-09-06，https://www.chinanews.com.cn/cj/2017/09-06/8324015.shtml.

要门户。[①]

三、举办“三广”合作论坛，拓展中越区域交流合作

所谓“三广”合作模式，即中国广西壮族自治区、广东省与越南广宁省合作模式，是在广东外语外贸大学国际治理创新研究院调研组赴越南调研工作、深入了解了越方优先建设跨境经济合作区的诉求后，提出建立的全新合作模式。“三广”合作不仅涵盖原来的广西、越南合作的重要内容，同时引入与广东省的合作，为推进跨境经济合作区建设增添重要一翼。“三广”合作系统全面考虑广西、广东与广宁的条件、优势与需求，将为跨境经济合作区贸易、金融、产业等各方面的建设与发展注入强大动力。

一是广西壮族自治区人民政府积极引导“三广”合作，通过三方共同发力，积极推动跨境经济合作区建设。广西作为跨境经济合作区的主办自治区，应积极发挥桥梁纽带作用。一方面，广西已经步入产业转型升级的攻坚阶段，更应以稳外资为重要抓手，积极承接产业转移，融入粤港澳大湾区建设。建立“三广”合作模式，通过汲取广东的先进经验和技术支持，通过“两纵一横一环”路网及桥梁系统，实现与广东省优势互补，同步引进广东省充足的资金及先进的管理经验、技术支持，发挥广东的优势资源，将意向转移的优质企业留在跨境合作区内，为跨境经济合作区建设升级注入“创新基因”。另一方面，广西借助越南的发展潜力，发挥其人口红利优势，同时利用广宁省和广西双边边境贸易往来及生态旅游合作潜力，充分发挥中国的资金、技术优势以及越南的劳动力、资源优势，加强政策沟通，做好两个方面的对接工作，推进“三广”合作，为跨境经济合作区取得新突破创造条件。

二是广东、广西及广宁联合组建发展顾问委员会，打造新时代智库联盟，加强产学研深度融合。智库具有生产政策思想、提供政策方案

① 广西东兴国家重点开发开放试验区管理委员会：《广西东兴试验区 2016 年工作总结和 2017 年工作计划》，广西东兴国家重点开发开放试验区管理委员会官方网站，2017-01-18，http://dxsyq.gxzf.gov.cn/zwgk/ghjh/t3978711.shtml.

的功能，在服务政府决策、促进社会发展中发挥重要作用。建议三地的企业、政府及研究机构联合组建跨境经济合作区发展顾问委员会，以此作为推动中越两国智库交流的长期合作平台。委员会研究三地之间的合作模式，负责跨境经济合作区的规划建设、产业布局、政策体系和跨境治理等顶层设计，为跨境经济合作区提供长期政策咨询服务，力争将其打造为国际上首屈一指的成功典范。此外，广东省每年可组织召开 1~2 次高峰合作论坛，充分调动广东、广西、广宁三地政府、企业、研究机构等社会各界资源，共同商讨跨境经济合作区的管理模式、规则体系等重要内容，从而为解决当前跨境经济合作区建设面临的问题寻找方案，为实现高质量发展注入新能量。此外，广东省和广西壮族自治区人民政府可派学者至越南广宁省进行交流互访和短期交换，以增进彼此的教育合作。

三是支持设立跨境合作专项基金，推动共同治理机制的形成，有序推进“三广”金融市场互联互通。广西牵头中越两国三省及其他跨境经济合作区，共同出资成立跨境经济合作基金，在跨境经济合作区内形成共同治理机制，对资金进行统一分配和管理，提高资金的利用效率。此外，建立“三广”金融监管协调沟通机制；完善“三广”反洗钱、反恐怖融资、反逃税监管合作和信息交流机制；建立和完善系统性风险预警、防范和化解体系，共同维护金融系统安全。①

四是利用“三广”合作平台，积极促进三地优势资源流通。通过“三广”合作，跨境经济合作区也可对接粤港澳大湾区的战略与政策，特别是深圳中国特色社会主义先行示范区。共同探索更符合三地的制度环境、运行规制和法律体系；深化行政体制机制改革、构筑普惠共享的保障体系、创新激励和效率机制；通过其综合性国家科学中心和粤港澳大湾区国际科技创新中心，实现与 5G、人工智能、网络空间科学与技术、生命信息与生物医药实验室等重大创新载体的产业对接；配合建设全球创新领先城市科技合作组织和平台，使深圳具备条件的各类单位、机构和

① 蔡青、方慕冰、吴德群：《王景武代表：构筑金融监管协调机制》，载《深圳特区报》，2019-03-10。

企业能在跨境经济合作区内设立科研机构；对接大湾区和深圳“先行示范区”的人才引进和管理政策，使得越南通过“三广”合作平台和跨境经济合作区，可以更好地实现人才（高技术人才）交流互通，以及产业链承接转移。

鉴于越方对中越跨境经济合作区的矛盾心态，我们要协调好与越南有关政策的对接，争取双方步调一致，共同推进中越跨境经济合作区的建设。由广西东兴国家重点开发开放试验区管委会牵头，联合广东、广宁的政府、企业及研究机构联合举办“三广”经济合作论坛，为深化中越合作搭建平台，并以此作为推动中越智库交流的长期合作平台，提供政策咨询服务。论坛每年召开一次，在三地区轮流举办，届时邀请国内外知名专家学者担任顾问，邀请部分企业家担任理事，共同商讨中越跨境经济合作区的管理模式、规则体系、产业布局等重要内容，解决当前合作区建设面临的问题，进一步深化中越合作。联合举办“三广”经济合作论坛是进一步创新“三广”合作的新方式，不仅有助于进一步拓展和深化两国之间的交流与合作，推动中越关系稳定健康发展，维护两国人民的根本利益，而且对于促进亚太地区和世界的和平发展会发挥积极作用。

第六部分

附录

附录一：中越跨境经济合作区大事记

（2013 年 10 月—2022 年 2 月）

时间	事件
2013 年 10 月	国务院总理李克强访越，双方签署了《关于建设跨境经济合作区的谅解备忘录》，跨境合作上升为两国共识，决定建设中国东兴－越南芒街跨境经济合作区
2013 年 11 月	中共广西壮族自治区委书记彭清华在南宁会见越南谅山省委书记冯清检，对接跨境合作区事宜
2015 年 11 月	中国广西和越南广宁两省区在河内签署《中国共产党广西壮族自治区委员会与越南共产党广宁省委员会关于建立友好地方组织的交流协议》
2016 年 11 月	习近平总书记在利马会见越南国家主席陈大光，指出要加快推进跨境经济合作区建设
2017 年 5 月	习近平总书记在北京会见越南国家主席陈大光，指出要加快商签《中越跨境经济合作区建设共同总体方案》
2017 年 11 月	习近平总书记访越，与越共中央总书记阮富仲正式签署《中国商务部与越南工贸部关于加快推进中越跨境经济合作区建设框架协议谈判进程的谅解备忘录》，发表《中越联合声明》，指出将积极商谈跨境经济合作区建设框架协议
2018 年 11 月	中共中央、国务院印发《关于建立更加有效的区域协调发展新机制的意见》，强调稳步建设跨境经济合作区
2019 年 6 月	广西壮族自治区人民政府办公厅印发《深化东兴重点开发开放试验区和跨境经济合作区管理体制机制改革方案》，强调推动东兴试验区和中越跨境经济合作区高水平开放、高质量发展

续 表

时间	事件
2020 年 10 月	广西壮族自治区人民政府印发《关于促进边境经济合作区高质量发展的若干意见》，强调要全面提升边合区发展水平，形成边合区核心竞争新优势，进一步增强边合区在沿边开放中的示范引领和辐射带动作用
2021 年 6 月	国务院总理李克强同越南总理范明政通电话，指出中越要扩大互利共赢合作，加强共建“一带一路”和“两廊一圈”对接，推进跨境经济合作区建设，努力推动《区域全面经济伙伴关系协定》早日生效
2022 年 2 月	中国广西与越南高平、广宁、谅山、河江边境四省共同签署了《中国共产党广西壮族自治区委员会与越南共产党高平、广宁、谅山、河江省委员会友好合作备忘录（2022—2026 年）》等系列合作文件

附录二：中越关系大事记

（1950 年 1 月—2022 年 4 月）

时间	事件
1950 年 1 月	中越建交
1979 年 2 月至 3 月	中越边境自卫反击战
20 世纪 80 年代	两国继续军事对抗
1991 年 11 月	两党两国关系实现正常化
1999 年初	新世纪发展两国关系的 16 字方针："长期稳定、面向未来、睦邻友好、全面合作"
2000 年	两国发表关于新世纪全面合作的《联合声明》，对发展双边友好合作关系作出了具体规划
2002 年 2 月 27 日至 3 月 1 日	中共中央总书记、国家主席江泽民对越南进行正式友好访问。双方确立了中越关系"好邻居、好朋友、好同志、好伙伴"的四好精神
2003 年 4 月	越共中央总书记农德孟对华进行工作访问
2003 年 6 月	中国外长李肇星访越
2004 年 10 月	应越南总理潘文凯的邀请，国务院总理温家宝对越南进行正式访问；访问取得了圆满成功；双方发表了《联合公报》
2005 年 7 月	越南国家主席陈德良对中国进行国事访问；访问取得圆满成功；双方发表了《联合公报》
2005 年 10 月 31 日至 11 月 2 日	中共中央总书记、国家主席胡锦涛对越南进行正式友好访问
2006 年 3 月	中共中央政治局常委、全国政协主席贾庆林对越南进行正式友好访问

续表

时间	事件
2006 年 8 月	应中共中央总书记、国家主席胡锦涛的邀请，越共中央总书记农德孟对华进行正式友好访问；访问取得圆满成功；双方发表了《联合新闻公报》
2006 年 11 月	应越共中央总书记农德孟、越南国家主席阮明哲的邀请，中共中央总书记、国家主席胡锦涛对越南进行国事访问；访问取得圆满成功；双方发表了《联合声明》
2007 年 5 月	应国家主席胡锦涛邀请，越南国家主席阮明哲对中国进行国事访问；访问取得圆满成功；双方发表了《联合新闻公报》
2008 年 5 月	应中共中央总书记、国家主席胡锦涛的邀请，越共中央总书记农德孟对华进行正式友好访问；双方发表了《联合声明》，宣布建立全面战略合作伙伴关系
2008 年 8 月	越南国家主席阮明哲来华出席北京奥运会开幕式，国家主席胡锦涛和全国政协主席贾庆林分别会见了阮明哲主席
2008 年 10 月	应国务院总理温家宝邀请，越南政府总理阮晋勇正式访华并出席第七届亚欧首脑会议，国家主席胡锦涛、全国人大常委会委员长吴邦国、国务院总理温家宝、国务院副总理李克强分别与阮晋勇总理举行了会见和会谈
2009 年 4 月	越南政府总理阮晋勇来华出席博鳌亚洲论坛 2009 年年会并顺访广东省和香港、澳门特别行政区；国务院总理温家宝在三亚与阮晋勇举行了会晤
2009 年 10 月	越南政府总理阮晋勇来华出席第十届中国西部国际博览会并顺访四川、重庆，国务院总理温家宝会见
2010 年 4 月 26 日至 5 月 1 日	越南政府总理阮晋勇来华出席上海世博会开幕式并顺访沪、苏、浙，国家主席胡锦涛会见

续 表

时间	事件
2010年10月	国务院总理温家宝赴越南河内出席东亚领导人系列会议，会见越共中央总书记农德孟、政府总理阮晋勇
2011年10月	应中共中央总书记、国家主席胡锦涛的邀请，越共中央总书记阮富仲对华进行正式访问
2011年12月	应越共中央政治局委员、书记处常务书记黎鸿英和越南国家副主席阮氏缘邀请，中共中央政治局常委、国家副主席习近平对越南进行正式访问
2012年9月	越南政府总理阮晋勇出席第九届中国－东盟博览会，中共中央政治局常委、国家副主席习近平会见
2012年11月	应中国共产党邀请，越共中央委员、中央对外部部长黄平君作为越共中央总书记阮富仲特使访华，祝贺中国共产党十八大召开，转交致习近平总书记等中国共产党新一届中央领导同志的贺信
2013年3月	中共中央总书记、国家主席习近平同越共中央总书记阮富仲进行热线通话
2013年6月	应中共中央总书记、国家主席习近平邀请，越南国家主席张晋创对中国进行国事访问；双方发表了《联合声明》
2013年9月	越南政府总理阮晋勇来华出席第十届中国东盟博览会，国务院总理李克强会见
2013年10月	应越南政府总理阮晋勇邀请，国务院总理李克强对越南进行正式访问；双方发表了《新时期深化中越全面战略合作的联合声明》
2014年1月	中共中央总书记、国家主席习近平同越共中央总书记阮富仲进行热线通话
2014年8月	越共中央总书记特使、越共中央政治局委员、书记处常务书记黎鸿英访华，中共中央总书记、国家主席习近平，中共中央政治局常委、中央书记处书记刘云山分别会见会谈

续表

时间	事件
2014年11月	越南国家主席张晋创来华出席2014亚太经合组织第二十二次领导人非正式会议，中共中央总书记、国家主席习近平会见
2014年12月	中共中央政治局常委、全国政协主席俞正声对越南进行了正式访问
2015年2月	中共中央总书记、国家主席习近平同越共中央总书记阮富仲进行热线通话
2015年4月	应中共中央总书记、国家主席习近平邀请，越共中央总书记阮富仲对中国进行正式访问
2015年9月	越南国家主席张晋创来华出席中国人民抗日战争暨世界反法西斯战争胜利70周年纪念活动，国家主席习近平会见
2015年11月	应越共中央总书记阮富仲、越南国家主席张晋创邀请，中共中央总书记、国家主席习近平对越南进行了国事访问；访问取得圆满成功；双方发表了《联合声明》
2015年12月	应全国人大常委会委员长张德江邀请，越南国会主席阮生雄对华进行正式友好访问
2016年1月	习近平总书记特使、中联部部长宋涛访问越南，会见越共中央总书记阮富仲，转交习近平总书记的贺信并转达口信
2016年2月	越共中央总书记阮富仲特使、中央对外部部长黄平君访华，中共中央总书记、国家主席习近平会见
2016年9月	应国务院总理李克强邀请，越南政府总理阮春福对中国进行正式访问
2016年11月	应越南共产党中央政治局委员、国会主席阮氏金银邀请，中共中央政治局常委、全国人大常委会委员长张德江率中国党政代表团对越南社会主义共和国进行正式友好访问
2017年1月	应中共中央总书记、国家主席习近平的邀请，越共中央总书记阮富仲对中华人民共和国进行正式访问；双方发表了《联合公报》

续 表

时间	事件
2017 年 5 月	应国家主席习近平邀请，越南国家主席陈大光对中国进行国事访问并出席“一带一路”国际合作高峰论坛
2017 年 10 月	越共中央总书记阮富仲特使、中央对外部部长黄平君访华，中共中央总书记、国家主席习近平会见，黄平君转交了阮富仲总书记致习近平总书记的贺信并转达口信
2017 年 10 月 31 日至 11 月 3 日	习近平总书记特使、中共中央对外联络部部长宋涛访越，与越共中央总书记阮富仲会见，转达习近平总书记的口信，通报中共十九大情况
2017 年 11 月	应越共中央总书记阮富仲、越南国家主席陈大光邀请，中共中央总书记、国家主席习近平对越南社会主义共和国进行国事访问并出席亚太经合组织第二十五次领导人非正式会议；双方发表了《中越联合声明》
2018 年 2 月	中共中央总书记、国家主席习近平与越共中央总书记阮富仲互致新年贺信
2018 年 11 月	越南政府总理阮春福来华出席首届中国国际进口博览会，会议期间，中共中央总书记、国家主席习近平同其会见
2019 年 1 月	中共中央总书记、国家主席习近平与越共中央总书记、国家主席阮富仲互致新年贺信
2019 年 4 月	国家主席习近平会见越南政府总理阮春福
2019 年 7 月	国家主席习近平会见越南国会主席阮氏金银
2019 年 11 月	国务院总理李克强在曼谷会见出席东亚合作领导人系列会议的越南总理阮春福
2020 年 1 月	中共中央总书记、国家主席习近平应约同越共中央总书记、国家主席阮富仲通电话
2020 年 1 月	中共中央总书记、国家主席习近平就中越建交 70 周年同越共中央总书记、国家主席阮富仲互致贺电，国务院总理李克强同越南政府总理阮春福互致贺电

续表

时间	事件
2020 年 4 月	国务院总理李克强应约同越南政府总理阮春福通电话
2020 年 7 月	国务委员兼外长王毅和越南副总理兼外长范平明共同主持中国—越南双边合作指导委员会第十二次会议
2021 年 1 月	中国共产党中央委员会致电祝贺越南共产党第十三次全国代表大会召开
2021 年 1 月	中共中央总书记习近平致电祝贺阮富仲当选越南共产党中央总书记
2021 年 5 月	国家主席习近平同越南国家主席阮春福通电话
2021 年 7 月	国家主席习近平致电祝贺阮春福当选连任越南国家主席，国务院总理李克强致电祝贺范明政当选连任越南政府总理
2021 年 8 月	越南政府总理范明政表示，越方高度重视发展对华关系，这是越南对外政策的战略抉择和头等优先
2021 年 9 月	越共中央总书记阮富仲在河内会见对越南进行正式访问的国务委员兼外长王毅
2021 年 12 月	国务委员兼外长王毅在浙江安吉同越南外长裴青山举行会谈
2022 年 1 月	国务院总理李克强应约同越南总理范明政通电话
2022 年 1 月	中国驻越南大使馆举行庆祝中越建交 72 周年线上活动
2022 年 1 月	中共中央总书记、国家主席习近平与越共中央总书记阮富仲互致新春贺信
2022 年 4 月	国务委员兼外长王毅同越南外长裴青山通电话

附录三：有关中越跨境经济合作区的重要公报和文件

新时期深化中越全面战略合作的联合声明[①]

一、应越南社会主义共和国政府总理阮晋勇邀请，中华人民共和国国务院总理李克强于2013年10月13日至15日对越南社会主义共和国进行正式访问。

访问期间，李克强总理同阮晋勇总理举行会谈，同越共中央总书记阮富仲、国家主席张晋创、国会主席阮生雄举行会见。在真诚友好、相互理解的气氛中，双方就新形势下进一步深化中越全面战略合作、当前国际地区形势及共同关心的问题深入交换意见，达成广泛共识。

二、双方回顾并高度评价中越关系的发展，重申将遵循两国领导人达成的重要共识，在“长期稳定、面向未来、睦邻友好、全面合作”的方针和“好邻居、好朋友、好同志、好伙伴”的精神指引下，发展中越全面战略合作伙伴关系。双方一致认为，在当前国际政治经济形势复杂演变的背景下，加强战略沟通，进一步深化务实合作，妥善处理存在的问题，加强在国际地区事务中的协调配合，推动两国关系长期稳定健康发展，符合两党两国和两国人民的根本利益，有利于地区及世界的和平、稳定与发展。

三、双方高度评价两国高层接触具有不可替代的重要作用，同意继续保持高层接触和互访，从战略高度牢牢把握新时期两国关系发展方向。同时，通过多边场合会晤等多种形式推动高层交往，用好领导人热线电话，就双边关系及共同关心的重大问题深入沟通。

四、双方同意继续用好中越双边合作指导委员会机制，统筹推进各领域互利合作，实施好《落实中越全面战略合作伙伴关系行动计划》，

① 中华人民共和国中央人民政府：《新时期深化中越全面战略合作的联合声明》，中央政府门户网站，2013-10-15，http://www.gov.cn/jrzg/2013-10/15/content_2507303.htm。

使用好两国外交、国防、经贸、公安、安全、新闻和两党中央对外部门和宣传部门交流合作机制，开好双边合作指导委员会会议、合作打击犯罪会议、经贸合委会会议、两党理论研讨会，做好年度外交磋商、防务安全磋商、党政干部扩大培训等工作，有效使用国防部直通电话，加强对舆论和媒体的正确引导，为增进双方互信，维护两国关系稳定发展作出重要贡献。

五、双方一致认为，中越互为近邻和重要伙伴，均处在经济社会发展的关键阶段，从两国共同需要和利益出发，双方同意在平等互利的基础上，以下述领域为重点进一步深化全面战略合作：

（一）关于陆上合作。双方同意抓紧落实《中越 2012—2016 年经贸合作五年发展规划》及重点合作项目清单。建立两国基础设施合作工作组，规划并指导具体项目实施。尽快就凭祥－河内高速公路项目实施和融资方案达成一致，争取早日动工建设。双方将积极推进东兴－下龙高速公路项目，中方支持有实力的中国企业按市场原则参与该项目，并愿在力所能及的范围内提供融资支持。双方有关部门将加紧工作，适时启动老街－河内－海防铁路项目可行性研究。双方同意落实好《关于建设跨境经济合作区的备忘录》，积极研究商签《中越边境贸易协定》（修订版），为促进两国边境地区合作与繁荣发挥积极作用。

双方同意加强经贸政策协调，落实好《农产品贸易领域合作谅解备忘录》《关于互设贸易促进机构的协定》，在保持贸易稳定增长的基础上，促进双边贸易平衡增长，争取提前实现 2015 年双边贸易额 600 亿美元目标。中方将鼓励中国企业扩大进口越南有竞争力的商品。中方将支持中国企业赴越投资兴业，也愿为更多越南企业来华开拓市场创造更便利条件。越方将为早日建成龙江和海防两个经贸合作区提供便利和协助。双方将加紧施工，推动越中友谊宫项目早日建成。

双方同意进一步深化在农业、科技、教育、文化、体育、旅游、卫生等领域的交流合作。

双方同意继续发挥两国陆地边界联委会作用，认真落实年度工作计划。召开两国口岸合作委员会首次会议，推进陆地边境口岸开放工作，尽快正式开放峒中－横模国家级口岸。推动《德天瀑布地区旅游资源共同开发和保护协定》谈判尽快取得实质进展，尽快启动《北仑河口地区自由航行协定》新一轮谈判并达成一致，早日建成北仑河公路二桥、水口至驮隆中越界河公路二桥等跨境桥梁，为两国边境地区稳定和发展奠定基础。

双方同意进一步加强两国地方特别是边境省（区）的合作，发挥两国地方有关合作机制的作用。

（二）关于金融合作。双方同意加强在金融领域的合作，积极创造条件并鼓励双方金融机构为双边贸易和投资合作项目提供金融服务。在2003年两国央行签署边境贸易双边本币结算协定基础上，继续探讨扩大本币结算范围，促进双边贸易和投资。双方决定建立两国金融合作工作组，提高双方抵御金融风险的能力，维护两国及本地区经济稳定与发展。加强多边协调与配合，共同推进东亚地区财金合作。

（三）关于海上合作。双方同意恪守两党两国领导人共识，认真落实《关于指导解决中越海上问题基本原则协议》，用好中越政府边界谈判机制，坚持通过友好协商和谈判，寻求双方均能接受的基本和长久的解决办法，积极探讨不影响各自立场和主张的过渡性解决办法，包括积极研究和商谈共同开发问题。本着上述精神，双方同意在政府边界谈判代表团框架下成立中越海上共同开发磋商工作组。

双方同意加强对现有谈判磋商机制的指导，加大中越北部湾湾口外海域工作组和海上低敏感领域合作专家工作组工作力度。本着先易后难、循序渐进的原则，稳步推进湾口外海域划界谈判并积极推进该海域的共同开发，年内启动该海域共同考察，落实北部湾湾口外海域工作组谈判任务。尽快实施北部湾海洋和岛屿环境管理合作研究、红河三角洲与长江三角洲全新世沉积演化对比研究等海上低敏感领域合作项目，继续推进在海洋环保、海洋科研、海上搜救、防灾减灾、海上互联互通等领域合作。

双方同意切实管控好海上分歧，不采取使争端复杂化、扩大化的行动，用好两国外交部海上危机管控热线，两国农业部门海上渔业活动突发事件联系热线，及时、妥善处理出现的问题，同时继续积极探讨管控危机的有效措施，维护中越关系大局以及南海和平稳定。

六、双方同意办好第二届中越青年大联欢、中越青年友好会见、中越人民大联欢等活动，为中越友好事业培养更多接班人。双方同意在越建立孔子学院，并加快推动互设文化中心、切实加强中越友好宣传，深化两国民众之间的了解与友谊。

七、越方重申坚定奉行一个中国政策，支持两岸关系和平发展与中国统一大业，坚决反对任何形式的“台独”分裂活动。越南不同台湾发展任何官方关系。中方对此表示赞赏。

八、双方同意加强在联合国、世贸组织、亚太经合组织、亚欧会议、东盟地区论坛、中国－东盟、东盟－中日韩、东亚峰会等多边场合的协调与配合，为维护世界的和平、稳定与繁荣共同努力。

双方高度评价中国－东盟关系发展取得的巨大成就，一致同意以中国－东盟建立战略伙伴关系 10 周年为契机，进一步增进战略信任，赞赏和欢迎中方关于缔结中国－东盟国家睦邻友好合作条约，升级中国－东盟自贸区，建立亚洲基础设施投资银行的倡议。中国与东盟开展广泛合作，促进东南亚地区和平、稳定、相互尊重和信任非常重要。

双方一致同意，全面有效落实《南海各方行为宣言》，增进互信，推动合作，共同维护南海和平与稳定，按照《南海各方行为宣言》的原则和精神，在协商一致的基础上朝着制定“南海行为准则”而努力。

九、访问期间，双方签署了《关于互设贸易促进机构的协定》《关于建设跨境经济合作区的备忘录》《关于成立协助中方在越实施项目联合工作组的备忘录》《关于共同建设水口－驮隆中越界河公路二桥的协定》及其实施议定书、《关于开展北部湾海洋和岛屿环境管理合作研究的协议》《关于长江三角洲与红河三角洲全新世沉积演化对比研究项目的协议》《关于合作设立河内大学孔子学院的协议》及一些经济合作文件。

十、双方对中国国务院总理李克强访越成果表示满意，一致认为此访对推动两国关系发展及各领域务实合作具有重要意义。

二〇一三年十月十五日于河内

国务院关于支持沿边重点地区开发开放若干政策措施的意见①

国发〔2015〕72号

各省、自治区、直辖市人民政府，国务院各部委、各直属机构：

重点开发开放试验区、沿边国家级口岸、边境城市、边境经济合作区和跨境经济合作区等沿边重点地区是我国深化与周边国家和地区合作的重要平台，是沿边地区经济社会发展的重要支撑，是确保边境和国土安全的重要屏障，正在成为实施“一带一路”倡议的先手棋和排头兵，在全国改革发展大局中具有十分重要的地位。为落实党中央、国务院决策部署，牢固树立并切实贯彻创新、协调、绿色、开放、共享的发展理念，支持沿边重点地区开发开放，构筑经济繁荣、社会稳定的祖国边疆，现提出以下意见。

一、深入推进兴边富民行动，实现稳边安边兴边

（一）支持边民稳边安边兴边。加大对边境地区民生改善的支持力度，通过扩大就业、发展产业、创新科技、对口支援稳边安边兴边。积极推进大众创业、万众创新，降低创业创新门槛，对于边民自主创业实行“零成本”注册，符合条件的边民可按规定申请10万元以下的创业担保贷款。鼓励边境地区群众搬迁安置到距边境0—3千米范围，省级人民政府可根据实际情况建立动态的边民补助机制，中央财政通过一般性转移支付给予支持。加大对边境回迁村（屯）的扶持力度，提高补助标准，鼓励边民自力更生发展生产。以整村推进为平台，加快改善边境地区贫困村生产生活条件，因人因地施策，对建档立卡贫困人口实施

① 国务院：《国务院关于支持沿边重点地区开发开放若干政策措施的意见》，中央政府门户网站，2016-01-07，http://www.gov.cn/zhengce/content/2016-01/07/content_10561.htm.

精准扶贫、精准脱贫，对“一方水土养不起一方人”的实施易地扶贫搬迁，对生态特别重要和脆弱的实行生态保护扶贫，使边境地区各族群众与全国人民一道同步进入全面小康社会。对于在沿边重点地区政府部门、国有企事业单位工作满20年以上且无不良记录的工作人员，所在地省级人民政府可探索在其退休时按照国家规定给予表彰。大力引进高层次人才，为流动人才提供短期住房、教育培训、政策咨询、技术服务和法律援助等工作生活保障。加强沿边重点地区基层组织建设，抓好以村级党组织为核心的村级组织建设，充分发挥基层党组织推动发展、服务群众、凝聚人心、促进和谐的战斗堡垒作用，带领沿边各族人民群众紧密团结在党的周围。（人力资源社会保障部、财政部、教育部、国家民委、中央组织部、民政部、扶贫办负责）

（二）提升基本公共服务水平。加大对边境地区居民基本社保体系的支持力度，对于符合条件的边民参加新型农村合作医疗的，由政府代缴参保费用。提高新型农村合作医疗报销比例，按规定将边境地区城镇贫困人口纳入城镇基本医疗保险。以边境中心城市、边境口岸、交通沿线城镇为重点，加大对边境基层医疗卫生服务机构对口支援力度。在具备条件的地方实施12年免费教育政策。实行中等职业教育免学费制度。选派教师驻边支教，支持当地教师队伍建设。加大教育对外开放力度，支持边境城市与国际知名院校开展合作办学。加快完善电信普遍服务，加强通信基础设施建设，提高信息网络覆盖水平，积极培育适合沿边重点地区的信息消费新产品、新业态、新模式。提升政府公共信息服务水平，加快推进电子政务、电子商务、远程教育、远程医疗等信息化建设，为当地居民提供医疗、交通、治安、就业、维权、法律咨询等方面的公共服务信息。深入推进农村社区建设试点工作，提高农村公共服务能力。加强沿边重点地区基层公共文化设施建设，着力增加弘扬社会主义核心价值观的优秀文化产品供给。（卫生计生委、人力资源社会保障部、民政部、教育部、工业和信息化部、财政部、文化部、新闻出版广电总局负责）

（三）提升边境地区国际执法合作水平。推动边境地区公安机关在省（区）、市（州、盟）、县（旗）三级设立国际执法安全合作部门，选强配齐专职人员。建立边境地区国际执法合作联席会议机制，定期研判周边国家和地区安全形势，及时警示和应对边境地区安全风险。加大对边境地区开展执法合作的授权，支持边境地区公安机关与周边国家地方警务、边检（移民）、禁毒、边防等执法部门建立对口合作机制，进一步加强在禁毒禁赌以及防范和打击恐怖主义、非法出入境、拐卖人口、走私等方面的边境执法合作，共同维护边境地区安全稳定。加大边境地区国际执法合作投入。加强文化执法合作，强化文化市场监管，打击非法文化产品流入和非法传教，构筑边疆地区文化安全屏障。（公安部、外交部、文化部、宗教局负责）

二、改革体制机制，促进要素流动便利化

（四）加大简政放权力度。进一步取消和下放涉及沿边国家级口岸通关及进出口环节的行政审批事项，明确审查标准，承诺办理时限，优化内部核批程序，减少审核环节。加快推进联合审批、并联审批。加大沿边口岸开放力度，简化口岸开放和升格的申报、审批、验收程序以及口岸临时开放的审批手续，简化沿边道路、桥梁建设等审批程序，推进边境口岸的对等设立和扩大开放。创新事中事后监管，做到放管结合、优化服务、高效便民。（海关总署、质检总局、公安部、交通运输部、外交部、发展改革委负责）

（五）提高贸易便利化水平。创新口岸监管模式，通过属地管理、前置服务、后续核查等方式将口岸通关现场非必要的执法作业前推后移。优化查验机制，进一步提高非侵入、非干扰式检查检验的比例，提高查验效率。实施分类管理，拓宽企业集中申报、提前申报的范围。按照既有利于人员、货物、交通运输工具进出方便，又有利于加强查验监管的原则，在沿边重点地区有条件的海关特殊监管区域深化“一线放开”“二线安全高效管住”的监管服务改革，推动货物在各海关特殊监管区域之间自由便捷流转。推动二线监管模式与一线监管模式相衔接。加强沿边、内陆、沿海通关协作，依托电子口岸平台，推进沿边口岸国际贸易“单一窗口”建设，实现监管信息同步传输，推进企业运营信息与监管系统

对接。加强与“一带一路”沿线国家口岸执法机构的机制化合作，推进跨境共同监管设施的建设与共享，加强跨境监管合作和协调。（海关总署、商务部、公安部、交通运输部、财政部、税务总局、质检总局、外汇局、工业和信息化部负责）

（六）提高投资便利化水平。扩大投资领域开放，借鉴国际通行规则，支持具备条件的沿边重点地区借鉴上海等自由贸易试验区可复制可推广试点经验，试行准入前国民待遇加负面清单的外商投资管理模式。落实商事制度改革，推进沿边重点地区工商注册制度便利化。鼓励沿边重点地区与东部沿海城市建立对口联系机制，交流借鉴开放经验，探索符合沿边实际的开发开放模式。加强与毗邻国家磋商，建立健全投资合作机制。（发展改革委、商务部、外交部、工商总局负责）

（七）推进人员往来便利化。加强与周边国家出入境管理和边防检查领域合作，积极推动与周边国家就便利人员往来等事宜进行磋商。下放赴周边国家因公出国（境）审批权限，允许重点开发开放试验区自行审批副厅级及以下人员因公赴毗邻国家（地区）执行任务。在符合条件的沿边国家级口岸实施外国人口岸签证政策，委托符合条件的省（区）、市（州、盟）外事办公室开展领事认证代办业务。加强与毗邻国家协商合作，推动允许两国边境居民持双方认可的有效证件依法在两国边境许可范围内自由通行，对常驻沿边市（州、盟）从事商贸活动的非边境地区居民实行与边境居民相同的出入境政策。为涉外重大项目投资合作提供出入境便利，建立周边国家合作项目项下人员出入境绿色通道。结合外方意愿，综合研究推进周边国家在沿边重点地区开放设领城市设立领事机构。探索联合监管，推广旅客在同一地点办理出入境手续的“一地两检”查验模式，推进旅客自助通关。提高对外宣介相关政策的能力和水平。（外交部、公安部、旅游局、海关总署、质检总局、总参作战部、中央宣传部负责）

（八）促进运输便利化。加强与周边国家协商合作，加快签署中缅双边汽车运输协定以及中朝双边汽车运输协定议定书，修订已有双边汽车运输协定。推进跨境运输车辆牌证互认，为从事跨境运输的车辆办理出入境手续和通行提供便利和保障。授予沿边省（区）及边境城市自驾车出入境旅游审批权限，积极推动签署双边出入境自驾车（八座以下）管理的有关协定，方便自驾车出入境。（交通运输部、旅游局、外交部、商务部、公安部、海关总署、质检总局负责）

三、调整贸易结构，大力推进贸易方式转变

（九）支持对外贸易转型升级。优化边境地区转移支付资金安排的内部结构。有序发展边境贸易，完善边贸政策，支持边境小额贸易向综合性多元化贸易转变，探索发展离岸贸易。支持沿边重点地区开展加工贸易，扩大具有较高技术含量和较强市场竞争力的产品出口，创建出口商品质量安全示范区。对开展加工贸易涉及配额及进口许可证管理的资源类商品，在配额分配和有关许可证办理方面给予适当倾斜。支持具有比较优势的粮食、棉花、果蔬、橡胶等加工贸易发展，对以边贸方式进口、符合国家《鼓励进口技术和产品目录》的资源类商品给予进口贴息支持。支持沿边重点地区发挥地缘优势，推广电子商务应用，发展跨境电子商务。（商务部、发展改革委、财政部、工业和信息化部、海关总署、质检总局负责）

（十）引导服务贸易加快发展。发挥财政资金的杠杆作用，引导社会资金加大投入，支持沿边重点地区结合区位优势和特色产业，做大做强旅游、运输、建筑等传统服务贸易。逐步扩大中医药、服务外包、文化创意、电子商务等新兴服务领域出口，培育特色服务贸易企业加快发展。推进沿边重点地区金融、教育、文化、医疗等服务业领域有序开放，逐步实现高水平对内对外开放；有序放开育幼养老、建筑设计、会计审计、商贸物流、电子商务等服务业领域外资准入限制。外经贸发展专项资金安排向沿边重点地区服务业企业倾斜，支持各类服务业企业通过新设、并购、合作等方式，在境外开展投资合作，加快建设境外营销网络，增加在境外的商业存在。支持沿边重点地区服务业企业参与投资、建设和管理境外经贸合作区。（商务部、财政部、海关总署、发展改革委、工业和信息化部、卫生计生委、人民银行、银监会、质检总局负责）

（十一）完善边民互市贸易。加强边民互市点建设，修订完善《边

民互市贸易管理办法》和《边民互市进口商品不予免税清单》，严格落实国家规定范围内的免征进口关税和进口环节增值税政策。清理地方各级政府自行颁布或实施的与中央政策相冲突的有关边民互市贸易的政策和行政规章。（商务部、财政部、海关总署、税务总局负责）

四、实施差异化扶持政策，促进特色优势产业发展

（十二）实行有差别的产业政策。支持沿边重点地区大力发展特色优势产业，对符合产业政策、对当地经济发展带动作用强的项目，在项目审批、核准、备案等方面加大支持力度。支持在沿边重点地区优先布局进口能源资源加工转化利用项目和进口资源落地加工项目，发展外向型产业集群，形成各有侧重的对外开放基地，鼓励优势产能、装备、技术走出去。支持沿边重点地区发展风电、光电等新能源产业，在风光电建设规模指标分配上给予倾斜。推动移动互联网、云计算、大数据、物联网等与制造业紧密结合。适时修订《西部地区鼓励类产业目录》，对沿边重点地区产业发展特点予以充分考虑。（发展改革委、财政部、能源局、工业和信息化部、商务部、税务总局负责）

（十三）研究设立沿边重点地区产业发展（创业投资）基金。研究整合现有支持产业发展方面的资金，设立沿边重点地区产业发展（创业投资）基金，吸引投资机构和民间资本参与基金设立，专门投资于沿边重点地区具备资源和市场优势的特色农业、加工制造业、高技术产业、服务业和旅游业，支持沿边重点地区承接国内外产业转移。（发展改革委、财政部、工业和信息化部、商务部、证监会负责）

（十四）加强产业项目用地和劳动力保障。对符合国家产业政策的重大基础设施和产业项目，在建设用地计划指标安排上予以倾斜。对入驻沿边重点地区的加工物流、文化旅游等项目的建设用地加快审批。允许按规定招用外籍人员。（国土资源部、财政部、人力资源社会保障部负责）

五、提升旅游开放水平，促进边境旅游繁荣发展

（十五）改革边境旅游管理制度。修订《边境旅游暂行管理办法》，放宽边境旅游管制。将边境旅游管理权限下放到省（区），放宽非边境地区居民参加边境旅游的条件，允许边境旅游团队灵活选择出入境口岸。鼓励沿边重点地区积极创新管理方式，在游客出入境比较集中的口岸实施“一站式”通关模式，设置团队游客绿色通道。（旅游局、公安部、外交部、交通运输部、海关总署、质检总局负责）

（十六）研究发展跨境旅游合作区。按照提高层级、打造平台、完善机制的原则，深化与周边国家的旅游合作，支持满洲里、绥芬河、二连浩特、黑河、延边、丹东、西双版纳、瑞丽、东兴、崇左、阿勒泰等有条件的地区研究设立跨境旅游合作区。通过与对方国家签订合作协议的形式，允许游客或车辆凭双方认可的证件灵活进入合作区游览。支持跨境旅游合作区利用国家旅游宣传推广平台开展旅游宣传工作，支持省（区）人民政府与对方国家联合举办旅游推广和节庆活动。鼓励省（区）人民政府采取更加灵活的管理方式和施行更加特殊的政策，与对方国家就跨境旅游合作区内旅游资源整体开发、旅游产品建设、旅游服务标准推广、旅游市场监管、旅游安全保障等方面深化合作，共同打造游客往来便利、服务优良、管理协调、吸引力强的重要国际旅游目的地。（旅游局、交通运输部、公安部、外交部、海关总署、质检总局负责）

（十七）探索建设边境旅游试验区。依托边境城市，强化政策集成和制度创新，研究设立边境旅游试验区（以下简称试验区）。鼓励试验区积极探索“全域旅游”发展模式。允许符合条件的试验区实施口岸签证政策，为到试验区的境外游客签发一年多次往返出入境证件。推行在有条件的边境口岸设立交通管理服务站点，便捷办理临时入境机动车牌证。鼓励发展特色旅游主题酒店和特色旅游餐饮，打造一批民族风情浓郁的少数民族特色村镇。新增建设用地指标适当向旅游项目倾斜，对重大旅游项目可向国家主管部门申请办理先行用地手续。积极发展体育旅游、旅游演艺，允许外资参股由中方控股的演出经纪机构。（旅游局、财政部、公安部、外交部、国家民委、交通运输部、国土资源部、体育

总局、海关总署、质检总局负责）

（十八）加强旅游支撑能力建设。加强沿边重点地区旅游景区道路、标识标牌、应急救援等旅游基础设施和服务设施建设。支持旅游职业教育发展，支持内地相关院校在沿边重点地区开设分校或与当地院校合作开设旅游相关专业，培养旅游人才。（旅游局、交通运输部、教育部负责）

六、加强基础设施建设，提高支撑保障水平

（十九）加快推动互联互通境外段项目建设。加强政府间磋商，充分利用国际国内援助资金、优惠性质贷款、区域性投资基金和国内企业力量，加快推进我国与周边国家基础设施互联互通建设。积极发挥丝路基金在投融资方面的支持作用，推动亚洲基础设施投资银行为互联互通建设提供支持。重点推动中南半岛通道、中缅陆水联运通道、孟中印缅国际大通道、东北亚多式联运通道以及新亚欧大陆桥、中蒙俄跨境运输通道、中巴国际运输通道建设。（发展改革委、商务部、外交部、财政部、人民银行、工业和信息化部、交通运输部、公安部、中国铁路总公司、铁路局、总后军交运输部负责）

（二十）加快推进互联互通境内段项目建设。将我国与周边国家基础设施互联互通境内段项目优先纳入国家相关规划，进一步加大国家对项目建设的投资补助力度，加快推进项目建设进度。铁路方面，实施长春—白城铁路扩能改造，重点推进四平—松江河、敦化—白河、松江河—漫江等铁路建设，推动川藏铁路建设，统筹研究雅安—林芝铁路剩余段建设，适时启动滇藏、新藏铁路以及日喀则—亚东、日喀则—樟木等铁路建设。公路水运方面，加快推进百色—龙邦高速公路、喀什—红其拉甫公路等重点口岸公路，以及中越、中朝、中俄跨境桥梁、界河码头等项目建设。加快完善沿边重点地区公路网络。（发展改革委、交通运输部、中国铁路总公司、铁路局、商务部、公安部、外交部、财政部、工业和信息化部、总后军交运输部负责）

（二十一）加强边境城市航空口岸能力建设。支持边境城市合理发展支线机场和通用机场，提升军民双向保障能力和客货机兼容能力；

推进边境城市机场改扩建工程，提升既有机场容量；加强边境城市机场空管设施建设，完善和提高机场保障能力。支持开通“一带一路”沿线国际旅游城市间航线；支持开通和增加国内主要城市与沿边旅游目的地城市间的直飞航线航班或旅游包机。（发展改革委、民航局、交通运输部、财政部、公安部、外交部、旅游局、总参作战部、总后军交运输部负责）

（二十二）加强口岸基础设施建设。支持沿边重点地区完善口岸功能，有序推动口岸对等设立与扩大开放，加快建设“一带一路”重要开放门户和跨境通道。支持在沿边国家级口岸建设多式联运物流监管中心，进一步加大资金投入力度，加强口岸查验设施建设，改善口岸通行条件。统筹使用援外资金，优先安排基础设施互联互通涉及的口岸基础设施、查验场地和设施建设。以共享共用为目标，整合现有监管设施资源，推动口岸监管设施、查验场地和转运设施集中建设。尽快制定口岸查验场地和设施建设标准，建立口岸通关便利化设施设备运行维护保障机制，支持国家级口岸检验检疫、边防检查、海关监管等查验设施升级改造，建立公安边防检查站口岸快速查验通关系统，开设进出边境管理区绿色通道。按照适度超前、保障重点、分步实施的建设理念，建立和完善、更新边境监控系统，实现边检执勤现场、口岸限定区域和重点边境地段全覆盖，打造“智慧边境线”。（发展改革委、海关总署、公安部、商务部、质检总局、交通运输部、外交部、财政部、中国铁路总公司负责）

七、加大财税等支持力度，促进经济社会跨越式发展

（二十三）增加中央财政转移支付规模。加大中央财政转移支付支持力度，逐步缩小沿边重点地区地方标准财政收支缺口，推进地区间基本公共服务均等化。建立边境地区转移支付的稳定增长机制，完善转移支付资金管理办法，支持边境小额贸易企业能力建设，促进边境地区贸易发展。（财政部、海关总署、商务部负责）

（二十四）强化中央专项资金支持。中央财政加大对沿边重点地

区基础设施、城镇建设、产业发展等方面的支持力度。提高国家有关部门专项建设资金投入沿边重点地区的比重，提高对公路、铁路、民航、通信等建设项目投资补助标准和资本金注入比例。国家专项扶持资金向沿边重点地区倾斜。（财政部、发展改革委、工业和信息化部、交通运输部、外交部、旅游局、民航局、中国铁路总公司负责）

（二十五）实行差别化补助政策。中央安排的公益性建设项目，取消县以下（含县）以及集中连片特殊困难地区市级配套资金。中央财政对重点开发开放试验区在一定期限内给予适当补助。继续对边境经济合作区以及重点开发开放试验区符合条件的公共基础设施项目贷款给予贴息支持。（财政部、发展改革委、商务部负责）

（二十六）加大税收优惠力度。国家在沿边重点地区鼓励发展的内外资投资项目，进口国内不能生产的自用设备及配套件、备件，继续在规定范围内免征关税。根据跨境经济合作区运行模式和未来发展状况，适时研究适用的税收政策。加强与相关国家磋商，积极稳妥推进避免双重征税协定的谈签和修订工作。（财政部、税务总局、海关总署负责）

（二十七）比照执行西部大开发相关政策。非西部省份的边境地区以县为单位，在投资、金融、产业、土地、价格、生态补偿、人才开发和帮扶等方面，享受党中央、国务院确定的深入实施西部大开发战略相关政策，实施期限暂定到2020年。（财政部、发展改革委负责）

八、鼓励金融创新与开放，提升金融服务水平

（二十八）拓宽融资方式和渠道。鼓励金融机构加大对沿边重点地区的信贷支持力度，在遵循商业原则及风险可控前提下，对沿边重点地区分支机构适度调整授信审批权限。引导沿边重点地区金融机构将吸收的存款主要用于服务当地经济社会发展，对将新增存款一定比例用于当地并达到有关要求的农村金融机构，继续实行优惠的支农再贷款和存款准备金政策。培育发展多层次资本市场，支持符合条件的企业在全国中小企业股份转让系统挂牌；规范发展服务中小微企业的区域性股权市场，引导产业发展（创业投资）基金投资于区域性股权市场挂牌企业；

支持期货交易所研究在沿边重点地区设立商品期货交割仓库；支持沿边重点地区利用本地区和周边国家丰富的矿产、农业、生物和生态资源，规范发展符合法律法规和国家政策的矿产权、林权、碳汇权和文化产品等交易市场。（人民银行、银监会、证监会负责）

（二十九）完善金融组织体系。支持符合条件的外资金融机构到沿边重点地区设立分支机构。支持大型银行根据自身发展战略，在风险可控、商业可持续前提下，以法人名义到周边国家设立机构。支持沿边重点地区具备条件的民间资本依法发起设立民营银行，探索由符合条件的民间资本发起设立金融租赁公司等金融机构。支持银行业金融机构在风险可控、商业可持续前提下，为跨境并购提供金融服务。（银监会、人民银行、外汇局负责）

（三十）鼓励金融产品和服务创新。研究将人民币与周边国家货币的特许兑换业务范围扩大到边境贸易，并提高相应兑换额度，提升兑换服务水平。探索发展沿边重点地区与周边国家人民币双向贷款业务。支持资质良好的信托公司和金融租赁公司在沿边重点地区开展业务，鼓励开展知识产权、收益权、收费权、应收账款质押融资和林权抵押贷款业务，扶持符合当地产业发展规划的行业和企业发展。依法探索扩大沿边重点地区可用于担保的财产范围，创新农村互助担保机制和信贷风险分担机制，逐步扩大农业保险覆盖范围，积极开展双边及多边跨境保险业务合作。加快推进沿边重点地区中小企业信用体系建设和农村信用体系建设。完善沿边重点地区信用服务市场，推动征信产品的应用。（人民银行、银监会、保监会、财政部、发展改革委负责）

（三十一）防范金融风险。在沿边重点地区建立贴近市场、促进创新、信息共享、风险可控的金融监管平台和协调机制。进一步加强沿边重点地区金融管理部门、反洗钱行政主管部门、海关和司法机关在反洗钱和反恐怖融资领域的政策协调与信息沟通。加强跨境外汇和人民币资金流动监测工作，完善反洗钱的资金监测和分析，督促金融机构严格履行反洗钱和反恐怖融资义务，密切关注跨境资金异常流动，防范洗钱和恐怖融资犯罪活动的发生，确保跨境资金流动风险可控、监管有序。（人民银行、银监会、外汇局负责）

沿边重点地区开发开放事关全国改革发展大局，对于推进“一带一路”建设和构筑繁荣稳定的祖国边疆意义重大。各地区、各部门要坚持扩大对外开放和加强对内监管同步推进，在禁毒、禁赌、防范打击恐怖主义等方面常抓不懈，坚决打击非法出入境、拐卖人口、走私贩私，避免盲目圈地占地、炒作房地产和破坏生态环境，抓好发展和安全两件大事，不断提高沿边开发开放水平。国务院有关部门要高度重视、各司其职、各负其责，按照本意见要求，制定具体实施方案；密切配合、通力协作，抓紧修订完善有关规章制度；建立动态反馈机制，深入实地开展督查调研，及时发现问题，研究提出整改建议，不断加大对沿边重点地区开发开放的支持力度。对重点建设项目，发展改革、国土资源、环境保护、财政、金融等有关部门要给予重点支持。沿边省（区）和沿边重点地区要充分发挥主体作用，强化组织领导，周密安排部署，确保促进开发开放的各项工作落到实处。

附件：沿边重点地区名录

一、重点开发开放试验区（5 个）

广西国家东兴重点开发开放试验区，云南勐腊（磨憨）重点开发开放试验区、瑞丽重点开发开放试验区，内蒙古二连浩特重点开发开放试验区、满洲里重点开发开放试验区。

二、沿边国家级口岸（72 个）

铁路口岸（11 个）：广西凭祥，云南河口，新疆霍尔果斯、阿拉山口，内蒙古二连浩特、满洲里，黑龙江绥芬河，吉林珲春、图们、集安，辽宁丹东。

公路口岸（61 个）：广西东兴、爱店、友谊关、水口、龙邦、平孟，云南天保、都龙、河口、金水河、勐康、磨憨、打洛、孟定、畹町、瑞丽、腾冲，西藏樟木、吉隆、普兰，新疆红其拉甫、卡拉苏、伊尔克什坦、吐尔尕特、木扎尔特、都拉塔、霍尔果斯、巴克图、吉木乃、阿黑土别克、红山嘴、塔克什肯、乌拉斯台、老爷庙，甘肃马鬃山，内蒙古策克、甘其毛都、满都拉、二连浩特、珠恩嘎达布其、阿尔山、额布都格、阿日哈沙特、满洲里、黑山头、室韦，黑龙江虎林、密山、绥芬河、东宁，吉林珲春、圈河、沙坨子、开山屯、三合、南坪、古城里、长白、临江、集安，辽宁丹东。

三、边境城市（28 个）

广西东兴市、凭祥市，云南景洪市、芒市、瑞丽市，新疆阿图什市、伊宁市、博乐市、塔城市、阿勒泰市、哈密市，内蒙古二连浩特市、阿尔山市、满洲里市、额尔古纳市，黑龙江黑河市、同江市、虎林市、密山市、穆棱市、绥芬河市，吉林珲春市、图们市、龙井市、和龙市、临江市、集安市，辽宁丹东市。

四、边境经济合作区（17 个）

广西东兴边境经济合作区、凭祥边境经济合作区，云南河口边境经济合作区、临沧边境经济合作区、畹町边境经济合作区、瑞丽边境经济合作区，新疆伊宁边境经济合作区、博乐边境经济合作区、塔城边境经济合作区、吉木乃边境经济合作区，内蒙古二连浩特边境经济合作区、满洲里边境经济合作区，黑龙江黑河边境经济合作区、绥芬河边境经济合作区，吉林珲春边境经济合作区、和龙边境经济合作区，辽宁丹东边境经济合作区。

五、跨境经济合作区（1 个）

中哈霍尔果斯国际边境合作中心。

注：国家今后批准设立的重点开发开放试验区、沿边国家级口岸、边境城市、边境经济合作区和跨境经济合作区自动进入本名录。

中越联合公报[①]

一、应中华人民共和国主席习近平邀请，越南社会主义共和国主席陈大光于2017年5月11日至15日对中华人民共和国进行国事访问并出席“一带一路”国际合作高峰论坛。

访问期间，国家主席习近平同陈大光国家主席举行会谈，国务院总理李克强，全国人大常委会委员长张德江，全国政协主席俞正声，中共中央政治局常委、书记处书记刘云山分别会见陈大光国家主席。在友好、坦诚的气氛中，双方相互通报了各自党和国家的情况，就双边关系及共同关心的国际地区问题深入交换意见，就不断深化中越全面战略合作伙伴关系达成重要共识。除北京外，陈大光国家主席前往福建省参观访问。

二、双方对两国经济社会发展取得的成就感到高兴。越方衷心祝愿中国共产党成功召开第十九次全国代表大会，相信在中国共产党领导下，中国人民将胜利实现既定目标，把中国建设成为富强、民主、文明、和谐的社会主义现代化国家。中方衷心祝愿越南党、国家和人民胜利实现越共十二大提出的目标，早日把越南建设成为民富、国强、民主、公平、文明的现代化工业国。

三、双方认为，中越友谊是两党两国和两国人民的宝贵财富，应不断传承、维护和发扬。在国际地区形势深刻复杂演变的背景下，双方要坚持相互尊重，保持战略沟通，增进政治互信，不断深化互利合作，妥善管控和处理存在的分歧和出现的问题，推动中越全面战略合作伙伴关系继续健康稳定发展，为两国人民带来切实利益，为促进地区和平稳定繁荣作出积极贡献。

① 资料来源：中华人民共和国外交部。

四、双方同意通过灵活方式保持两党两国高层密切接触的传统，就双边关系的重大问题和国际地区形势及时交换意见，加强对中越关系发展的引领和指导。发挥好中越双边合作指导委员会的协调作用，推动落实双方高层共识。有效落实2016—2020年两党合作计划，办好两党高层会晤、理论研讨会，推进两党团组交流和干部培训合作，继续推动地方党组织交流合作。加强中国全国人大和越南国会、中国全国政协和越南祖国阵线之间的友好交流合作。

五、双方同意继续加强外交、国防、安全和执法领域交流合作。落实好此访期间签署的两国外交部关于加强新形势下合作的协议，保持两部领导经常性接触和对口司局交流。落实好2025年前国防合作共同愿景声明，用好国防部直通电话，办好边境高层会晤、防务安全磋商。发挥好合作打击犯罪会议、战略安全对话机制作用，加强在反恐、打击跨国犯罪、出入境管理和网络安全等领域合作，配合保障各自国家举办的重大国际会议和政治活动安全。推动《中越引渡条约》早日生效。办好两国海军、海警北部湾联合巡逻、舰船互访及海上联合搜救训练，加强两军和两国执法部门业务交流。

六、双方同意加强配合，采取各项有效措施，共同推动经贸、产能与投资、基础设施、货币金融领域合作持续健康稳定发展。

（一）发挥中越经贸合委会及相关合作机制的作用，推动双边贸易平衡发展。落实好《农产品贸易领域合作谅解备忘录》，优先开展越南乳类及乳制品输华的准入评估工作。加快履行各项法律程序，对越南部分水果开放市场；开展包括大米、木薯在内的农林水产领域合作。按照平等互利、尊重各自主权独立和领土完整的原则，在符合双方法律规定和国际惯例的基础上，加快商签《中越跨境经济合作区建设共同总体方案》。中方愿为越南在重庆、杭州贸易促进机构开展工作提供便利，并继续为越南在华有关地方增设贸易促进机构创造便利条件。

（二）推动投资与产能合作早日取得新进展，鼓励代表中国先进技术和发展水平的企业赴越南投资符合越南需要和可持续发展战略的项目。

（三）在符合各自利益、能力和条件的基础上，加快商签对接“一带一路”倡议和“两廊一圈”框架合作备忘录。发挥陆上基础设施合作工作组在提升两国互联互通中的作用。按计划积极推进中越陆上基础设施合作交通领域和能源领域五年规划研究和编制工作，推动河内轻轨2号线（吉灵－河东轻轨）项目如期完工，尽早完成老街－河内－海防标准轨铁路规划编制工作。指导双方企业尽快解决合作项目中存在的问题和障碍。

（四）发挥金融与货币合作工作组作用，鼓励双方金融机构为双方条件成熟的合作项目提供融资支持，并为此创造条件，促进两国经贸投资合作。双方为使用亚洲基础设施投资银行资金开展基础设施互联互通项目创造条件，鼓励私营投资机构参与投资。中方将为越方根据相关规定申请中方优惠贷款及其他资金提供便利。

七、双方同意大力推进农业、水资源、环境、科技、交通运输等领域合作。按照双方已达成的共识，积极推动落实海上渔业活动突发事件联系热线，妥善处理有关问题，使之符合两国友好关系。加强在适应干旱和盐碱地条件杂交稻种方面的研究合作。开展好澜沧江－湄公河水资源可持续利用合作，进一步加强在水资源管理、保护和可持续利用方面的技术交流与合作。办好中越科技合作联委会会议，有效推进联合研究项目、青年科学家交流、技术转移合作，加强科技人力资源培训。推动核安全监管领域合作。为双方促进交通基础设施互联互通合作创造条件。

八、双方同意扩大文化、体育、旅游、教育、卫生等领域合作。加强舆论引导，促进媒体交流，加大对两国友好的宣传力度。继续办好第17次中越青年友好会见、人民论坛等民间交往活动。2017年内完成越中友谊宫建设。

九、双方同意加强对两国地方特别是边境省区开展友好交流和互利合作的指导和支持，发挥好地方现有机制作用，加强经贸、旅游合作。积极研究加强管理两国边境地区季度性务工人员的措施，保障其正当权益。

十、双方同意继续发挥好中越陆地边界联合委员会机制的作用，落实好中越陆地边界各项法律文件，加强边境地区治安、安全管理。继续推动边境口岸的开放和升格，采取措施提升通关便利化，就规范边境地区设关活动进行沟通，防范打击走私、非法出入境等各类违法行为，维护边境地区的安全和社会秩序。

十一、双方就海上问题坦诚深入交换意见，一致同意继续恪守两党两国领导人达成的重要共识和《关于指导解决中越海上问题基本原则协议》，用好中越政府边界谈判机制，寻求双方均能接受的基本和长久解决办法。

双方一致同意做好北部湾湾口外海域共同考察后续工作，稳步推进北部湾湾口外海域划界谈判并积极推进该海域的共同开发，继续推进海上共同开发磋商工作组工作，有效落实商定的海上低敏感领域合作项目。双方高度评价北部湾渔业资源增殖放流与养护项目。

双方一致同意继续全面、有效落实《南海各方行为宣言》（DOC），在协商一致基础上，早日达成“南海行为准则”（COC）；管控好海上分歧，不采取使局势复杂化、争议扩大化的行动，维护南海和平稳定。

十二、越方重申坚定奉行一个中国政策，支持两岸关系和平发展与中国统一大业，坚决反对任何形式的“台独”分裂活动。越南不同台湾发展任何官方关系。中方对此表示赞赏。

十三、双方同意继续加强在联合国、亚太经合组织、中国－东盟、东盟与中日韩（10+3）、东亚峰会、东盟地区论坛、澜沧江－湄公河合作等多边框架内的协调与配合，共同推动地区的联结与融合进程，支持东盟在正形成的地区架构中的团结、统一和中心地位，为维护地区乃至世界的和平、稳定和繁荣作出贡献。中方支持并愿积极参与越方主办的 2017 年亚太经合组织领导人非正式会议，越方祝贺“一带一路”国际合作高峰论坛取得圆满成功，相信这将为各国带来共同利益。

十四、访问期间，双方签署了《中华人民共和国外交部和越南社会主义共和国外交部关于加强新形势下合作的协议》《中华人民共和国商务部和越南社会主义共和国工贸部关于电子商务合作的谅解备忘录》《中共中央党校与越南胡志明国家政治行政学院合作谅解备忘录》等合作文件。

十五、双方一致认为此访取得了圆满成功，增进了互信，巩固了传统友谊，深化了中越全面战略合作伙伴关系，为促进地区乃至世界的和平、稳定、合作与可持续发展作出了积极贡献。陈大光国家主席对习近平主席及中国党、政府和人民所给予的隆重、热情和友好接待表示衷心感谢，郑重邀请习近平总书记、国家主席再次访问越南并出席亚太经合组织第二十五次领导人非正式会议。习近平总书记、国家主席对此表示感谢并愉快地接受了邀请。

二〇一七年五月十五日于北京

深化东兴重点开发开放试验区和跨境经济合作区管理体制机制改革方案[①]

（桂政办发〔2019〕63号）

为进一步深化广西东兴重点开发开放试验区（以下称东兴试验区）和中越东兴－芒街跨境经济合作区东兴园区（以下称东兴跨合区）管理体制机制改革，加快东兴试验区建设，充分发挥东兴跨合区核心带动作用，打造全国沿边经济发展新增长极和改革创新排头兵，特制定本方案。

一、总体要求

坚持新发展理念，贯彻落实“三大定位”新使命和“五个扎实”新要求，进一步理顺东兴试验区和东兴跨合区管理体制机制，构建精简高效和创新灵活的管理模式，充分发挥防城港市、东兴试验区和东兴跨合区、东兴市三方的积极性，激发发展活力和动力，推动东兴试验区和东兴跨合区高水平开放高质量发展。

二、重点任务

（一）完善管理体制

1. 加强统筹协调。广西推进沿边重点开发开放试验区建设工作领导小组要加强对东兴试验区建设的统筹协调，领导小组牵头部门为自治

---

① 广西壮族自治区人民政府办公厅：《广西壮族自治区人民政府办公厅关于印发深化东兴重点开发开放试验区和跨境经济合作区管理体制机制改革方案的通知》，广西壮族自治区人民政府门户网站，2019－06－17，http://www.gxzf.gov.cn/zfwj/zxwj/t5812947.shtml.

区发展改革委。广西跨境经济合作区工作领导小组要进一步加强对东兴跨合区建设工作的领导，领导小组牵头部门为自治区商务厅和自治区北部湾办，办公室设在自治区商务厅。

2. 建立防城港市东兴试验区工作领导机制。防城港市成立东兴试验区工作领导小组，负责统筹协调推进东兴试验区规划建设发展，负责与国家和自治区有关部门对接沟通东兴试验区发展规划、建设计划、政策实施等工作。领导小组由防城港市委书记任组长、市长任副组长，办公室设在防城港市发展改革委。建立由东兴试验区工委、管委和防城港市市直有关部门、中直区直驻防城港市相关部门以及东兴市、防城港市港口区和防城区党委、人民政府组成的联席会议制度，研究、协调东兴试验区开发建设的重大事项和重要问题。

3. 调整管理机构设置和职责。保留东兴试验区工委、管委，继续作为自治区党委、自治区人民政府派出机构不变，由自治区党委、自治区人民政府分别委托防城港市委、市人民政府管理。东兴试验区工委、管委负责统筹推进东兴试验区和东兴跨合区开发建设，具体负责东兴试验区核心区建设（核心区规划范围为经国家批准后的东兴跨合区中方围网区域和周边规划的控制区域以及与之配套的松柏产业园区）。防城港市成立东兴跨合区建设委员会（以下称东兴跨合区建委），负责对东兴跨合区建设的统筹协调和工作推进，日常工作由东兴试验区工委、管委承担。待中越两国政府批准《中越跨境经济合作区建设共同总体方案》后，防城港市要及时按程序成立东兴跨合区管理机构，与东兴试验区工委、管委以“一个机构，两块牌子”方式合署办公。条件成熟后，可探索法定机构管理方式。防城港市人民政府、东兴市人民政府根据事权职责分别承担东兴跨合区相应的社会管理和行政管理责任。东兴试验区管委承担东兴跨合区范围内规划建设、产业规划、项目推进、招商引资工作，以及协调东兴跨合区所在地人民政府处理跨合区范围内建设规划、征地拆迁等重大问题。东兴跨合区范围内的环境卫生、社会治安、教育医疗、城市管理、综合执法等非经济类社会事务按属地管理原则，由所在地人民政府负责。

4. 完善干部管理体制。东兴试验区工委书记、管委主任由防城港市市长兼任；东兴试验区工委副书记、管委常务副主任由东兴市委书记兼任，按副厅长级配备；东兴市市长兼任东兴试验区管委副主任，按副厅长级配备；另设东兴试验区管委副主任（副厅长级）1名。不再保留正厅长级的东兴试验区管委常务副主任。东兴跨合区建委主任、副主任由东兴试验区工委、管委负责人兼任。东兴试验区工委、管委及所属事业单位现有机构编制在自治区层面统计，由防城港市负责管理。今后，东兴试验区工委、管委及其所需调整的所属事业单位由防城港市负责，并根据审批权限报批；东兴试验区工委、管委中自治区管理的干部任免和考核按自治区管理体制执行，其他干部的任免、管理和考核由防城港市负责。

5. 实行简政放权。由防城港市人民政府和东兴市人民政府按规定委托东兴试验区管委行使符合东兴跨合区发展需要的市县两级经济方面的行政管理权限。适时将自治区与东兴跨合区发展相关的发展改革、外商投资、自然资源、商务、国有资产等审批权，按规定授权或委托东兴试验区管委依法实施。涉及土地等重大国有资产审批管理问题，要专题向自治区人民政府请示。东兴试验区管委可根据工作需要，探索建立更加灵活有效的行政审批、服务、综合执法和监督机制。实行清单化管理，建设“一站式”信息审批平台，实现项目备案、审批线上可查询和追溯。对东兴跨合区内的非政府投资项目，实行以备案制为主的管理办法；对政府投资项目，简化审批手续，实行东兴跨合区规划审批模式，纳入自治区批复规划的，直接审批项目建设方案或合并审批可行性研究报告。

6. 经济指标统计实行属地化管理。东兴跨合区地区生产总值、固定资产投资、财政支出等指标纳入东兴市统计范畴，财政收入、税收纳入防城港市本级统计范畴。

（二）创新经济运行体制机制

1. 创新发展扶持模式。东兴跨合区建立特殊一级财政管理体制。明确东兴跨合区税收征管机构，并在中国人民银行防城港市中心支行设立国库，东兴跨合区年度预、决算草案分别在防城港市本级单列。2025年前，自治区财政每年将核定的东兴跨合区建委的部门预算支出基数通过财政年终结算划转防城港市，防城港市要尽快拨付到位。各有关部门要及时拨付中央和自治区专项用于东兴试验区、东兴跨合区建设的转移支付、补助资金和其他各项资金。探索按市场化方式设立东兴试验区产业发展基金，增强东兴试验区融资和开发建设能力。

2. 创新投资促进模式。政府投资资金投向以非经营性项目为主。对需要政府支持的经营性项目，主要采取资本金注入方式投入并进行引导。实行市场化运作，探索东兴试验区推行公司化投资招商，创新投资促进考核和奖励机制。东兴试验区管委为招商公司量身定制经营业绩考核办法，根据招商成果给予资金奖励。鼓励合格的投资者按市场化方式发起设立各类产业基金，支持东兴跨合区发展。

3. 加大自然资源保障力度。自治区各有关部门要督促指导防城港市、东兴市统筹安排建设用地指标，支持按照可持续发展的需要对土地利用总体规划进行修改调整，重点保障东兴跨合区发展需要。东兴市土地利用总体规划确实无法保障东兴跨合区发展需要的，可通过开展国土空间规划来统筹安排用地空间。统筹单列下达东兴试验区的用地计划指标，涉及占用耕地的，按国家和自治区有关政策规定予以支持。建立健全东兴跨合区节约集约土地利用制度，提高土地利用效率。按国家和自治区有关规定，在用林、用海、能耗等方面对东兴跨合区建设给予倾斜支持。

三、实施步骤

（一）2019 年 6 月底前，建立防城港市东兴试验区工作领导机制。完成东兴试验区工委、管委机构调整和人员划转。

（二）2019 年 12 月底前，防城港市人民政府和东兴市人民政府完成委托东兴试验区管委行使符合东兴跨合区发展需要的行政管理权限，建立东兴跨合区特殊一级财政管理体制，完成本方案明确的清单化管理和经济指标统计属地化、创新投资促进模式等改革任务。自治区单独下达东兴跨合区的用林、用海、能耗等指标以及东兴试验区的用地指标。

（三）2020 年 6 月底前，将自治区与东兴跨合区发展相关、按规定可授权或委托的审批权，授权或委托东兴试验区管委依法行使。建立东兴试验区产业发展基金。

四、保障措施

（一）加大指导支持力度。自治区发展改革委、商务厅、北部湾办要强化牵头抓总作用，建立高效顺畅的信息交流和协调机制，定期向自治区党委、自治区人民政府报告改革任务落实情况，合力推动东兴试验区和东兴跨合区改革发展。自治区各有关部门要加强与国家对口部门的对接沟通，争取中央财政对沿边地区补助资金和政策支持；争取在财政金融、投融资体制、自然资源保障、人才制度、对外交流等方面加大对东兴试验区和东兴跨合区的支持力度。要大胆创新，主动争取东兴跨合区建设所需的先行先试政策，统筹资源，多渠道筹措建设资金，积极推动各项改革任务高质量完成，全力抓好东兴跨合区建设。

（二）强化改革落实机制。东兴试验区管委要制定详细的工作清单，研究提出需要自治区和防城港市支持的事项，确保改革创新各项工作落实到位。自治区党委、自治区人民政府督查部门要加强跟踪督办，对自治区各有关部门和防城港市在本方案中的改革任务建立清单式督察工作机制和“督考合一”考评机制，推动改革任务落实到位。

广西壮族自治区人民政府关于促进边境经济合作区高质量发展的若干意见①

（桂政发〔2020〕31号）

各市、县人民政府，自治区人民政府各组成部门、各直属机构：

加快沿边地区开发开放是构建我国全方位开放新格局的战略任务。边境经济合作区（以下简称边合区）作为我国沿边开放的重要平台，在推动沿边地区经济社会发展中发挥了重要作用。为全面提升我区边合区发展水平，形成边合区核心竞争新优势，进一步增强边合区在沿边开放中的示范引领和辐射带动作用，现提出如下意见。

一、指导思想

以习近平新时代中国特色社会主义思想为指导，全面贯彻党的十九大和十九届二中、三中、四中全会精神，深入贯彻习近平总书记对广西工作的重要指示精神，紧抓建设中国（广西）自由贸易试验区、西部陆海新通道、面向东盟的金融开放门户、沿边重点开发开放试验区以及全面对接粤港澳大湾区等重大战略机遇，坚持以新发展理念引领高质量发展，积极参与构建国内大循环为主体、国内国际双循环相互促进的新发展格局，全面提升国家级、自治区级边合区功能，聚焦特色优势产业，加快开放体制机制创新，加大政策支持力度，全力推进边合区高质量发展，努力将边合区打造成为集边境贸易、加工制造、生产服务、跨境金融、物流采购为一体的高水平沿边开放平台。

① 广西壮族自治区人民政府：《广西壮族自治区人民政府关于促进边境经济合作区高质量发展的若干意见》，广西壮族自治区人民政府门户网站，2020-10-16，http://www.gxzf.gov.cn/zfwj/zzqrmzfwj_34845/t6667835.shtml.

二、发展目标

全面提升边合区综合经济实力，着力推动边合区产业聚集发展。到 2025 年，东兴、凭祥两个国家级边合区综合发展水平居全国边合区前列；加快边合区的培育工作，设立自治区级边合区 3 个以上，力争新增国家级边合区 1 个；国家级边合区、自治区级边合区实现协同发展，产业结构进一步优化，边境贸易、边贸加工及跨境物流、边贸金融结算等现代服务业升级发展；全区各边合区综合经济实力显著增强，边合区地区生产总值（GDP）年均增长 10% 以上，占所在县（市、区）比重达 60% 以上；开放型经济水平显著提高，边合区进出口贸易总额年均增长 10% 以上，占所在县（市、区）比重达 50% 以上；产业发展质量显著提升，边合区工业总产值年均增长 10% 以上，劳动生产率年均增长 15% 以上，从业人员年均增长 15% 以上。边合区成为支撑沿边地区经济高质量发展的重要开放平台。

三、强化园区规划衔接

（一）科学编制边合区发展规划。沿边设区市、县（市、区）人民政府要高度重视边合区发展规划编制工作，明确产业发展重点，提出边合区土地利用率，将边合区建设纳入所在设区市、县（市、区）国民经济和社会发展规划。自治区相关部门要加强对边合区规划编制工作的指导，推进“多规合一”，共同提升边合区规划水平。

（二）增强边合区综合承载能力。统筹边合区与城区基础设施建设，加强边合区与城区道路、电力、燃气、供热、供水、通信等市政公用设施衔接联网、共建共享，进一步完善边合区城市功能，全面提升边合区综合承载能力。

（三）推动边合区与沿边其他开放平台的有机衔接。国家高度重视沿边开放，在边境地区相继实施国家级边境经济合作区、重点开发开放试验区、自由贸易试验区和跨境经济合作区等，进一步提升了沿边开放水平。沿边设区市、县（市、区）要充分发挥多个开放平台政策叠加优势，强化规划、产业、政策等衔接。深化边合区与国家级经济技术开发区对口帮扶合作机制，共同搭建招商、服务、市场拓展和投融资平台，促进产业向边合区转移。支持边合区与国家级经济技术开发区探索利益共享的飞地经济合作模式。支持边合区与境外园区开展跨境产业合作，探索中越“两国两园”联动发展模式，促进沿边地区加快融入全球产业链、价值链。

四、推动产业园区升级发展

（四）大力推进国家级边合区“小组团”滚动开发。按照“先规划再实施，边实施边优化”的原则，加快推进东兴、凭祥两个国家级边合区“小组团”滚动开发，着力破解边合区发展空间不足等瓶颈。单个“小组团”原则上控制在3平方千米以内。重点发展1平方千米以内、产业定位清晰、功能配套灵活、龙头企业带动性强的“小组团”，形成投入产出平衡可持续的发展模式，提升土地节约集约利用水平，实现“开发一片、成熟一片、收益一片”的良性循环。

（五）设立一批自治区级边合区。鼓励沿边县（市、区）在具备条件的情况下，积极申报设立自治区级边合区，进一步优化我区边合区平台布局。申请设立自治区级边合区，由沿边设区市人民政府向自治区人民政府提出申请，由自治区商务部门牵头会同相关部门，依据设立条件组织开展评审，提出审批建议后，报自治区人民政府审批。

申报设立的自治区级边合区应具备以下条件：地处边境地区，有较好的区位交通条件，以及国家对外开放口岸（含边民互市贸易区〔点〕）；符合全区沿边开发开放发展战略，对当地经济社会发展能够发挥示范、辐射和带动作用；符合国土空间规划，有一定发展空间；有明确的四至范围、界址点坐标、规划面积和土地利用方案；符合国家产业政策，具有完善的总体发展规划、产业发展规划，发展定位清晰、产业特色突出；明确相关部门或管理机构负责建设和管理。

（六）聚焦发展沿边特色优势产业。依托沿边口岸、边民互市贸易区（点）和边合区毗邻东盟的资源和区位优势，引导上下游产业链供应链向边合区聚集，重点打造食品加工、电子信息、家具制造、汽车机电零配件、金属精深加工、中草药加工等特色优势产业。鼓励边合区实现多样化发展，建设面向东盟及国内的水产品、农产品、中草药、日用品、建材、五金机电等特色产品专业市场、边境贸易采购中心和集散中心，积极发展边境市场采购、跨境物流、跨境旅游和跨境金融等。

五、深化改革和完善运行机制

（七）建立边合区建设联席会议制度。自治区层面加强对边合区建设的统筹协调和工作指导，建立由自治区商务部门牵头，发展改革、工业和信息化、公安、财政、自然资源、人力资源社会保障、外事、投资促进及海关、边检等有关部门参与的自治区边合区建设联席会议制度，及时研究推进边合区建设发展重大事项，协调解决建设中的困难和问题，推动边合区健康快速发展。

（八）赋予边合区更大改革自主权。支持将发展改革、园区规划等市、县两级经济管理权限下放至边合区管理部门或机构。边合区所在地人民政府可根据边合区发展需要，按规定统筹使用各类编制资源支持边合区建设。支持将边合区产生的所有地方收入所属县（市、区）分享部分，统筹用于支持边合区建设。

（九）创新边合区开发建设和运营模式。鼓励引入产业投资商、土地开发商、基础设施开发商、公共设施开发商等多元开发主体参与边合区“小组团”滚动开发，构建可持续发展的开发模式。支持搭建边合区投融资平台，多形式与属地国有企业深度融合，多渠道筹措边合区建设发展资金。支持边合区探索多元化、市场化、专业化建设和运营模式，引入民营资本或外资参与开发和运营边合区“园中园”、特色产业园以及保税物流中心、保税仓等，并在准入、投融资、服务便利化等方面给予支持。

（十）优化边合区商事服务。支持设立边合区企业服务公共平台，建立企业投资建设全过程跟踪服务制度和动态管理机制。对边合区内新设企业、投资项目，边合区管理部门或机构要整合重点领域政务服务事项，实行“一窗受理、并联审批、限时办结”。

（十一）实行边合区考核评价制度。自治区商务部门负责全区边合区的管理和业务指导，牵头建立健全边合区考核评价体系，每年对边合区发展指标完成情况进行综合考核并通报。考核结果抄送自治区绩效部门，并在年度设区市绩效考评中运用。

六、强化政策支撑

（十二）加大资金支持力度。自治区在安排有关资金时，要充分考虑边合区建设发展需要，重点支持边合区基础设施建设、产业发展和边合区“小组团”滚动开发。自治区统筹中央和自治区预算内基本建设投资资金、中央边境地区转移支付边贸能力补助资金、中央外经贸发展专项资金、自治区本级商务发展专项资金等支持边合区建设，对新增的国家级边合区，自治区补助 5000 万元启动建设经费；对国家批复的边合区“小组团”滚动开发项目，自治区补助 1000 万元启动建设经费；对新设立的自治区级边合区，自治区补助 1000 万元启动建设经费。每年从中央外经贸发展专项资金中安排资金，支持边合区开展规划编制、公共服务平台建设和边合区内企业降低生产经营成本、增强市场竞争力，以及开展产业项目招商、边合区宣传推介活动等。

（十三）加大税收优惠力度。2021—2025 年，在边合区新办的以西部地区鼓励类产业为主营业务的法人企业，自取得第一笔生产经营收入所属纳税年度起，5 年内免征属于地方分享部分的企业所得税。本款政策与自治区其他政策内容相重叠时，法人企业可选择最优惠的政策执行，但不得叠加享受优惠。

（十四）加大金融支持力度。鼓励政策性、开发性、商业性金融机构依法合规参与边合区开发建设，对“小组团”滚动开发项目给予重点支持。支持金融机构通过“政府平台公司 + 政府增信”模式，联合保险公司、融资担保机构等为边合区企业提供方便快捷的信贷支持。鼓励金融机构提高在边合区所在地分支机构的贷款审批额度以及放宽审批权限等，建立贷款融资审批快速通道，降低边合区平台公司融资质押比例。

（十五）实行差别化产业支持政策。支持边合区大力发展特色优势产业，对符合产业政策、带动作用强的项目，在项目审批、核准、备案等方面加大支持力度。对边合区加工产业，尤其是以边民互市贸易进口农产品为原料进行落地加工的产业，经企业申请可纳入农产品增值税进项税额核定扣除试点范围。支持落地加工商品在进口环节实行“集中式”申报和“直通式”通关。对符合条件的落地加工商品，经抽取代表性样品后可先予放行，待检验合格后进行加工生产。

（十六）优先保障边合区重点项目建设用地指标。按照“集中统筹、分级保障”的原则，统筹做好列入边合区“小组团”滚动开发实施计划的项目新增建设用地指标保障工作。自治区林业主管部门在分解下达使用林地指标时对边合区实行单列。

（十七）支持开展跨境劳务合作。在国家相关部委指导下，试行越南入境务工人员在边合区内一次最长可停留 90 天，对越南入境务工人员中的越方管理人员，鼓励其持有效护照及职业签证入境，并为其签发 1—2 年多次出入境有效的工作类居留证件；支持越南入境务工人员用工证、务工证、停留证快速办理，简化跨境务工申报程序，提高越南务工人员跨境务工申报效率。支持在边合区范围内开展劳务中介业务，建立健全跨境“一站式”工作机制，支持建设中越跨境劳务市场。

（十八）加大对产业链龙头企业的引资奖励。支持边合区大力承接产业转移，对经认定的产业链龙头企业带动入驻边合区上下游企业（不含房地产类），被引进企业实际投资额达到 5000 万元以上且投资产业不涉及禁止和限制类的，按实际投资额的 1% 给予产业链龙头企业一次性奖励，奖励资金最高不超过 1000 万元，由自治区和边合区所在设区市、县（市、区）按 5 ∶ 1 ∶ 4 的比例分担。边合区及所在县（市、区）、设区市可采取“一事一议”方式，对带动上下游企业入驻边合区的龙头企业实行特殊扶持政策。

2020 年 10 月 8 日

关于建立推进中国东兴－越南芒街跨境经济合作区东兴园区与东兴市政区协同发展联动工作机制的实施意见①

根据《广西壮族自治区人民政府办公厅关于印发深化东兴试验区和跨境经济合作区管理体制机制改革方案的通知》（桂政办发〔2019〕63号）精神，为推动中国东兴－越南芒街跨境经济合作区东兴园区（以下简称“跨合区”）高质量发展，提高工作效率，凝聚工作合力，全面提升跨合区与东兴市发展联动制度化、规范化、科学化水平，现就建立推进跨合区政区协同发展联动工作机制，提出如下实施意见。

一、总体要求

建立推进跨合区政区协同发展联动工作机制既是贯彻落实“五大发展”理念的实际举措，也是实现跨合区要素配置、公共服务与区域主体功能定位更加契合的迫切需求。要坚持拓展联动思维聚合力，创新联动方法谋全局，全力打造政区联动平台，不断优化跨合区空间布局。要坚持优化政区机构职能资源配置，统筹建立协调顺畅、分类办理、即时办结的推进机制，及时解决跨合区在园区管理、项目建设等工作中遇到的困难和问题，增强跨合区的竞争力和辐射带动作用，加快形成政区一体化高质量发展新格局。

① 广西东兴国家重点开发开放试验区管委会：《关于建立推进中国东兴－越南芒街跨境经济合作区东兴园区与东兴市政区协同发展联动工作机制的实施意见》，广西东兴国家重点开发开放试验区官网，2021-08-24，http://dxsyq.gxzf.gov.cn/zwgk/zcwj_52799/bwzcwj/t5142573.shtml.

二、工作原则

——坚持共建共享原则。牢固树立“一盘棋”思想，共同理顺和丰富区域发展策略，在更高层次和水平上统筹提升跨境经济合作区发展整体性、协调性、联动性和可持续性，实现与东兴市的发展深度融合，促进跨合区高质量发展。

——坚持权责一致原则。立足现有政策和制度，共同理清职责不清、管理缺位、责权利不统一等问题，不断形成机制健全、灵活高效、相互匹配、共同发展的工作体系，实现资源利用最优化、区域功能最大化。

——坚持务实高效原则。坚持问题导向和目标导向，聚焦制约高质量发展的重点难点问题，建立全面、综合、整体、系统、长期的联动机制，全面提升跨合区与东兴市协同发展水平。

三、重点任务

（一）创新行政审批管理制度

1. 明确园区管理权限。进一步简政放权，赋予跨合区更加灵活的社会经济管理权限。防城港市人民政府及其相关部门按照“能放则放”的原则，依法委托东兴市人民政府及其相关部门在跨合区范围内行使部分防城港市市级社会经济管理权限（具体事项由防城港市人民政府下文明确）。

2. 创新审批服务方式。由跨合区行政审批服务机构牵头，东兴市人民政府及其相关部门实施跨合区范围内市县两级事项审批。东兴市政务服务中心加挂跨合区政务服务中心牌子，东兴试验区管委会在政务服务中心设置跨合区综合服务专门窗口，牵头受理跨合区范围内审批事项〔即，采取“前台（跨合区综合服务窗口人员）受理、后台（东兴市相关审批职能部门）审批”的工作模式和办事机制〕。审批业务人员主要依托东兴市相关职能部门现有派驻东兴市政务服务中心服务窗口的工作人员。

3. 加强部门协调配合。防城港市和东兴市政府相关部门对跨境经济合作区内企业的各项日常检查实行联合检查和检查周制度，由防城港市和东兴市相关部门根据业务需要自行申报，东兴试验区管委会与防城港市和东兴市相关部门协商后统筹安排。东兴试验区管委会要加强与防城港市和东兴市相关部门的对接，及时推送行政审批信息。防城港市和东兴市相关部门负责行政许可事中事后监管工作，建立信息推送制度，及时向东兴试验区管委会推送上级有关政策和监督信息。

（二）创新公共服务供给机制

1. 明确社会管理职能。按照属地管理的原则，明确跨合区内相关社会管理职能。跨境经济合作区范围内的社会事务、征地拆迁、信访维稳、综合执法等工作由东兴市相关部门按各自职责承担，东兴试验区管委会各职能部门全力配合。

2. 加快基础设施建设。电力、燃气、供水、通信等部门要按照“谁受益、谁投资”的原则，按照跨合区规划和建设任务节点目标，及时跟进跨合区相关基础设施投资建设，满足项目入园需要。

3. 提升生产配套功能。加大跨合区技术创新、信息服务、中介服务、现代物流、企业家交流等生产配套服务平台建设支持力度，不断降低企业商务成本。鼓励支持重点企业创办园区，吸引上下游企业入园配套，形成产业链条和产业集群，做到土地集约利用、产业集群配套。

（三）创新工作联审会商机制

1. 建立重大事项协商研究机制。建立组长由东兴试验区管委会常务副主任（东兴市委书记兼任）担任，副组长由东兴试验区管委会副主任和东兴市市长（兼任东兴试验区管委会副主任）担任，成员为东兴试验区工管委相关处室、东兴市相关部门主要负责人的重大事项部门协调联动推进工作联席会议，每季度召开一次重大事项联席会议，加强统筹协调，集中攻关难题，全力推进工作开展。

2. 建立集中审理行政审批机制。在跨合区范围内探索推进多规合一（多测合一）、整体评勘、联合图审、统一验收，以及缺席默认、超时默认、容缺预审等措施，提高建设项目审批效率。

3. 建立定期工作会商机制。建立由东兴试验区管委会分管项目建设的副主任召集东兴试验区管委会和东兴市相关部门负责人召开部门协调联动会议机制，集中通报重大事项推进情况和已确定的协调事项进展情况，分析存在的突出困难和问题，会商研究提出解决问题的对策，形成部门协调联动工作会议纪要，印发相关部门落实。需要自治区和防城港市委、市政府决策的事项，由东兴试验区工管委办公室汇总后向自治区和防城港市委、市政府报告，保证重大事项"有人牵头、有人负责、目标清晰、职责明确、协调顺畅、便捷高效"。

（四）创新财政和投融资机制

1. 加大跨合区资金筹集力度。东兴试验区管委会和防城港市、东兴市三方要结合实际，主动向中央、自治区争取东兴试验区（跨合区）的建设资金。归集东兴试验区管委会和防城港市、东兴市三方各类支持东兴试验区（跨合区）建设的资金，统一由东兴市统筹使用，确保"多个龙头进水、一个池子蓄水、一个龙头出水"。

2. 理顺跨合区财政管理体制。由东兴市负责管理跨合区的全部建设资金，统筹安排跨合区的开发建设资金，跨合区范围内的土地出让收入 5 年内全部返还东兴市，确保跨合区重点项目的顺利实施。防城港市财政、审计等部门要加大对跨合区建设资金使用管理的监督检查力度，确保资金规范、安全、有效使用。

3. 创新跨合区投融资主体。东兴试验区管委会投融资平台公司和东兴市投融资平台公司，作为跨合区的投融资主体，重点投资跨合区标准厂房等基础设施建设、社会公共事业和战略性新兴产业领域，并按照《公司法》充实资本金、完善治理结构、实现商业运作，逐步通过引入社会投资等市场化途径，促进投资主体多元化。同时，在不新增政府隐性债务的基础上，通过资产证券化、企业债、私募债、债务融资工具、银行贷款等多种渠道，筹集跨合区开发建设资金。

四、工作要求

（一）高度重视，抓好落实。深化东兴试验区和跨境经济合作区管理体制机制改革是自治区党委、政府作出的一项重大决策部署，是加快东兴试验区建设，充分发挥东兴跨合区核心带动作用，推动东兴试验区和东兴跨合区高水平开放高质量发展的组织保障。各级各部门要从改革大局出发，充分认识改革的重要性和必要性，克服畏难情绪，统一思想、认清形势，切实把各项工作要求落到实处。

（二）压实责任，协调推进。各部门要积极配合做好深化东兴试验区和跨境经济合作区管理体制机制各项改革工作，按照职责分工，密切协作，积极推动各项改革任务高质量完成，全力抓好东兴跨合区建设。加强对跨境经济合作区工作的指导和监督，保证各项工作的连续性和稳定性，防止工作出现断档，不断优化提升营商环境，共同开创东兴试验区和跨境经济合作区高质量发展的新局面。

（三）强化监督，严肃问责。各级各部门要将深化东兴试验区和跨境经济合作区管理体制机制改革工作作为一项政治任务，扎实推动改革任务落实到位。

附录四：有关中越跨境经济合作区的新闻报道

中国商务部与越南工贸部签署关于加快推进中越跨境经济合作区建设框架协议谈判进程的谅解备忘录[①]

2017年11月12日，在中共中央总书记、国家主席习近平和越共中央总书记阮富仲的见证下，中国商务部部长钟山与越南工贸部部长陈俊英在越南河内正式签署《中国商务部与越南工贸部关于加快推进中越跨境经济合作区建设框架协议谈判进程的谅解备忘录》（以下简称《备忘录》）。

中越跨境经济合作区的建设，是两国拓展经贸合作渠道、创新边境合作新模式、增进边民福祉的重要举措。《备忘录》的签署是开展中越跨境经济合作区建设的重要步骤。双方将按照《备忘录》安排，加快磋商进程，争取尽快就双边政府间协议达成一致，推动相关跨境经贸合作早日取得实质性进展。

① 资料来源：中华人民共和国商务部。

习近平和阮富仲见证广西与越南广宁签署交流协议①

11月5日，在中共中央总书记、国家主席习近平和越共中央总书记阮富仲的共同见证下，自治区党委书记彭清华与越南广宁省委书记阮文读在河内签署《中国共产党广西壮族自治区委员会与越南共产党广宁省委员会关于建立友好地方组织的交流协议》。

这是两区省党委落实中国共产党与越南共产党签署的合作计划的一项重要举措，也是探索加强两党地方组织交流的创新之举，具有先行示范意义。

根据协议，两区省重点从五方面开展相关交流。一是加强两区省党委交往合作。每年安排两区省党委领导率团互访，在地方经济社会发展、人力资源开发、扶贫减贫等方面相互学习交流，并就双方编制下一个经济社会发展五年规划的有关合作事宜加强磋商。二是深化地方组织治党理政经验交流。统筹指导和推进两区省党务部门对口交流，开展纪律检查、组织、统战、党报党刊等工作研讨，加强宣传部门合作，互学互鉴基层组织建设、基层社会治理等方面经验，就反腐败工作等开展专题交流。三是实施两区省干部培训交流计划。从2016年到2020年，借助干部学院等资源，广西每年邀请30名广宁省党政干部到广西交流培训；广西每年组织青年党员干部赴广宁省进行短期交流培训。四是指导和支持两区省工会、共青团、妇联等群团组织开展形式多样的友好交流活动。继续配合中越两党两国举办好中越青年大联欢、边民联欢等交流活动；从2016年到2020年，广西每年邀请100名广宁省青少年来访，举办夏令营、革命传统教育及参观、联谊等活动；广西每年派出青少年代表团访问广宁。五是挖掘和拓展红色教育合作。

① 魏恒：《习近平和阮富仲见证广西与越南广宁签署交流协议》，广西新闻网，2015-11-07。

充分利用两区省独特的革命传统教育资源，加强文物、史料和革命遗迹的挖掘保护，共同开展“沿着胡伯伯足迹的红色之旅”“海上胡志明小道”等主题宣传推介活动，共建红色革命教育基地，不断巩固和提升两国传统友谊。

中越跨境经济合作成效显著[1]

总投资159.66亿元人民币的一批项目，12日签约落户中国东兴－越南芒街跨境经济合作区，涉及商贸旅游、跨境加工和跨境物流、通用航空、智能产品研发等众多领域。

第三届中越跨境经济合作论坛暨中国东兴－越南芒街跨境经济合作区专场推介会当天在广西南宁举办。除项目签约外，中越双方代表还围绕“跨境产能合作——打造新时代跨境合作示范区”主题进行探讨。

中国东兴－越南芒街跨境经济合作区双边核心区总规划面积23.13平方公里。其中，中方园区规划面积9.63平方公里，越方园区规划面积13.5平方公里。合作区主要发展进出口加工、跨境金融、跨境旅游等产业。

中国东兴－越南芒街跨境经济合作区建设取得进展。中方园区，友好大道已经建成，国门楼正在进行内部装修，验货场主体施工即将完成，“两纵一横一环”路网基本成型。对促进中越两国互联互通具有标杆意义的中越北仑河二桥已基本具备开放条件，预计今年年底前通车。

广西东兴国家重点开发开放试验区管委会常务副主任管理年介绍，中国东兴－越南芒街跨境经济合作区享有沿边开发开放先行先试、沿边金融综合改革等多重优惠政策，可通过跨境劳务合作试点政策享受东盟劳动力红利，正在成为国内外客商新的投资热土。

自2015年以来，中国东兴－越南芒街跨境经济合作区与大型央企、国企、外企、民企签约合作项目79个，金额1111.39亿元人民币。目前，跨境合作区首个高新技术产业项目——香港广利通集团“高新科技园”

① 陈燕：《中越跨境经济合作成效显著》，中国新闻网，2018-09-12。

已经进场装修，即将投产。

越南芒街市人民委员会常务副主席阮进勇表示，近年来，越南通过中国东兴－越南芒街跨境经济合作区，提升进出口贸易、旅游等。他希望尽快签署《越中跨境合作区建设共同总体方案》。

中国东兴－越南芒街跨境经济合作区[1]（中方园区）成效显现

2019年以来，东兴试验区管委会深入学习贯彻习近平新时代中国特色社会主义思想和党的十九大精神，认真贯彻落实自治区党委全面深化改革委员会第三次会议精神，以东兴试验区、跨境经济合作区管理体制机制改革和开展“不忘初心、牢记使命”主题教育为契机，进一步解放思想、改革创新、扩大开放、担当实干，抢抓“一带一路”和西部陆海新通道建设历史机遇，紧紧围绕中国东兴－越南芒街跨境经济合作区（中方园区）（以下简称“跨境经济合作区”）开发开放建设，聚焦产业发展和中越北仑河二桥口岸开放工作目标，进一步加快推进基础设施建设、产业项目建设、招商引资等各项工作，不断取得新进展。

一、强化“硬支撑”，规划建设取得突破性进展

当前，中国东兴－越南芒街跨境经济合作区（中方园区）规划体系日臻完善，控规修编成果初步完成，口岸服务区规划不断完善，重点项目加快推进，“两纵一横一环”路网基本成型，庄严肃穆的新国门形象已矗立于中越北仑河二桥北侧，东兴口岸中越北仑河二桥实现临时开放，为实施“两国一区，境内关外，自由贸易，封关运作”特殊管理模式打下了坚实基础。截至2019年9月，中国东兴－越南芒街跨境经济合作区（中方园区）建设完成国门楼、验货场、标准厂房及友好大道、楠木山大道、罗浮西路几大项目，累计投资额为84354万元。

① 广西日报：《中国东兴－越南芒街跨境经济合作区（中方园区）成效显现》，2019-10-25。

一是一批项目集中竣工、开工。今年1月23日，东兴试验区管委会成功举行跨境经济合作区2019年第一季度项目集中竣工现场会，中越北仑河二桥口岸临时通关验货场、跨境经济合作区产业工人临时用房、跨境经济合作区电子科技产业园一期工程等3个项目集中竣工，为口岸临时通关、产业落地提供强有力支撑。3月26日，口岸配套的跨境经济合作区经五路（界河大道至楠木山大道段和纬一路至罗浮大道段）、纬三路及防城至东兴高速公路东兴互通立交南端延长线道路改建工程集中开工，进一步完善跨境经济合作区第一片区路网，带动第二片区和第三片区建设。

二是口岸配套设施建设全力推进。东兴口岸二桥综合服务区一期（国门楼项目）工程主体已完工，外装基本完成，内部装修和总平施工完成并通过竣工验收。一期配套工程已完成内装、客车通道、道路工程、亮化工程和绿建升星等内容。验货场和口岸信息化工程已完成大部分线管敷设、房间装修、设备采购及安装。力争年底实现二桥口岸正式通关。

三是道路基础设施建设更加完善。已经形成"三纵三横"骨干路网。楠木山大道工程已完成部分混凝土路面、雨污水管建设；罗浮西路工程验货场段已基本完成路面硬化；纬三路工程已完成水稳层及配套铺设；防城至东兴高速公路东兴互通立交南端延长线道路改建工程已完成桥梁梁板预制、场地台硬化和路基土方开挖；经五路已完成清淤收方回填和污水管装埋。

四是标准厂房建设助推产业项目落地。跨境经济合作区标准厂房项目4栋厂房已进入装修收尾阶段，其余5栋厂房施工正加快推进。东兴广利通电子科技产业园项目已进驻标准厂房。

五是征地搬迁攻坚取得新突破。跨境经济合作区围绕东兴口岸北仑河二桥正式开通和通关基础设施建设项目开展征迁攻坚工作，截至今年10月15日，应征土地面积3900亩，已征3396.125亩（含东郊安置区），完成87%。

二、提升“软实力” 营商环境进一步优化

进一步理顺东兴试验区和跨境经济合作区管理体制机制，构建精简高效和创新灵活的管理模式。围绕建立特殊一级财政管理体制和行政审批权限，充分发挥防城港市、东兴试验区管委会、东兴市三方的积极性，为企业创造办事快捷的营商环境。

建立健全投资发展政策制度。为扶持引导龙头企业和优势产业在跨境经济合作区入驻发展，近年来东兴试验区管委会先后建立了一套适用灵活、选择多元的投资发展政策，今年研究起草《中国东兴－越南芒街跨境经济合作区（中方园区）标准厂房及配套设施租赁管理办法（试行）》，并完成《中国东兴－越南芒街跨境经济合作区战略地位和发展定位研究》课题研究，进一步优化了跨境经济合作区的营商环境。

开展多种形式的招商引资工作。一是在北京、天津、上海召开了专场推荐会；二是充分利用中国－东盟博览会的平台持续举办东兴跨境经济合作区推介会暨中越跨境经济合作论坛，共签约 31 个合作项目，投资总金额达 371.63 亿元；三是开展强强合作，先后与天虹纺织集团、中煤建工集团、广西黄金集团、北部湾投资集团、国培生物科技（广东）有限公司签订了战略或投资合作协议。

三、发挥“大优势” 跨境合作效应日益凸显

跨境经济合作区坐拥多重的国家战略优势、突出的区位交通优势、叠加的发展政策优势、独特的跨境合作优势。目前，中越双方已经形成国家层面、省级层面、广西东兴试验区管委会和广宁省口岸经济区管委会、东兴市和芒街市等层面的沟通工作机制。伴随着二桥口岸开放、签约企业进驻、进出口贸易增长、边境旅游试验区实施、国际医学开放试验区的批复等，跨境合作效应日益凸显。

东兴口岸中越北仑河二桥实现临时开放。2019 年 3 月 19 日，中越双方共同举办了中国东兴－越南芒街口岸北仑河二桥开通仪式，中国广西壮族自治区党委书记鹿心社、越南广宁省委书记阮文读等领导出席。

解决了东兴一桥口岸因货场后置导致的通关时间拉长问题，进出口货物通关时间得到大幅压缩，单票货物正常通关时间节省30分钟以上，通关效率提升约20%。多年来制约东兴口岸通关效率的“人货混行”状况彻底结束，东兴口岸跨境旅游、跨境贸易布局进一步优化。预计今年年底前东兴口岸中越北仑河二桥将实现正式开放。

新兴项目加快入驻园区。2017年7月7日，东兴试验区管委会与香港广利通集团签订项目入园协议。2019年5月8日，东兴试验区管委会与广西安良科技有限公司、东兴昇龙海产贸易有限公司分别签订人工智能技术应用项目、海藻饮品项目入驻协议，标志着跨境经济合作区产业发展迈入新阶段，产业多元集聚发展迈出重要一步。

进出口贸易彰显繁荣。跨境经济合作区越方园区所在的越南广宁省是越南北方经济开放程度高、政策优惠、经济发展潜力大的边境省份之一。中国和东盟“两个市场、两种资源”在这里得以更加开放、更加便利地结合，跨境劳务合作试点政策还带来东盟劳动力巨大红利，这些都为开展面向东盟市场的出口加工和针对东盟优势资源的进口加工提供了广阔的市场、丰富的资源和低成本的劳动力。截至今年8月，东兴市外贸进出口总值39.7亿元，同比增长87.3%。

跨境旅游合作成为新亮点。依托2018年国家赋予的防城港市边境旅游试验区免税购物、东盟风情展示、美食推介、文化娱乐、旅游产品营销等文化旅游产业，跨境旅游日益火爆。目前已开通到越南下龙、河内等4条边境旅游线路。中国东兴-越南芒街跨境自驾游常态化开通，跨境自驾游的范围扩展至广西5市及越南2市，经营企业扩大至全区100家旅行社。随着东兴口岸北仑河二桥即将正式开通，跨境经济合作区的口岸功能、保税和减免税等特殊政策，将有力助推跨境旅游再掀高潮。

国际合作新功能即将形成。2019年6月14日，国家主席习近平在吉尔吉斯斯坦首都出席上海合作组织成员国元首理事会第十九次会议并发表重要讲话，明确表示支持在防城港市建立国际医学开放试验区。试验区按“两城、多园”布局，其中国际医药制造城核心区由防城港高新技术产业开发区、东兴跨境经济合作区、企沙山新半岛片区、上思江南综合加工区四个片区组成，这必将给跨境经济合作区带来新的国际合作机遇，增加新的国际贸易功能。

新时代催生新思想，新思想激发新作为，新作为书写新成效。展望“十四五”，东兴试验区管委会将深入推进跨境经济合作区互联互通基础设施建设，创新粤港澳大湾区合作交流机制，落实北部湾一体化发展政策，进一步理顺管理体制，加强统筹领导，强化责任落实，加强招商引资，充分发挥综合优势，做好上下衔接和政策落地，加快把东兴试验区、跨境经济合作区打造成全区开放发展新的增长点。

广西东兴再启新项目 助推中越跨境经济合作区建设[①]

广西东兴市16日举行罗浮大道项目开工及东兴北投口岸投资有限公司、东兴北投环保水务有限公司揭牌仪式。这是广西北部湾投资集团有限公司与东兴市深化合作，助推中国东兴－越南芒街跨境经济合作区建设的重要行动。

中国东兴－越南芒街跨境经济合作区是中国面向东盟开放合作的重要平台。建设中的中国东兴－越南芒街跨境经济合作区中方园区规划总面积84平方千米，包括1个核心区和7个配套园区，建成后将实行“两国一区、境内关外、自由贸易、封关运作”管理方式，利用中国和东盟“两种资源、两个市场”，发展进出口加工贸易、跨境金融、跨境旅游、跨境电商等跨境特色产业。

当天宣布启动的罗浮大道项目及两个新揭牌投资运营企业均位于中国东兴－越南芒街跨境经济合作区中方园区。作为这个跨境经济合作区（中方区域）的重点建设项目，罗浮大道建成后将连接跨境合作区内多条交通干道。

广西北投集团总经理高新表示，近年来，北投集团依托全产业链优势、人才优势和大型工程项目全过程实施能力优势，与东兴市合作建成了东兴边民互市贸易区、北仑河国际商贸城等一批项目，取得了较好的社会效益和经济效益。

他表示，罗浮大道工程是中国东兴－越南芒街跨境经济合作区的重点建设项目，它的开工建设标志着项目正式进入全线施工阶段。北投集团将以罗浮大道项目动工及两个投资运营企业揭牌为契机，进一步发

① 黄秋艳、罗萌：《广西东兴再启新项目 助推中越跨境经济合作区建设》，中国新闻网，2020-10-16。

挥国有企业主力军作用，全力做好东兴跨境经济合作区口岸物流产业园和东兴市水务一体化项目建设，打造全国边境口岸国家物流枢纽建设运营典范。

据介绍，当天挂牌成立的广西东兴北投口岸投资有限公司，主要负责投资建设与运营管理东兴跨境经济合作区口岸物流产业园项目。该物流产业园项目规划总用地面积约3500亩，总投资约100亿元人民币，由口岸货物监管区、智慧物流园和加工制造产业园等功能分区组成。项目运营后将按照“口岸引领、产业集聚、产城融合”的理念，构建东兴跨境经济合作区“前岸+中区+后城”的发展新模式，成为“一带一路”建设中国连接东盟的一个门户。

广西与越南提升经贸合作水平推动跨境经济合作区建设[①]

中新社南宁8月2日电（陈贻泽） 中共广西壮族自治区委员会书记鹿心社2日在南宁表示，在做好常态化疫情防控基础上，广西愿进一步深化与越南在经贸领域务实合作，探索“云见面”“云洽谈”等合作新模式，为经贸合作创造更加便利的条件，推动多领域合作走深走实，造福两国人民。

当天，鹿心社应邀与越南工贸部部长阮鸿延举行视频会晤，达成系列合作共识。

鹿心社在会晤中介绍说，近年来，在中越两国友好合作的大背景下，广西与越南各领域友好交流与务实合作成效显著，越南连续多年成为广西最大的贸易伙伴，充分反映双方经贸合作的巨大潜力和广阔前景。

鹿心社建议，广西与越南继续加强沟通协商，择机签订桂越经贸合作三年行动计划，持续做好农产品贸易、边境贸易，推进工业合作、跨境经济合作区建设，打造跨境产业链供应链，进一步提升经贸合作水平。同时，加强双方口岸通关能力建设，提高查验效率，简化通关程序，进一步提升通关便利化水平。

阮鸿延表示，此次会晤将进一步促进越南工贸部与广西形成良好的合作关系。双方应推动开行越中集装箱国际铁路联运班列，持续扩大贸易规模。

阮鸿延表示，越南工贸部将全力支持配合广西做好疫情防控、中国－东盟博览会和商务与投资峰会筹备、跨境经济合作区建设等相关工作，推动越南地方省份与广西经贸合作稳定发展，为越中全面战略合作伙伴关系发展作出更大贡献。

---

① 陈贻泽：《广西与越南提升经贸合作水平 推动跨境经济合作区建设》，中国新闻网，2021-08-02。

附录五：中国东兴－越南芒街跨境经济合作区课题组越南调研报告

2019年1月

促成中国广西、广东与越南广宁三方深入合作
优先建成中国东兴－越南芒街跨境经济合作区

一、越南经济社会发展潜力巨大

调研发现，自1986年革新开放以来，越南经济飞速发展，但整体与中国相差悬殊，与中国广西也还有一定差距。因此，越南经济社会仍具有巨大的发展潜力，主要表现在基础设施建设尚有巨大缺口，招商引资规模尚有巨大提升空间，房地产市场和交通体系存在很大拓容空间等。借助中国东兴－越南芒街跨境经济合作区（简称东兴－芒街跨境经济合作区）建设的历史机遇，中越双方可以充分发挥各自的优势，推动多领域实质性合作，实现双方互利双赢，提升双方互联互通水平。

（一）芒街市发展水平滞后于东兴市

调研组一行从东兴市通关后进入芒街市，感受到了较大的城市建设落差。东兴口岸入口处商铺繁多，周边商品房密布；而芒街市口岸周边仍为农田和农场，仅有一条道路从农田中间向芒街市市区延伸。沿这条路开往芒街市市区，途径市人民政府，沿路楼房都是平房，芒街市市人民政府的建设规模类似于中国地方乡镇人民政府，政府建筑主体都为小矮楼。

调研组观察到，越方园区建设相对于中方也较为滞后。目前中越北仑河二桥已经修建完成，正式开通启用。中方二桥口岸的国门楼、海关设施、检验检疫设备已经全部落成，部分园区用地已经规划建设完成，目前已有 20 多家国企、民企在园区注册落户。而芒街市人民政府对二桥口岸建设的投入仍然不足，国门楼、海关设施、检验检疫设备等相关建设仍然滞后，这大大制约了口岸客货流量的增长，影响了口岸经济的发展，使得边境地区的区位优势未能充分发挥，限制了中越双边贸易额的增长。当前，越南芒街市亟须与中国东兴市进一步合作，以完善越方口岸建设。

（二）广宁省基础设施建设需求量巨大

目前广宁省基础设施较为薄弱，产业配套能力低。在电力方面，调研组从天虹集团芒街子公司管理人员那里了解到，芒街市的工业用电不稳定，经常会出现断电现象，影响企业生产。在交通方面，调研组从芒街市开车前往下龙市的国道仅为双向两车道，其国道仅相当于中国乡道的水准；另外，据引导人员反映，芒街市到下龙市沿线的部分乡镇还没通上带等级的公路。在电信方面，调研组使用的越南本地电话卡，从芒街市到下龙市沿途几乎无法连上网络，而进入河内市后网络连接通畅，说明当前广宁省整体电信基站覆盖率严重不足。

广宁省的电力、交通、电信等基础设施尚有巨大的建设需求，据天虹集团芒街子公司管理人员反映，当前广宁省人民政府正在积极寻求与民间资本以及国外资本进行基础设施的合作建设。

（三）海防直辖市招商引资存在巨大拓容潜力

调研组驱车穿过广宁省后，到达了海防直辖市，对海防市的直观感受是其经济发展刚刚起步，招商引资存在很大拓容空间。

调研组此行到达海防市的深圳－海防经济贸易合作区（以下简称深越合作区）参观，得知目前深越合作区已经初步建成，但入驻的企业仍然很少。调研组经实地考察发现，包括深越合作区在内的海防市各大工业园区的规模化招商引资刚刚起步：在工业园区建设方面，许多园区刚刚建成；在基础设施方面，通往海防市工业园的道路刚刚修通；在产业分布方面，目前海防市仍未形成某一产业的集聚效应，企业在此投资的协同效应尚待形成；在劳动力方面，海防市劳动力充足，除了海防市本市的劳动力外，周边省市尚有大量廉价劳动力可往海防市迁移。因此，海防直辖市目前的招商引资仍未达到最大规模，仍存在很大的拓容潜力。

（四）首都河内市发展水平具有很大提升空间

调研组在开车驶向首都河内的途中，正值晚高峰，下高速公路进入河内后看到几处大型建筑工地灯火通明，施工现场高架密布，工人来往作业，丝毫不停，场景颇为壮观。

河内市市郊道路宽敞，交通通畅，其外环一带商品房密布，且多为高层，但越往市中心靠近，交通状况越恶劣，低矮的平房越多。调研组在河内观察到，河内市中心的城市规划较为混乱，有很多老旧的平房与新建的高楼大厦并列。许多老旧的平房依道而建，挤压了道路的空间。例如，河内市的行政中心巴亭广场（其地位类似于北京的天安门广场）周边一千米内到处都是简陋的民宅，多处地方都是单行道，行车不便，交通状况较为恶劣。

河内市区平房的存在掣肘了河内的城市规划和交通建设。目前河内市有八百多万人口，尚未成为特大城市。随着河内经济的进一步发展，必然有更多的人口迁往河内，进而推动河内商品住房需求的提升，而这些平房也将被拆迁整改为高楼大厦，这将为河内市房地产的发展带来新一轮契机。其交通体系也将进一步拓容，直到与超大型城市的需求相匹配。人口、房地产、交通体系的拓容将为河内市带来新一轮经济发展契机。

总之，广宁省、海防市和河内市有巨大的发展潜力尚待挖掘，而这恰恰为中国东兴－越南芒街跨境经济合作区的建设提供了巨大的历史机遇和合作前景。

二、越南开始进入快速发展阶段

调研组此次越南之行的最深感受就是越南经济发展的日新月异。革新开放三十多年来，越南走上了飞速发展的道路。中国商务部数据显示，在经济增长方面，2011—2021 年越南年均 GDP 增速达到 5.67%，而近两年来越南经济增长势头更为强劲，2018 年其 GDP 增速达 7.08%，为 1991 年中越关系正常化以来首次超过中国。外资机构普遍预测 2022 年越南经济增速将达 7.5%。在进出口方面，2011—2018 年越南出口额年均增长 10.16%，2018 年达到 2447 亿美元，当年越南贸易顺差额达 70 亿美元，创其历史最高纪录。在吸引外资方面，2012—2018 年越南吸引外资额年均增长 15.02%，2018 年达到 191 亿美元，而其中 2018 年同比 2017 年增长约 35.5%，2018 年越南吸引外资额增幅之大，令人咋舌（相关数据详见附表 3）。从调研的种种迹象和越南国内国际环境的变化可以判断，越南开始进入快速发展阶段。

（一）越南北部交通基础设施建设方兴未艾

调研组从芒街市出发，沿途经过云屯岛、下龙市、海防直辖市，最后到达首都河内，只见沿路到处都是施工项目，到处都是开工的楼盘，途径几处大的河道都有正在施工修建的大型桥梁。

调研组此行了解到，近年来越南北部基础设施建设推进得很快，许多重大基础设施项目已竣工投运。调研组途径的多个市、县主要道路都在近期刚刚修建完成，例如云屯国际航空港至云屯经济区高级娱乐综合区道路、海河海港工业区道路、广宁省东潮—北江省绿南道路、18 号国道从东潮至蒙阳路段等，都在近期完成竣工投运。

尤其值得一提的是，越南北方的高速公路的路网建设，调研组的行车路线是芒街市—云屯岛—下龙市—海防市—河内市，目前云屯岛到河内市的高速公路已经完全修通，而芒街市到云屯岛的高速公路正在修建，预计在两年左右建成。据越中友好协会常务委员陶玉章理事称，这条高速公路直接打通了从中国东兴 - 越南芒街跨境经济合作区到下龙市、海防市乃至河内市的交通动脉，修成后从河内市开车到芒街市只需 3 个半小时，到南宁市只需要 5 个小时。这条高速公路的修建将有助于实现广宁省和广西壮族自治区的地区对接，推动和加强中国与越南的国际贸易往来。

（二）广宁省中长期发展规划目标振奋人心

调研组此行途径广宁省省会下龙市，在下龙市参观了广宁省规划与展览宫，完整地了解了广宁省的经济发展规划及其完成情况。

广宁省在2013年与美国麦肯锡咨询公司合作制定了《到2020年广宁省经济社会发展规划、2030年展望及2050年愿景》，这份广宁省2020规划和2030年展望将广宁省定位为现代服务业和工业强省、国际旅游中心和越南北部地区乃至全国的经济火车头。其经济目标是：2011—2020年，广宁省国内生产总值（GDP）年均增长率确保在12%～13%的水平；2020—2030年，继续保持经济的高速增长，构建现代化工业体系；2030—2050年，把广宁省建设为越南经济发展引擎区之一，成为亚太地区宜居地区之一，是旅游、高档产品生产和服务发展的现代化智慧省份。其雄心壮志可见一斑。

而事实上，广宁省正在逐步实现2030展望和2050愿景的目标，近年来，广宁省经济增长迅速，GDP增速连续6年保持在10%以上，已经成为越南58个省份中经济发展最快的一个，其中工业增长率达13.1%，服务行业增长率达13.5%。在这样的发展速度下，广宁省从越南主要的煤炭生产基地变身为新兴的国际旅游区，其部分家庭年平均收入超过2万美元。越南经济增长势头不减，无愧于新兴的“东南亚之虎”，不容小觑。

（三）国内国际环境变化利好越南招商引资

越南企业成本优势明显。调研组从天虹集团芒街子公司管理人员那里了解到，广宁省目前的劳动力价格比广西低50%左右，水、电价格比广西低30%左右，有效降低了企业成本；另外，国内企业进口煤炭、棉花等原材料受到配额限制，而在越南则不受限，有效降低了原材料成本。

越南财税政策受外企欢迎。越南为外资企业的免税减税幅度巨大。调研组在深越合作区了解到，一般外资企业的企业所得税为其经营利润的20%，但如果为越南特别鼓励的高科技、环保等产业，则可享受15年10%的企业所得税税率，并获“四免九减半”的减免，即前4年免除企业所得税，第5年到第9年缴纳5%的企业所得税，第10年到第15年缴纳10%的所得税（详见附表4）。其所得税税率之低，对外资企业有巨大的吸引力。

越南关税政策吸引力大。越南属东盟自由贸易区和 CPTPP 的主要成员国，在越南设厂可以有效规避关税壁垒。天虹集团芒街子公司管理人员告知调研组，在 CPTPP 框架下，该企业近九成产品出口日本、新加坡、澳洲、加拿大等十个国家，享受零关税待遇。在这样的贸易环境吸引下，各大企业纷纷前往越南设厂。

国际环境变化加速了中国企业向越南转移的步伐。2018 年以来，国际形势发生剧变，中美贸易摩擦使得中国国内出口企业面临巨大压力。由于中美贸易摩擦在短期内未必能够解决，越来越多的国内企业正在考虑向越南转移。天虹集团管理人员还表示，越南贴近国际销售市场，将企业设在越南的重要优势是有利于进一步开拓东南亚和欧美等国际市场（第三方市场），提高在全球市场的占有率。

总之，当前的越南已经进入经济发展的快车道，在未来将迎来十年甚至二十年的经济增长机遇期，东兴－芒街跨境经济合作区的建设将有望借助越南经济发展的势头和营商环境的优势，吸引大量企业入驻，为跨境经济合作区的繁荣注入持久的动力。

三、越方对优先建设东兴－芒街跨境经济合作区态度积极

1 月 10 日，调研组走访了越南社会科学翰林院中国研究所和越中友好协会。调研发现，越方对双方共同优先推进东兴－芒街跨境经济合作区建设持积极态度，并明确表示了合作意愿。当前，中越两国都开启了新一轮改革开放和革新开放，中越双方合作恰逢其时。尤其是共建以东兴－芒街跨境经济合作区为代表的中越跨境经济合作区，既能充分发挥两国优势，又能充分享受两国发展红利和发展潜力。

（一）越方重视东兴－芒街跨境经济合作区建设，希望签署共同总体方案

越中友好协会常务副会长阮文诗向调研组介绍，在了解到中方由商务部负责东兴－芒街跨境经济合作区项目后，越方也意识到此项目的

重要性，遂将跨境经济合作区项目交由越南工贸部全权负责，并委托广宁省全面落实。越方认为，中越双方共同建设跨境经济合作区，是关乎两国贸易投资发展的长远大计。

越方希望中越双方尽快签署《中越跨境经济合作区建设共同总体方案》（简称《共同总体方案》），从而加快中越跨境经济合作区的建设。越南社科院中国研究所前所长杜进森教授也表示，越南正处于革新开放之际，正在尝试扩大开放、寻求与周边国家的合作，因而与中国建立贸易伙伴关系，共同建立中越跨境经济合作区符合越方愿景。杜进森教授还认为，尽快签署《共同总体方案》，制定出完备科学的跨境经济合作区运行管理体制，以合理分布产业、协调产业布局，对推进中越跨境经济合作区的发展乃至实现双方的互利共赢至关重要。

（二）越方希望中国增加农产品、高新技术等投资

2006 年越南加入 WTO 以后，经济活力显著增强，加之越南政府高度重视吸引外资，积极改善投资环境，使越南逐渐成为对外国投资者具有吸引力的新兴市场之一。近年来，越南大力扶持高科技产业、资本密集型项目的发展，并于 2014 年出版了新的《投资法》，对入驻越南经济园区的高科技企业采取了从创收起 4 年内免征或 9 年内应缴税额少征的优惠政策。越南社科院中国研究所副所长阮氏芳花博士指出，越方希望进一步拓宽中国在越投资领域、引进更多的先进技术。目前，中国在越南边境地区的投资，尤其是农产品加工业（如茶叶、茴香）方面的投资相对不足，越方鼓励农产品加工领域的投资，希望增加高技术、环保、可持续的投资项目，减少劳动力密集型以及高能耗、预期会带来环境污染的项目。

（三）越方支持中国两广与越南广宁的合作

越南广宁省与中国广西壮族自治区接壤，两地发展具有很强的互补性。因此，调研组提出，促成中国广西、广东与越南广宁三方深入合作，创立“三广”合作模式，以此作为建设中越跨境经济合作区的主攻方向。

越方初步认同该创新模式，并有意积极参与。越中友好协会、越南社科院中国研究所等有关领导支持“三广”合作的倡议，愿意进一步探讨并推进三方合作。原越南驻华大使、越中友好协会常务副会长阮文诗在会谈时也指出，中越双方有很多改革开放的经验可以交流。近年来，越南与广西、广东的经贸关系发展很快。越南同广西联系密切，例如越南是中国－东盟博览会的参与国之一。越南也与广东交往频繁，目前广东已逐渐成为越南重要的经济伙伴之一。越南的各个地方部门、行业与广东省之间的合作机制日益得到巩固发展。在经济、文化、技术科学、旅游领域方面的合作关系继续发展，2018 年，越南与广东的双边贸易额达 400 亿美元，同比 2017 年增长 46.5%。

四、越方对如何建设中越跨境经济合作区存在疑虑

越方虽对优先建设东兴－芒街跨境经济合作区态度积极，但对于如何实施及合作前景尚存疑虑。

（一）越方推进中越跨境经济合作区建设面临内部矛盾

越南与中国、老挝、柬埔寨相接，合作建立了 13 个跨境经济合作区，其中，中越双方建立了东兴－芒街、河口－老街、凭祥－同登、龙邦－茶岭 4 个跨境经济合作区。越南社科院中国研究所前所长杜进森和越中友好协会常务委员陶玉章均向调研组反映，越南中央人民政府考虑到自身实力问题，希望优先建成一个跨境经济合作区，待总结成功经验后再开展其他跨境经济合作区的建设。而越南北部边境各地方人民政府考虑到自身利益，纷纷要求优先建设当地的跨境经济合作区，导致了一些利益矛盾甚至冲突的出现。因此，平衡地方要求、协调与解决内部矛盾是当前中央人民政府在推进中越跨境经济合作区建设中亟须解决的问题。

（二）中越双方经济实力悬殊，担心经济受制于中国

尽管越南近年来已跃升为亚洲增长最快的经济体，但越方普遍认为，与中国相比，越南的经济实力仍有较大差距。在走访越中友好协会

时，调研组了解到越方担忧跨境经济合作区建成之后，中国低附加值、劳动密集型产品将大量输入越南，或将对越南同类型产业造成冲击，导致国内民族企业相互压价、无序竞争，从而破坏市场秩序、加大就业压力，最终使得越南经济受制于中国。

（三）区域间跨境经济合作尚未成熟，缺少可借鉴的经验

越南社科院中国研究所前所长杜进森教授表示，目前国际上缺乏成功的区域间跨境经济合作区模式，建设中越跨境经济合作区缺乏科学的理论支撑，借鉴经验不足。中越跨境经济合作区在如何管理产业布局、海关、检验检疫、卫生以及边境外汇等方面还需进一步研究。越中友好协会常务委员陶玉章也向调研组反应，虽然中越跨境经济合作区建设是两国最高领导人的重大指示，双方也曾就此问题多次研讨并交换立场，但由于国际上不存在成功的跨境经济合作区先例，因而在贸易投资便利化、合作区进驻企业的环保问题和社会责任方面尚未形成明确规定。

此外，陶玉章还认为，中越双方对于推进跨境经济合作区建设的需求和配合程度上的差异也造成了越方园区建设的滞后。中国希望同时推进东兴－芒街、河口－老街等多个跨境经济合作区，但越方考虑到自身实力及经济水平，希望“先试行再推广”，即尽快启动东兴－芒街跨境经济合作区的建设，以此作为中越合作的示范区先行先试，待建设成功后再予以全面推广。

五、促成“三广”合作创新模式恰逢其时

越南经济社会发展潜力巨大，正处于发展腾飞的新起点。而越南广宁省也成为中越两国合作的最重要抓手。此外，促成中国广西、广东与越南广宁三方深入合作也具有深厚的基础、明显的优势和巨大的需求。“三广”合作创新模式将有力助推东兴－芒街跨境经济合作区建成典范园区。

（一）东兴－芒街跨境经济合作区具有优先建成的比较优势

东兴－芒街跨境经济合作区施工进展顺利。东兴试验区管委会政策法制处王靖武副处长表示，目前东兴－芒街跨境经济合作区中方园区的综合服务区基本建设完成。国门楼、验货场、海关设施、检验检疫设备全部落成，东兴市口岸中越北仑河二桥也已修建完成，且中方段具备通关能力。与其他跨境经济合作区相比，东兴－芒街跨境经济合作区已经具备先发优势。

东兴－芒街跨境经济合作区区位优势显著。王靖武副处长在同越中友好协会会谈时提及，东兴－芒街跨境经济合作区地处中国西南、泛珠三角和东盟三大经济圈的汇合点，是中国唯一与东盟陆、海、河相连的重要门户，交通发达，拥有大型海港；广宁也是越南北部发展最快的省份，资源丰富。相比于河口－老街跨境经济合作区，东兴－芒街跨境经济合作区的区位优势更明显。因此，东兴－芒街跨境经济合作区最具备条件将跨境经济合作这样一个创新模式做好并推广。越中友好协会副会长阮文诗也提到，目前河内至下龙的高速已经开通，广宁省云屯机场业已投入使用，下龙至芒街段的高速公路正在修建，这些交通基础设施的铺设将会为东兴－芒街跨境经济合作区扩容运输量、促进产业布局优化、提升经济效益以及增加边民就业注入强大动力。

越南芒街经济增长活跃，为东兴－芒街跨境经济合作区建设注入活力。广宁省规划与展览宫展示了越南广宁省芒街口岸经济区 2030 愿景和 2050 规划，芒街有望对标中国，发展成为广宁稳固、活跃的经济增长极乃至越北重点经济区。同时，按照“一轴两区三中心”的布局，芒街将同步建设并完善现代化基础设施和服务网络。此外，芒街市还将致力于打造国家级重点国际旅游服务中心，不断增进人民物质、精神和文化生活。

越南广宁具有多重优势促进东兴－芒街跨境经济合作区的发展。广宁省在地理位置上，位于中国“一带一路”倡议和越南“两廊一圈”战略的重要交汇点，是海洋经济发展相对活跃的地区，与中国广西相连，并拥有芒街、横滨、北丰生三个国际口岸；在自然条件上，广宁矿产资源丰富，煤炭、石灰石、玻璃砂等储量可观；在交通网络上，2018 年，广宁开启了云屯—芒街高速公路、下龙—锦普沿海路线和下龙湾六门海底隧道三个交通项目，进一步完善了现代化的交通基础设施系统；在旅游开发上，广宁旅游资源十分丰富，拥有较多的知名景点，旅游业在广宁地区 GDP 中的占比不断提高，广宁正逐步成为越南的重点旅游大省，根据发展规划，广宁将力争在 2020 年成为国际化的旅游中心。

（二）广宁与广西合作的潜力巨大

合作建设基础设施的潜力巨大。越南是传统农业国，工业基础较薄弱，科技创新对经济发展贡献度不高，基础设施建设所需的大规模制造装备主要依靠进口，本国缺乏大规模生产制造装备的能力。越南政府资金较为短缺，在基础设施建设方面鼓励多渠道资本参与，有与民间资本和外国资本合作的意愿。中国技术和资金优势恰好可以弥补越南的不足。

越南投资环境向好。越南社科院中国研究所副所长阮氏芳花博士表示，越南为增加吸引外资和先进技术的可能性，陆续出台了一系列鼓励环保和高新技术产业的税收减免优惠政策，并第五次修订《投资法》，新的《投资法》采取负面清单模式，越南以更加开放的姿态面向国际市场。许多优质企业为享受更为优惠的政策以及规避潜在的国际贸易摩擦风险，已经或正在考虑向越南这样的劳动力成本较低、政策红利较大的投资洼地实施产业转移。

合作开发旅游服务业潜力巨大。广宁省致力于成为现代服务业和工业强省。尤其值得关注的是，广宁省规划 2020 年建成国际化旅游中心和国家重点旅游导向地，成为越南工业、文娱、度假休闲中心。中国巨大的市场需求加大了越南同中国合作开发旅游服务业的动力。如果两国合作共同开发旅游资源，不仅有利于提升中国游客的旅游体验，也能增进两国民间的友好交流，实现互利共赢。

（三）广西和广东的经贸合作由来已久

随着高铁网、高速公路以及西江航道的建设，广西承接东部产业转移的硬件条件已成熟。在对外物流通道方面，广西是中国唯一与东南亚国家兼具海路、陆路联通的地区，加之成本优势、土地容量优势，跨境经济合作区建设前就曾吸引了广东地区的大量投资。目前，东兴－芒街跨境经济合作区正在建设，“两纵一横一环”路网初步成型，中越北仑河公路二桥全面落成，这无疑为广东的资本注入提供了更为便捷的渠道和平台。

（四）广宁与广东可通过广西的桥梁效应实现优势互补

四十多年来，广东一直是我国改革开放发展的前沿和窗口，在全国改革开放发展大局中具有举足轻重的地位。广东具备充足的资金及先进的管理经验、技术支持，加之近年来越南对与广东的合作产生兴趣，尤其是价值链较高端的产业转移项目。推进双方合作正好可以消弭越方对自身经济实力落后、不足以支撑基础设施建设等方面的担忧，广宁在一些优势产业上，如农产品加工业（茶叶、茴香等），可全方位、宽领域地争取广东的技术和资金支持。

此外，与广宁的合作可以有力地推进广东在东南亚地区的全面开放，是构建广东全面开放新格局、推动广东平衡发展的关键一环。在调研芒街的天虹集团（越南）和海防市深越合作区时了解到，广宁的优惠税收政策已经为广东企业的投资入驻带来利好。例如“两免四减半”政策。广宁近年来也加快重点交通建设、优化城市和旅游基础设施，提升了省区载体功能。

以广西为纽带促成“三广”合作，进而推进中越跨境经济合作区建设既符合越方诉求，又有利于消除越方疑虑，且可以发挥三方优势。因此，“三广”合作势必是加快建成中越跨境经济合作区的强有力的突破口。

六、优先发展东兴－芒街跨境经济合作区的政策建议

中越国内国际环境的变化给两国发展带来了机遇与挑战。以东兴－芒街跨境经济合作区作为中国新一轮改革开放和越南革新开放的试点

区，可以促进中越两国实现优势互补，共享发展成果。

（一）加强中越双方政策沟通，协调园区政策体系

在促进两国合作共赢的前提下，要充分了解并满足越方诉求。在顶层设计上，要加紧“一带一路”与“两廊一圈”战略对接，推进双边务实合作。落地到东兴 - 芒街跨境经济合作区，应加强跨境经济合作区理论研究工作，对接国际规则，加快研究制定园区内中越两国协调一致的政策体系，在世界范围内形成真正高效、可持续发展、环境友好的跨境经济合作区典范。东兴 - 芒街跨境经济合作区应围绕贸易投资便利化和自由化为核心的多边贸易体制，参照CPTPP、中国自贸试验区和中国 - 东盟自贸区的政策体系来推进政策体系设计，形成完备的贸易便利化、投资体系、税收优惠、金融支持、环境保护等政策体系。

（二）优化园区管理模式，合理规划产业布局

优化东兴 - 芒街跨境经济合作区的管理模式，明确经济区域划分，与越方协调海关、卫生检验检疫等方面的管理，如实行“两地一检”“单一窗口制”等通关便利化措施。积极同越方磋商边境外汇管理措施，通过推动跨境人民币业务创新，完善金融组织体系，促进贸易投资跨境合作的便利化。

东兴 - 芒街跨境经济合作区的发展必须注重建立产业合作机制和优势互补的产业发展模式，避免同质化竞争。中越双方负责单位共同规划园区内的产业布局，实现优势互补、合作共赢。中越双方发挥各自优势，积极开拓国际市场即第三方市场。我国应根据越南的引资需求，新一步拓展对越投资领域，增加农产品加工业投资、高新技术投资等高附加值、低污染、低能耗的可持续投资项目，而传统的劳动密集型产品应该针对第三方市场，让越方认识到中国投资越南并不是从越方获利，而是实现互利共赢。

（三）注重园区企业社会责任，维护好国家形象

摒弃国际社会普遍的“先发展、后治理”的陈词滥调，对环境保

护问题采取高标准、严要求，中方企业要加强树立社会责任，严格对接国际环保标准，同时处理好与越南民众的关系，维护好国家形象。

劳工保障方面，坚持“以人为本、精诚合作、互利共赢”，主动对接国际劳工保障标准。发挥像天虹集团（越南）的企业楷模作用，树立企业长远战略。在员工待遇方面，对中国和越南员工一视同仁，促成中国企业走出去的可持续发展。首先，要帮助企业解决员工保险问题，减轻企业负担；其次，规范劳动力市场，帮助越方解决走私、非法劳工问题，确保越方劳动者合法务工，改善务工人员的福利待遇，保证其生命财产安全；最后，在中越跨境经济合作区内建立多层次的外籍劳工教育培训体系为越南劳工提供职业培训，围绕跨境经济合作区的优势产业开展分专业、分批次的教育培训，加强法律教育并提高职业技能。

（四）开创“三广”合作模式，加快东兴－芒街跨境经济合作区建设

调研发现，越方希望与广东加强经贸合作，引进更多高新技术投资，广东恰好拥有丰富的高新技术资源。广西、广东与广宁有良好的合作基础，是越方与广东加强合作的重要纽带，因此，增进广西、广东与广宁的合作、创立“三广”合作模式，是加快推进东兴－芒街跨境经济合作区建设的突破口。以“三广”合作推进中越跨境经济合作区建设既符合越方诉求，又有利于消除越方疑虑，且可以发挥三方优势，加快建成中越跨境经济合作区。

第一，联合广东、广宁举办“三广”合作经济论坛，为深化中越合作搭建平台。由广西东兴国家重点开发开放试验区管委会牵头，联合广东、广宁的政府、企业及研究机构联合举办“三广”合作经济论坛，并以此作为推动中越智库交流的长期合作平台，提供政策咨询服务。论坛每年召开1次，在三地区轮流举办，届时邀请国内外知名专家学者担任顾问，邀请部分企业家担任理事，共同商讨中越跨境经济合作区的管理模式、规则体系、产业布局等重要内容，解决当前合作区建设面临的问题，进一步深化中越合作。

第二，积极联合广东参与广宁高速公路建设，争取联合国开发计

划署、亚洲开发银行、亚投行、丝路基金等组织的支持，打造中国－东盟贸易活动的重要交通枢纽。据调研了解，芒街—云屯高速公路是广宁发展规划的重要内容之一，该公路建成后，将极大减少运输成本，成为加强东盟与中国贸易活动的重要交通枢纽。因此，建议广西积极联合广东，利用资金优势参与广宁的高速公路建设，并积极争取亚投行及丝路基金的支持，在中国－东盟的交通合作中发挥重要作用。

第三，倡议成立跨境合作专项基金，推动共同治理机制的形成，减轻建设管理中越跨境经济合作区的压力。借鉴欧盟委员会以结构基金和聚合基金资助INTERREG计划的成功经验，建议广西牵头中越两国三方区及其他跨境经济合作区，共同出资成立跨境经济合作基金，在中越跨境经济合作区内形成共同治理机制，对资金进行统一分配和管理，维持资金来源的可持续性，提高资金的利用效率。

东兴试验区管委会愿为这项工作提供支持，调研组也将邀请越中友好协会来广西访问。未来，三方将推进落实“三广”合作模式，为以东兴－芒街为代表的中越跨境经济合作区谋篇布局。广西、广东、广宁可充分发挥自身优势，在规划编制、产业合作、投资促进、人才交流、信息互通等领域开展全面合作，通过产业联动、梯度转移，实现资源共享、优势互补，提升创新水平，加快推动中国东兴－越南芒街跨境经济合作区的建设。

附：有关数据图表

附表 1　2011—2021 年中国和越南 GDP 增速对比表

	2011年	2012年	2013年	2014年	2015年	2016年	2017年	2018年	2019年	2020年	2021年
中国	9.54%	7.86%	7.76%	7.30%	6.90%	6.70%	6.90%	6.60%	6.00%	2.30%	8.10%
越南	6.24%	5.25%	5.42%	5.98%	6.68%	6.21%	6.81%	7.08%	7.20%	2.91%	2.58%

资料来源：中华人民共和国商务部商务数据中心。

附表 2　2011—2021 年中国和越南每年出口额对比

单位：亿美元

	2011年	2012年	2013年	2014年	2015年	2016年	2017年	2018年	2019年	2020年	2021年
中国	18 984	20 487	22 090	23 423	22 735	20 976	22 633	24 130	172 300	179 300	217 347
越南	969	1 145	1 320	1 502	1 621	1 766	2 143	2 447	2 635	2 827	3 363

资料来源：中华人民共和国商务部商务数据中心。

附表 3　2011—2018 中国和越南每年吸引外资额对比

单位：亿美元

	2011 年	2012 年	2013 年	2014 年	2015 年	2016 年	2017 年	2018 年
中国	2 800	2 412	2 909	2 680	2 424	1 747	1 682	1 420
越南	74	83	89	92	118	126	141	191

资料来源：中华人民共和国商务部商务数据中心。

附表 4　2011—2018 年越南外资企业享受的税收优惠政策概况

税类	优惠政策
出口税	免税
进口税	1. 大部分商品的进口免关税 2. 对于用来生产加工产品的原辅材料，部分机械设备与构成企业固定资产的专用运输工具（主要为越南不能生产的）经海关核准后缴纳或免征

续 表

税类	优惠政策
出口税	免税
增值税	1. 基本税率为 10% 2. 符合以下条件可享受 0% 的增值税税率：（1）对于进口构成生产固定资产的机械设备、专用运输工具；（2）对于用来生产加工出口产品的货物、服务、原材料；（3）对于加工出口企业提供施工、安装工程等服务
企业所得税	1. 基本税率为 20% 2. 如为越南特别鼓励产业，如高科技产业和环保产业，享受 15 年 10% 的税率，并获得“四免九减半”的减免，即前 4 年完全免税，第 5 至第 9 年享受 5% 的税率，第 10 至第 15 年享受 10% 的税率 3. 达到以下规模的企业，享受 15 年 10% 税率：（1）投资金额至少为 6 万亿越盾（17.3 亿元人民币）规模、自获得投资证书起资金到位、聘用 3000 员工规模以上的项目;（2）投资金金额至少为 6 万亿越盾规模，且自获得投资证书起资金到位时间不得超过 3 年，同时自取得营业额年度起最迟 3 年达到年营业额为 10 万亿越盾的项目 4. 在经济困难地区的工业区内企业，享受 10 年 17% 的税率，并获“二免四减半”减免，即前 2 年完全免税，第 2 至第 4 年享受 8.5% 的税率，第 5 至第 10 年享受 10% 的税率
利润汇出税	全免

资料来源：根据走访深圳 – 海防经济贸易合作区得到的相关资料整理得出。

致　谢

《中越跨境经济合作区理论与实践》一书，是课题组在中越跨境经济合作区战略定位和政策体系两个研究报告的基础上，综合汇编有关的文献和研究成果而形成的一部专著，供有关方面研究借鉴。本课题研究不仅是相关跨境经济合作区前沿理论的研究，而且更加注重跨境经济合作区实践对策的研究，从而确保理论研究的前沿地位和政策实践的参考价值。在课题成果的评审会议上，各位评审专家和防城港市有关部门领导对课题研究报告给予了高度的评价，认为该课题研究成果比较全面地分析了中越跨境经济合作区建设发展所面临的问题，提出了比较具体可行的对策建议，研究系统规范、资料新颖翔实，具有较强的参考价值。首先，我要感谢各位评审专家对本研究成果给予的高度评价，感谢他们为修改完善本研究成果所提出的意见和建议。其次，我要感谢广西东兴国家重点开发开放试验区管理委员会历任领导（管理年博士和杨东星博士）的信任和支持。再次，我要感谢中国首任世界贸易组织大使孙振宇副部长，中国“一带一路”规划研究中心副理事长蒋志刚局长，广东外语外贸大学副校长何传添教授、研究生院院长杨励教授、经济贸易学院院长张建武教授等领导专家给予的支持和指导。再其次，我要感谢国际治理创新研究院从2017级到2021级历届研究生的积极参与和共同努力，他们是2017级的李阳阳、李思潼、黄梁峻和赵向智同学，2018级的胡聪、邓雨婷、华定、夏正源、谢文龙、张海稳、袁淑睿、常吉和向筱含同学，2019级的莫恒宇、靳潼和徐红梅同学，2020级的梁嘉昊、江梓君和黄梦玲同学，以及2021级的陶嘉懿、阳思雨、胡紫玉、张志蓉、何嘉欣和周祥威等同学。最后，我要感谢中国商务出版社参与本书策划、设计、排版、印刷和发行工作的有关人员，特别要感谢周水琴、张高平编辑为本书出版所做的贡献。

赵龙跃

2022年5月6日